- 2021年龙岩学院应用型教材建设立项成果；
- 2022年龙岩市文化和旅游局横向课题立项成果。

福建客家研究丛书

客家文化教程

兰寿春　张永辉 ● 编著

厦门大学出版社　国家一级出版社
XIAMEN UNIVERSITY PRESS　全国百佳图书出版单位

图书在版编目(CIP)数据

客家文化教程 / 兰寿春,张永辉编著. -- 厦门:
厦门大学出版社,2022.12
(福建客家研究丛书)
ISBN 978-7-5615-8835-2

Ⅰ.①客… Ⅱ.①兰… ①张… Ⅲ.①客家-民族历史-研究-福建②客家-民族文化-研究-福建 Ⅳ.①K281.1

中国版本图书馆CIP数据核字(2022)第189548号

出版人	郑文礼
责任编辑	王鹭鹏
美术编辑	李嘉彬
技术编辑	朱 楷

出版发行	厦门大学出版社
社　　址	厦门市软件园二期望海路39号
邮政编码	361008
总　　机	0592-2181111　0592-2181406(传真)
营销中心	0592-2184458　0592-2181365
网　　址	http://www.xmupress.com
邮　　箱	xmup@xmupress.com
印　　刷	厦门集大印刷有限公司

开本　787 mm×1 092 mm　1/16
印张　15.25
插页　2
字数　280 千字
版次　2022 年 12 月第 1 版
印次　2022 年 12 月第 1 次印刷
定价　50.00 元

本书如有印装质量问题请直接寄承印厂调换

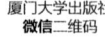

厦门大学出版社
微信二维码

厦门大学出版社
微博二维码

序

贤弟子、老同事兰寿春教授送来其主编的教材《客家文化教程》要我审稿,请我作序。作为本校地方特色课程"客家文化"的开创者及其首部教材《客家文化概论》的主要编撰者,看到这项事业得以延续,我当然非常高兴,很乐意为之。

客家民系是中华汉民族的一个支系,客家文化是中华优秀传统文化的重要组成部分。龙岩学院地处闽西客家祖地,也是原中央苏区的核心区域,拥有丰富的红色文化("红")和客家文化("土")资源,融合"红·土"文化育人,讲好红色故事,弘扬客家精神,正成为龙岩学院培养大学生人文素养,造就时代新人的新举措。

龙岩学院是最早开展客家学研究的单位之一。学院前身,原龙岩师专自 20 世纪 80 年代中期就开展客家学研究,取得丰硕成果,科研成果也得以转化为课程内容,先后开设"客家文化概论""客家方言""客家文学研究"等多门课程。2002 年,由本人组建的团队主编的教材《客家文化概论》正式出版,成为国内高校客家文化教材的开山之作。2007 年,由本人领衔申报的"民俗学"(客家文化方向)成为学校人文学科唯一的省级重点学科。2008 年,福建省高校人文社科研究基地客家学研究中心成立并挂靠龙岩学院。2014 年,龙岩学院设立闽台客家研究院,与赣南师范学院、嘉应学院等所设的客家研究院建立了广泛的合作关系。2017 年,龙岩学院的课程"客家历史与文化"成为省级精品在线开放课程。2019 年,龙岩学院又成为省级高校中华优秀文化传承基地(客家文化)。2020 年,龙岩学院的课程"客家文化概论"成为省级线上线下混合式一流课程,"民俗学概论"成为省级一流线下课程。这些优质课程建设为龙岩学院以"红·土"文化育人打下坚实基础。

推进文化自信自强,铸就社会主义文化新辉煌,是新时代的召唤,也是高校人文教育的历史使命。从2022年秋季开始,龙岩学院积极推进"红·土"文化融合育人,在全校各专业开设公共课"红色闽西与中国革命""客家文化与客家精神",进行与之相配套的教材建设,得到教师们的积极响应和支持。兰寿春教授等编写的《客家文化教程》正是这一形势需要的产物。

《客家文化教程》是新一代热爱客家文化研究和教学的教师多年教学经验的积累,也是集体智慧的结晶。这部教材有如下四个特色:

其一是博采众长。作为大学教材,重点不在体现编者个人的学术成就,而是综合反映当前学术界的研究现状与成果。该教材吸收了众多客家研究专家学者的研究成果,借鉴吸收了相关教材的内容,如客家学奠基人罗香林《客家研究导论》《客家源流考》中关于中原汉人南迁、客家民系及其民系特点的经典论述,张佑周等主编的《客家文化概论》、曾令存等主编的《客家文化概论》,以及诸多客家研究学者的真知卓见。因此,《客家文化教程》其实就是一部浑融性极强的客家文化教材。

其二是系统完整。《客家文化教程》比较系统地介绍了客家民系形成与发展的历史,着重介绍客家文化的丰富事象,如客家方言、客家礼俗(人生礼俗、信仰民俗、岁时节庆民俗等)、客家山歌与民间文学艺术、客家文人创作、客家历史文化名人与客家精神等,可以让学生比较全面地了解客家历史与文化。

其三是适用性广。《客家文化教程》是教材,力求通俗易懂,力避深奥枯燥;每个章节有思考练习,既是章节的重点,也可以作为讨论拓展的话题;每个章节后面还有参考文献,有研究兴趣的同学可以按图索骥扩大阅读;该教材内容兼顾赣闽粤边三大客家地区的文化事象,适用面较广。

其四是实践性强。每章设有"思考与练习"栏目,理论联系实际,有较强的实践性。学生来自全国各地,他们不仅对客家民系的历史和文化感兴趣,对与客家民系相邻相依的福佬民系、广府民系等其他汉族民系也兴趣浓厚,因此,教材的"思考与练习"部分都设置题目让学生查阅资料,了解其他民系形成的时间与原因,了解自己家乡的谚语和歇后语,查找自己姓氏的家训文化,了解文化遗产保护与文化旅游的关系。这样做,无疑开拓了学生的视野。许多乡村都有丰富多彩的民俗活动,为正确认识民间信仰的社会意义,认识民俗活动在乡村振兴中的积极作用,教材也设置练习,让学生联系家乡实际讨论问题,把教学引向深入。

当然,由于编写时间短,教材难免有不足之处,如忽略了对海外客家,尤其是东南亚客家文化的介绍,客家方言的形成与特点的介绍也略显不足。不过,总的来说,这一教材还是呈现许多新颖之处,其中的实践性环节增强了教材的时代性和应用性,是难能可贵的匠心所在。

寿春较长时间致力于客家文化的教学与研究,尤其是在客家古代文学研究方面成果颇丰,先后出版过《福建客家文学发展史》《福建客家古代文学作品辑注》《福建当代客家散文选》等著作。《客家文化教程》的推出,是龙岩学院地方特色文化教学的新成果,对龙岩学院及闽西客家祖地的客家文化研究将起极大的促进作用。

是为序。

张佑周

于龙岩凤凰山

2022 年 11 月 18 日

(序者是龙岩学院教授,龙岩学院原人文与教育学院院长、福建省高校人文社科研究基地客家学研究中心原主任、龙岩学院闽台客家研究院原执行院长)

前　言

闽西是客家祖地,也是土地革命战争时期全国最大的红色革命根据地——中央苏区的所在地。这里,拥有丰富的红色文化、客家文化资源。三十多年来,龙岩学院充分发挥革命老区"红"的优势,接好客家文化"土"的地气,打造"红·土"育人特色品牌,努力让"红·土"文化成为立德树人的鲜亮底色。客家文化进校园、进教材、进课堂,科研与教学相结合,与服务社会相结合,为校园文化建设,为社会经济与文化发展带来丰硕成果。

自20世纪90年代以来,龙岩学院将客家文化研究成果转化为课程建设资源,先后开设"客家文化概论""客家方言研究""客家文学研究"等多门课程,所用教材主要是2002年我校张佑周教授团队主编出版的《客家文化概论》以及2004年林清书教授主编出版的《武平方言研究》。2007年,张佑周教授领衔申报的"民俗学"(客家文化方向)课程成为省级重点建设学科。2008年,福建省高校人文社科研究基地客家学研究中心成立并挂靠龙岩学院。2014年,我校设立闽台客家研究院。2017年,我校"客家历史与文化"课程成为省级精品在线开放课程。2019年,龙岩学院也获批设立省级高校中华优秀文化传承基地(客家文化)。2020年,我校"客家文化概论"课程成为省级线上线下混合式一流课程,"民俗学概论"课程成为省级一流线下课程。回顾多年的客家文化教学实践,我们认为,地方文化蕴含丰富的中华优秀传统文化,在大学生中开设客家文化课程很有必要,对提高大学生的人文素养,提高大学生的综合素质大有助益。

一、开设地方文化课程是大学立德树人的需要

中华优秀传统文化是中华民族的根和魂,而鲜活的优秀传统文化不在书上,也不在博物馆,而在于日常生活之中,活跃于地方文化之中。客家文化是中华优秀传统文化的重要组成部分,在客家地区传授客家文化,观察、研究客家文化事象,有着得天独厚的条件。

开设客家文化课程，有利于培养学生的乡土情感和家国情怀。学生对家乡的情感，来自对父母、师长哺育成长的感恩，来自对家乡深厚历史文化与优美环境的认知与热爱，因为那是他们一生念念不忘的乡愁所系。在大学生中开设以客家文化为代表的地方文化课程，可以带动他们了解家乡和民系的发展历史，了解活跃于家乡的民间信仰与民俗活动，了解家乡人民对美好生活的追求与向往。只有建立在了解的基础之上，才能产生更为深沉而持久的乡土情感与家国情怀，才能激发学生扎根基层、服务乡村振兴的意志和行动。

开设客家文化课程，有利于推进文化自信自强，为铸就社会主义文化新辉煌贡献力量。我们的学生来自全国二十几个省、自治区、市，学生通过这门课程的学习实践和交流互鉴，了解到全国各地传统文化的丰富多彩，从北方的二人转、京剧、豫剧、秦腔，到南方的昆曲、越剧、黄梅戏、汉剧、木偶戏；从传统的神农、孔子、关公、鲁班信仰，到地方民间的妈祖、定光佛、保生大帝、惭愧祖师信俗；从北方的四合院民居，到南方客家地区的九厅十八井、客家土楼、客家围屋与客家围龙屋……这些物质文化与非物质文化遗产，都是中华民族优秀传统文化的生动体现，都是所有中国人文化自信自强的底气，了解这些，我们的学生更有志气，同时，凝聚更多人气，为铸就社会主义文化新辉煌贡献大学力量，为实现中华民族的伟大复兴做更大贡献。

开设客家文化课程，有利于培养学生热爱、传承、弘扬优秀传统文化，提高学生综合素质。我们的学生无论来自何地，毕业之后都要回到地方工作生活，都要接触所在地的地方文化与风俗民情。在中学阶段，学生忙于学习，疏于了解地方文化，也无暇参与民俗活动，因此，在大学期间应当引导他们关注地方文化，掌握研究地方文化的方法，提高他们理论与实践相结合的能力，为他们传承与弘扬优秀传统文化打下基础，做好铺垫。

2017年，中共中央办公厅、国务院办公厅印发《关于实施中华优秀传统文化传承发展工程的意见》指出，要"推动高校开设中华优秀传统文化必修课，在哲学社会科学及相关学科专业和课程中增加中华优秀传统文化的内容"。党的二十大报告中，习总书记强调"推进文化自信自强，铸就社会主义文化新辉煌"，"以社会主义核心价值观为引领，发展社会主义先进文化，弘扬革命文化，传承中华优秀传统文化，满足人民日益增长的精神文化需求，巩固全党全国各族人民团结奋斗的共同思想基础，不断提升国家文化软实力和中华文化影响力"。我校开设客家文化课程，目的就是围绕立德树人根本任务，坚持以社会主义核心价值观为引领，传承中华文化基因，不忘本来，面向未来，汲取中国智慧，弘扬中国精神，传播中国价值，用中华优秀传统文化培育大学生爱国爱乡思想，塑造大学生向上向善灵魂，全面提高大学生的人文素养。

二、客家文化课程内容丰富多彩

三十多年来,客家文化研究的论文专著汗牛充栋,足见其文化内涵的博大精深;客家民俗活动蓬勃开展,群众参与度空前高涨;文化旅游带来经济振兴,乡村面貌焕然一新。在这种背景下开设客家文化课程,给教学和实践都注入许多生机活力。客家文化课程的学习内容主要三个方面:

1. 了解客家民系形成与发展的历史,筑牢中华民族共同体意识

客家民系是汉民族的一个支系,她的形成与发展,是中国历史上多次大战乱造成的大迁徙大移民的结果。秦始皇统一六国之后就派五十万大军南征百越,其中一支军队驻守江西"南壄之界"(大致今赣州市南康区一带),秦朝又在岭南设置龙川县(今属河源市,故址佗城),这些驻守的士兵成为第一批南迁到赣闽粤边的中原汉人。西晋末年,由于"永嘉之乱,衣冠南渡",又有大量中原汉人来到赣南、粤东,成为第二批早期客家先民。唐末爆发的黄巢农民起义,北宋末年的金兵入侵、宋室南渡,这两次大战乱,使更多中原汉人南迁进入赣闽粤边区躲避战乱,披荆斩棘建立新家园。于是,宋代出现汉族新的民系——客家。明末清初,由于郑成功部队退据台湾以及"湖广填四川"运动,原来生活在赣闽粤边的客家人有的迁移台湾,有的迁徙四川,有的倒迁入赣。同治咸丰年间,因为太平天国运动失败以及"广东西路事件",许多客家人又迁徙广东西南部、海南岛和东南亚。以上多次大迁徙,都与大战乱密切相关。因此,了解客家民系形成与发展的历史,其实就是了解中国古代历史,正是"知客家,懂中国"。

客家民系形成与发展的历史,是一部动乱迁徙的血泪史,是一部开拓创业的奋斗史,也是一部民族融合的史诗。中原汉人南迁赣闽粤边之前,当地原住民主要是闽越族、畲族和瑶族。唐宋时期,这些畲瑶民族的生产还比较落后,过着"刀耕火耘,崖栖谷汲,如猱升鼠伏"的生活。汉人南迁之后,由于汉畲错居杂处,汉人向畲民学习山区生产生活经验,畲民向汉人学习先进的筑屋造田、兴修水利技术,于是,汉畲融合成为必然趋势。汉畲融合,不但有血缘的"混化",更多的是文化的融合。客家方言形成过程中,吸收了不少百越族语言词汇,以"阿姆"称呼母亲最为典型,因此有人将客家方言亲切地称为"阿姆话",就是汉族文化与百越文化融合的生动体现。不仅如此,在饮食文化、服饰文化、民间信仰、山歌传唱等方面,都能看到多民族文化融合的痕迹。宋元时期,汉畲人民共同反对官府压榨,联合抗元,在生与死、血与火的考验中,汉畲人民结成牢固的命运共同体,民族融合推向新境界。

2. 了解客家文化内涵,传承客家精神,推进中华文化的自信自强

客家文化是有客家民系特征的文化,它是客家人在社会历史实践中创造的物质财富和精神财富的总和。客家方言、客家饮食、客家民居、客家民俗(人生礼俗、民间信俗、岁时节庆民俗)、山歌童谣、民间故事、民间戏曲、客家文人创作与书画艺术等,都是客家文化包含的事象。

一则民居文化特色鲜明。客家民居主要有土楼、客家围屋、客家围龙屋、九厅十八井等形式。土楼依山傍水而建,讲究天人合一,就地取材,土木为主,墙体坚固,防匪抗震,中轴对称,人性设计,传承了人与自然和谐相处的民居理念,体现客家人勤劳俭朴艰苦创业的精神,满足了客家人聚族而居祈求安宁的现实要求,也表现了客家人敦亲睦族崇文重教的思想。因此,土楼以其特有的建筑理念和文化内涵,成为客家民居的代表。联合国教科文组织专家认为福建土楼是"世界上独一无二的集居住和防御功能于一体的山区民居建筑","体现聚族而居这一根深蒂固的中原儒家传统观念,更体现聚集力量、共御外敌的现实需要。同时,土楼与山水交融、与天地参合,是人类民居的杰出典范"。2008年7月6日,联合国教科文组织将"福建土楼"认定为世界文化遗产。

二则民间信仰内涵丰富。中国人是有信仰的,客家人也不例外。客家先民从中原而来,将中原传统的儒道释三教带到赣闽粤边山区,文庙、关帝庙、文昌阁、土地庙、佛寺、道观遍地开花,客家地区新出现的民间信仰也流传甚广。如出现于宋代的定光古佛信仰,不但汀州八县信众甚多,于明末清初随许多客家人移民台湾,定光佛信仰也随之传播,成为迁台客家人的保护神。至今,台湾淡水县的鄞山寺、彰化县的定光庙,都供奉定光佛。包容性强的客家文化也接纳周边民系的神灵信仰,比如南宋时由于朝廷允许汀州、赣州食用潮盐,汀江、韩江成为沟通赣闽粤边商贸交流的大动脉。为保航运安全,原仅盛行于东南沿海的"海上女神妈祖"被汀江沿线船民当做航运保护神,于是崇奉起来,凡有河流处,皆有妈祖庙,为内陆的客家文化注入海洋文明的气息。

三则民俗活动多姿多彩。中国是龙的故乡,龙是中华民族的象征。客家人秉承中原文化传统,有浓厚的"龙"情结,节庆期间,舞龙表演最为热闹。元宵佳节,赣州龙南县里仁镇栗园围的村民,高举"香火龙"走街串巷,又在栗园围前奔跑游走,上下翻飞,四周鞭炮齐鸣,锣鼓喧天,寄托了民众对旧年的回望与新年幸福的期盼。元宵这天,闽西连城县姑田客家人也要举行隆重的"游大龙"民俗活动,祈求风调雨顺、五谷丰登。元宵这天,梅州丰顺县埔寨举行热烈壮观的"烧龙"活动,五条"火龙"在广场上点燃,随着一阵阵轰隆爆响,一串串火箭、烟花,从不同角度飞向夜空,舞动的长龙犹如一条条金色巨龙,腾云驾雾,威震八方。

为"满足人民过上美好生活的新期待,必须提供丰富的精神食粮",客家文化丰富多彩,是人民群众喜闻乐见的优秀传统文化,其中蕴含开拓进取、艰苦奋斗、崇文重教、爱国爱乡的客家精神,是推进大学生文化自信自强的底气和动力。

3. 增强地方文化生态保护意识,为繁荣社会主义文化和乡村振兴服务

近十多年来,以土楼为代表的客家民居得到各级政府和民众的悉心呵护,与文化旅游和乡村振兴相结合,客家文化生态保护取得良好经济和社会效益。2007年,永定区接待游客97万人次,实现旅游收入3.4亿元。2010年接待游客288万人次,年均递增61%,实现旅游总收入18.2亿元,年均递增82%。2013年,永定区接待国内外游客人数突破达433万人次,比增7.2%,实现旅游总收入31.8亿元,比增11.6%。同时,永定区还荣获2013年度"中国旅游百强县"称号。可见,文化也是一种经济,保护文化就是保护经济发展。

非物质文化遗产的保护也很重要。2011年以来,《中华人民共和国非物质文化遗产法》《国家级文化生态保护区管理办法》等多项法律法规先后公布实施,各省都申报了许多国家级、省级和市级项目,从国家到地方,对文化生态保护的意识和措施不断强化。以闽西为例,2017年1月,原文化部批准龙岩市设立国家级客家文化(闽西)生态保护实验区。2019年10月,福建省政府印发实施《客家文化(闽西)生态保护区总体规划》。2020年6月,龙岩市政府印发实施《龙岩市客家文化(闽西)生态保护区三年行动计划》。2021年2月,市文化和旅游局印发实施《龙岩市客家文化(闽西)生态保护实验区三年行动计划任务分解细化方案》。截至2022年7月,龙岩市拥有国家级非遗代表性项目10项、省级非遗代表性项目59项、市级非遗代表性项目291项,有国家级非遗代表性传承人4名、省级非遗代表性传承人52名、市级非遗代表性传承人213名,设立非遗传习所44个,建成客家文化博物馆6个。

因此,大学生学习客家文化,更重要的是增强地方优秀传统文化的生态保护意识。客家文化生态保护,不仅是传承优秀传统文化的需要,也是繁荣社会主义文化、实现乡村振兴的需要。节庆期间,许多客家乡村开展传统民俗活动,村民全体参与,游客蜂拥而至,不但丰富了乡村文化内涵,也促进了乡村经济发展。客家采茶戏、木偶戏、汉剧、山歌剧也焕发青春,上演许多精彩剧目。十番音乐、客家山歌、客家童谣、客家戏剧进校园、进社区、进景区也获得全社会欢迎。这些传承、保护教育,要从中小学生、大学生做起,成为全社会的共识与自觉行动。

三、客家文化课程的学习方法

学习与研究客家文化,根本的方法要坚持马克思主义的辩证唯物主义与历史唯物主义观点,结合中国国情与民系实际。结合本课程具体特点,当在这一根本方法的指导下注意以下三点。

1. 与中国历史相结合，与当代文化相适应

学习客家文化课程，要与温习中国历史相结合，用历史唯物主义观点分析历史和文化事象。罗香林先生在研究中国古代战争史、研究客家族谱、研究地方史志基础上提出"五次大迁徙"说，认为客家是汉民族的一个"民系"，南迁汉人与畲瑶民族有血缘混化与文化融合，这些观点无疑是正确的，也是客观存在。至于客家民系形成于何时的争论，学界可以自由争鸣，本书作为教材，只采纳大多数学者比较认同的观点。至于客家文化事象，由于千年历史积淀，既有精华，也有糟粕。对待传统的客家文化，我们要有扬弃地继承、有转化地创新，不复古不泥古，同时要不断赋予新的时代内涵和现代表达形式，不断补充、拓展、完善，使中华民族最基本的文化基因与当代文化相适应、与现代社会相协调。因此，学习中要把握客家文化与客家精神和中华文化与社会主义核心价值观的密切关系，在传承的基础上勇于创新发展。

2. 理论联系实际，重视田野调查

我校地处闽西客家祖地，为师生走出校门进行客家文化现场教学和课程实践提供了便利条件。客家首府长汀，是汀州历代州郡路府的所在地，这里有客家历史象征的古城墙、文庙、妈祖庙、明清古街，也有省苏维埃政府旧址、福音医院旧址、辛耕别墅、云骧阁等红色文保单位。上杭县有客家族谱馆、丘氏总祠、李氏大宗祠、张化孙墓，还有名闻全国的古田会议旧址、才溪乡调查纪念馆、上杭临江楼。永定区有闻名世界的洪坑土楼群、初溪土楼群、高北土楼群。这些都是进行"红·土"文化现场教学和田野调查的好地方。

3. 举一反三，重视保护与创新

客家文化是地方文化的典型代表，可以作为教学案例看待。同学们在学习过程中可以举一反三，联系自己家乡的地方文化实际，在班上进行交流讨论。关键要掌握研究地方文化的方式方法，重视地方文化的保护与创新。有的同学主动关注自己家乡民俗活动的相关报道，收集家乡的山歌童谣，了解家乡的特色美食，抄录自己姓氏的家训，甚至把研究地方文化作为毕业设计（论文）。通过这些实践活动，同学们认识自己家乡的传统文化之美，乡土情感与家国情怀更加浓厚，文化保护与创新意识也更强烈。

传承优秀传统文化，弘扬民族精神，推动传统文化的创造性转化、创新性发展，是历史赋予我们光荣的历史使命，更需要青年一代的接续努力。应让更多青年学子了解优秀传统文化，增强民族文化的自信、自觉与自强，在传承中发展，在发展中创新，使大学在为繁荣社会主义文化、推动经济社会发展、造福人民群众的事业上做出更大的贡献。

目 录

第一章 客家民系形成的基础与条件 ... 1
- 第一节 赣闽粤边的自然环境 ... 1
- 第二节 隋唐之前赣闽粤边的原住民 ... 3
- 第三节 隋唐之前赣闽粤边的早期中原移民与行政设置 ... 10

第二章 客家民系的形成与发展 ... 15
- 第一节 唐末宋初与宋室南渡的战乱移民 ... 15
- 第二节 两宋客家民系的形成 ... 18
- 第三节 明清客家民系的发展 ... 26
- 第四节 海内外客家 ... 31

第三章 客家方言及其谚语、歇后语 ... 36
- 第一节 客家方言 ... 36
- 第二节 客家谚语、歇后语 ... 41

第四章 客家饮食、服饰与民居文化 ... 50
- 第一节 客家饮食文化 ... 50
- 第二节 客家服饰文化 ... 57
- 第三节 客家民居文化 ... 60

第五章 客家民间信俗 ... 76
- 第一节 客家民间信仰的来源与特点 ... 76
- 第二节 传统宗教信仰 ... 80
- 第三节 客家乡土神明信仰 ... 85
- 第四节 自然崇拜与祖先崇拜 ... 91
- 第五节 公王信仰与妈祖信仰 ... 100

第六章　客家人生礼俗与岁时节庆民俗 ………………………………… 108
第一节　客家诞生礼俗 …………………………………………… 108
第二节　客家婚嫁礼俗 …………………………………………… 112
第三节　客家春节民俗 …………………………………………… 115
第四节　其他岁时节庆特色民俗活动 …………………………… 121

第七章　客家山歌与民间文学艺术 ……………………………………… 128
第一节　客家山歌 ………………………………………………… 128
第二节　客家童谣与民间故事 …………………………………… 137
第三节　客家地方戏 ……………………………………………… 143

第八章　客家文人的文学创作与书画艺术 ……………………………… 157
第一节　宋代客家文人的诗词创作 ……………………………… 157
第二节　明代客家文人的创作 …………………………………… 162
第三节　清代客家文人创作与书画艺术 ………………………… 172
第四节　近现代客家文人创作与书画艺术 ……………………… 186

第九章　客家历史文化名人与客家精神 ………………………………… 207
第一节　德高望重造福人民 ……………………………………… 207
第二节　传道授业科教名人 ……………………………………… 210
第三节　爱国爱乡实业名家 ……………………………………… 213
第四节　救国救民光耀中华 ……………………………………… 216
第五节　客家精神 ………………………………………………… 223

后　记 ……………………………………………………………………… 229

第一章 客家民系形成的基础与条件

客家是汉民族的一支重要民系。脉络清楚的移民、特定的地域条件、特殊的历史年代、独特的文化,催生出客家民系。赣闽粤边的自然环境、行政设置为客家先民和客家人生存与发展提供了有利条件。隋唐之前,闽越族、畲瑶民族百姓和南迁中原移民共同开发了这片山区,他们都是客家先民。

第一节 赣闽粤边的自然环境

赣闽粤边地处江西、福建和广东三省交界,自东北向西南走向的武夷山和东西走向的南岭是三省的自然分界线。这里山峦重叠,丘陵起伏,树木参天,植被茂盛,河流纵横。由于山峦阻隔,赣南、闽西、粤东各自成为相对独立的地理单元,但相邻之间又有多处隘口相通,有河流相连,因此,赣闽粤边整体群山环抱相对封闭,山水相通相连的。这种独特的自然环境,有利于客家民系与客家文化的形成。

首先,赣闽粤边整体呈中部高、南北低的山地形势,有利于接纳躲避战乱而南迁的中原汉人,也有利于客家人为了生存发展而远渡海洋,走向世界各地。武夷山脉与南岭一线自东北向西南延伸,高耸在赣闽粤边的中部,俯翼赣南境内的宁都、石城、瑞金、于都、会昌、寻乌等县;西侧有罗霄山脉,连起于都和赣县;南部有大庾岭和九连山,串联起南康、大余、信丰、全南、龙南、定南、安远和寻乌等县;北部与赣中的吉安、抚州相接,地势较为平坦。因此,赣南地势总体呈现南面高而北面低、四周高而中间低的状态。一旦中原发生战乱,波及江淮流域和赣北赣中,南迁汉人就容易通过鄱阳湖,沿着赣江逆流而上进入赣南山区,找到一个可以躲避战乱的"世外桃源"。中原南迁汉人进入赣闽粤边,除了溯赣江而上进入赣南之外,还有四个选择:一是出鄱阳湖溯抚河、盱江入赣南的宁都、石城两县,再经过石城与宁化之间的站岭隘入汀州各县;二是通过赣浙闽交界的仙霞岭,沿武夷山东麓南下进闽西地区;三是入赣南,通过大余、信丰或全南县入粤东北;四是入汀州,沿汀江顺流南下入梅州各县。这些通道,有利于中原南迁汉人躲避战乱,顺利进入赣闽粤边,当然,也便利中原文化的传入以及客家子弟前往中原参加科举考试。

闽西和粤东的地理形势与赣南正相反,呈现出东北高、西南低的态势。闽西武平、永定两地客家百姓只要翻过南面的博平岭,就到了闽南平原,或者沿汀江水路转入韩江到达相邻的粤东梅州,梅州百姓顺韩江而下,就可以到达潮汕平原。所以,唐宋两朝,除了设立侨置县安置移民,也鼓励北方移民开发山区。因此,当赣南各县接纳北方移民"过剩"而使"人地关系紧张"时,北方移民就会越过武夷山脉,来到相邻的闽西和梅州各地发展。宋元明清时,大量闽西和赣南客家人顺着汀江、韩江来到梅州、惠州等地劳动生活,或者渡台、过番,走向世界各地。

其次,赣闽粤边相对封闭自成单元的环境,有利于客家的酝酿与形成,也有利于客家民风民俗的保存与传承。客家形成于唐宋时期,中原汉人大量南迁进入赣闽粤边,与当地闽越族和畲瑶民族经过长期交通、交流产生交融。赣闽粤边区处在三省交界之处,是典型的山区,既不在中原通往岭南的官道上,也不是中原与闽南沿海相通的必经之地,在中原人看来,这是蛮荒之地,山道、水路都不方便,经济和文化也比较落后,外部战乱不易波及,因此,政治环境比较安定,这就为客家的形成和客家文化的保护减少了许多干扰。客家文化别具魅力,就是因为赣闽粤边相对封闭的山地环境,这里的居人保存了许多唐宋时期的中原文化特征,有许多客家独特的文化遗存。比如,客家方言中保留了许多唐宋时期的中原音韵,被誉为中古汉语的"活化石";客家民间保留了耕读传家、崇文重教的传统;客家地区保存有许多宋元明清时建造的土楼、围龙屋、九厅十八井民居;特色民俗活动依然活跃在各个传统节日中。这些特色文化,因赣闽粤边相对封闭的地理环境才积淀下来,且不受外界影响而消失。

再次,赣闽粤边山水相连,有利于客家大本营内部的沟通交流,也有利于经济与文化的发展。从赣南进入闽西只有武夷山一山之隔,之间有多条低平的山谷隘口相通,比如,瑞金与长汀之间的桃源崠隘口,会昌与武平之间的火星崠、筠门岭隘口,尤其是赣南石城县与闽西宁化县之间的站岭隘,是唐宋时期重要的驿道,素有"闽粤通衢"之称。宁化处在长汀至福州的中间位置,汀州官员要前往福州(福建观察使衙所),必须经过宁化,再由沙县进入闽江到福州;要前往中原,则经过宁化,转向石城,进入赣江一路北上。来自赣北、赣中的北方移民进入闽西主要走这条路线,在宁化石壁这块"桃源驿站"落脚再出发,这也是宁化石壁成为"南迁汉人接待站和中转站"的重要原因。这些通道,不仅把赣南、闽西和粤东北地区紧紧连成一片,还为赣闽粤客家大本营内部人民的相互流动和祖地认同提供了条件。

在交通不发达的古代,水路是重要的交通大动脉。赣南境内最大的河流是赣江,源出赣闽边界的武夷山脉西麓,由南向北纵贯全境,流入鄱阳湖。赣江上游支流甚多,其中，犹江、章江等汇合而成章水，梅江、琴江、绵江、湘江、濂江、平江、桃江等汇合而成贡水，章贡之水在赣州城外汇合而成赣江。宛如一把打开的纸扇，各条支流汇聚到一个中心，赣州也成为赣南政治经济文化的中心。闽西境内最大的河流是汀江，汀江发源于武夷山南麓福建省宁化县治平乡的赖家山，流经长汀、上杭、永定峰市，进入广东境内大埔县清溪镇的石下坝，穿越茶阳、安乐至三河坝，与梅江、梅潭河汇合流入韩江。"天下水皆东，唯汀独南"。闽西北高南低的地势，让汀江从北往南纵贯全境，汇入韩江之后，直到潮州汕头流入南海。因此，从唐宋以来，汀江、韩江是沟通闽西和粤东的水路大动脉，也是赣闽粤经济发展的重要交通线。中央苏区时期，从上海经香港、大埔、永定到长汀、瑞金的中央苏区绝密交通线就利用韩江、汀江这条黄金水道，经由广东大埔与闽西永定之间的伯公凹隘口，为中央苏区运输紧缺物资和重要人员。

最后，赣闽粤边山多地少，土地贫瘠，却有利于客家精神的培育。群山能容客，客在万山中。"八山一水一分田"是客家人普遍的生活环境。由于山区适合种植水稻的山间盆地与河流冲积台地极少，为了满足粮食生产的需要，客家人披荆斩棘，不畏艰难，在平缓向阳的山坡上开垦大量梯田，又因地制宜修堤筑坝引水灌溉。客家人改变畲民焚山肥田方式，改成"烧草皮"积灰土改良土质，以使梯田长久利用，艰辛劳动培育出吃苦耐劳、艰苦创业、包容乐观的客家精神。

第二节 隋唐之前赣闽粤边的原住民

南迁汉人到达赣闽粤边之前，这里的原住民主要是古越族中的扬越和闽越。隋唐之际，畲瑶民族成为赣闽粤边这片土地的主人，闽越族人的后裔"山都"逐渐融入畲瑶民族。晋唐几百年，汉畲文化不断交流互动，南迁汉人学习畲瑶人民丰富的山区生产生活经验，吸收了生活语言、服饰文化、歌谣文化等有益成分；畲瑶人民也学习吸收中原先进文化，在物质文化和精神文化方面都进入新境界。

一、赣闽粤边的古越族

秦汉以前，古越人居住在长江下游及其以南的广大地区，主要地域相当于今天的浙江、江苏、安徽、江西、福建、广东、广西、云南、贵州一带。《汉书·地理志》载"自交趾至会稽七八千里，百粤杂处，各有种姓"。古代"粤"与"越"相通，"百粤"即"百越"，汉初贾谊《过秦论》就说秦始皇统一中国时"南取百越之地"。所谓"百越"，是因为越人支系复杂，种姓繁多。高诱所注释的《吕氏春秋·恃君篇》中"越有百种"的说法，其中的于越、句吴、扬越、闽越、瓯越、东越、山越、骆越、南越都是古越人的重要分支。

赣南，春秋为吴越地，战国越灭，为楚地。春秋时吴国和越国都在古扬州内，赣南地区的古越人属于扬越。虽然战国时赣南"为楚地"，政治上属楚国统治，文化上受楚文化影响，但生活在赣南地区的扬越人仍然保留着民族个性与民族文化，在相对偏僻和封闭的赣南山区，这个特点或许更为突出。

在闽西和粤东地区生活的古越人都属闽越族人。《周礼·职方氏》最早出现"七闽之地"这一名称，许慎《说文解字》说"闽，东南越，蛇种"，指出闽越人信奉蛇为图腾的特点。"七闽之地"，主要指今天的福建、台湾和浙江南部、广东东南部。北宋地理学家欧阳忞编著的《舆地广记》卷三十五载"潮州，春秋为七闽地，战国为越人所居"，"梅州，春秋为七闽地，战国属越"。可见春秋战国时期的闽西、潮州和梅州地区都是闽越族人的活动范围。

扬越人的活动中心大致在今江苏南部，浙江中北部，安徽南部和江西东北部的长江下游洞庭湖、鄱阳湖地区。闽越族则主要活动在今浙江南部和福建沿海地区，是故《山海经》有"闽在海中"之说。扬越和闽越人生活在临近江河湖海地区，以种植水稻、捕捞鱼鳖为生。《史记·货殖列传》载"楚越之地，地广人稀，饭稻羹鱼"。两者都有断发纹身（剪短头发、身上纹图案）的习俗。《汉书·严助传》云"闽越，方外之地，劗发文身之民也"，《淮南子·原道训》载"九嶷之南，陆事寡而水事众，于是民人被发文身，以象鳞虫"。两者都居住"干栏式"房屋。《博物志》称："南人巢居，北朔穴居，避寒暑也。"巢居，即"干栏式"房屋，用木头双层架构，楼上住人，楼下是牛栏猪圈。当然，山区平旷地少，或因穷困而住不起房屋的大有人在，树洞、山洞就成为他们的选择。两者都有鸟和蛇的图腾崇拜。江西在春秋时属于吴越之地，吴越地区的鸟图腾崇拜和崇鸟文化相当普遍。闽越族人的蛇崇拜也历史悠久。闽西长汀县罗汉岭有"蛇王宫"，供奉蛇王神像：蛇王端坐神台，表情威严，蛇眼蛇牙，人身人耳，右手高举一根有柄的石锛，神像底座纹有一条青蛇。当地老百姓吵架或遇到疑难纠纷之事，就说"到蛇王宫去发誓"。这一招果然厉害，理亏的一方因为心虚，当然不敢发誓。蛇王俨然成了疾恶如仇、公平正直的法官化身。"蛇王宫"的存在，说明闽西曾是闽越族人的聚居地。

长汀民谚"还冇汀州府，先有蛇王宫"，说明蛇王宫出现得很早。秦朝末年，汀潮赣边一带的越族部落酋长——南武侯织，起兵反秦，协助刘邦打天下。汉朝建立后褒奖功臣，汉高祖于十二年（前195）诏令："南武侯织，亦粤之世也，立以为南海王。"当时，南海国的中心在今闽西武平县，统治的汀潮赣区域相当于今天的赣闽粤边地区，甚至还要大些。经过二十年的经营，南海国得到一定程度开发，实力有所增强。汉文帝六年（前174），南海国造反，遭到淮南王刘长的攻打。直到建元六年（前135），汉武帝灭南海国，把贵族、官员和军队迁到上淦（今江西鄱阳县）。南海国前后存在约六十年（前195—前135）。南海国灭后，老百姓逃入深山密林，年深日久，闽越族人建蛇王宫，造蛇王神像,既是蛇图腾崇拜的表现,也纪念南海王,南海王化身成为闽越族后裔的崇拜之神。

二、赣闽粤边的"山都""木客"

唐五代时,赣闽粤边区还有叫"山都""木客"的原住民。宋代《太平寰宇记》汀州条引《牛肃纪闻》云:"山东采访使奏于处州南山峒中置汀州。州境五百里,山深林木秀茂,以领长汀、黄连、新罗三县。地多瘴病,山都木客丛萃其中。""山都"是生活在赣闽粤边山区古越族人的后裔,"木客"则是秦时流落此地不得返乡的中原工匠。古代地理类书、历史笔记小说、传奇小说中都有他们生活情形的记载。

1. 赣南与交州的"山都"

《山海经·第十·海内南经》郭璞注中有"赣巨人"或"山都"的身影:

《海内经》谓之赣巨人,今交州、南康郡深山中皆有此物也。长丈许,脚跟反向,健走,披发好笑。雌者能作汁,洒中即病。土俗呼为山都。南康今有赣水,经有此人,因以名。

《赣州府志》转引《西京杂记》对"山都"的记述:

南康有神,名山都。形如人,长二尺余,黑色,赤目,黄发。于深山树中作窠。窠形如竖鸟卵,高三尺余,内甚光泽。

《舆地纪胜》记广东潮汕地区屡见"山都":

潮阳县有神,名山都,形如人而披发迅走。

交州,建于汉代,辖今广东、广西及越南北部和中部,州治番禺。南康郡,三国、西晋时建,郡治在江西于都县,东晋时郡治迁赣县,辖今赣南大部分地区。《山海经》成书于战国,西汉刘歆为之校编;《西京杂记》也是刘歆所著;《舆地纪胜》则是南宋王象之的作品。上面三则资料表明,从战国时期到晋代,中原汉人将活跃于赣南和广东山区的越族人称为"山都",这些"山都"体形高矮不一,有的是"巨人","长丈许",有的是"侏儒","长二尺余",但都身体强健,巢居深山,擅于奔跑,被奉为"神"。

2. 闽西的"山都"

唐五代时期,闽西山区的闽越族人已经十分稀少,他们的后裔"山都"还住在"树窟宅"，处于十分原始落后状态。北宋《太平寰宇记》卷一〇二引《牛肃纪闻》记载闽西汀州的"山都"：

州初治长汀，大树千余株，皆豫章迫隘。以新造州治，故斩伐诸树。其树皆枫、松，大径二三丈，高者三百尺，山都所居。其高者曰人都，其中者曰猪都，其下者曰鸟都。人都即如人形而卑小，男子妇人自为配偶。猪都皆身如猪，鸟都皆人首，尽能人言，闻其声而不见其形，亦鬼之流也。三都皆在树窟宅，人都所居最华，人都有时见形。当伐木时，有术者周元太能伏诸都，禹步为厉术，则以左右赤索围而伐之。树既已扑，剖其中，三都皆不化，则执而投之镬中煮焉。

牛肃，唐代武后时期人，他的《纪闻》十卷，是唐代第一部传奇小说。其中描写汀州"山都"的资料透露更多深层信息：除了树上巢居、个子矮小之外，他们实行自由婚配，有三种等级——人都、猪都、鸟都。与山都在赣南、潮汕地区被尊为神不同，山都在汀州却被视为鬼类，遭到"降伏"的结局，说明唐代南迁汉人进入赣闽粤边之初，对飘忽不定的山都，或敬而远之，或由于开发的需要，不可避免与之产生矛盾冲突。当然，疏离与冲突是暂时的，长期相处之后走向交流交融则成为必然。隋唐之后，由于赣闽粤边畲瑶人口众多，势力强大，山都逐渐融入畲瑶民族。

3. 赣南的"木客"

关于赣南"木客"的史料记载，清代同治《赣州府志·杂志》转述《西京杂记》载：

木客隐居，在上洛山。旧传有木客，自云秦时造阿房宫，采木避隐于此，食木实得不死。饮酒赋诗，自称"太上隐者"。

又，乐史《太平寰宇记》引《舆地志》载：

虔州上洛山多木客，乃鬼类也。形似人，语亦如人。遥见分明，近藏隐。能砍杉枋，聚于高岭之上。与人交市，以木易人刀斧。交关者，前置物枋下，却走避之。木客寻来取物，下枋与人，随物多少，甚信而不欺。尝就民间饮酒为诗云："酒尽君莫沽，壶倾我当发。城市多嚣尘，还山弄明月。"

《太平寰宇记》卷一〇八又载赣州于都县有"木客"：

君山在县东南三百八十五里。《南康记》云：其山奇丽鲜明，远若台榭，名曰娲宫，亦曰女姥。石山去盘固山北五十里,上有玉台,方广数十丈,又有自然石室如屋形。风雨之后,景气明净,颇闻山上鼓吹之声,山都木客为其舞唱之节。

可见,"木客"是秦始皇造阿房宫时入山采木而不得归乡的工匠,因秦朝灭亡而避隐深山。他们饮酒作诗,闻鼓吹而起舞歌唱,可见情趣高雅,颇有文化。

三、赣闽粤边的畲瑶民族

公元七世纪初的隋唐之际,赣闽粤边已是畲瑶民族的重要聚居区。清代杨澜《临汀汇考》"畲民"载:"唐时初置汀州,徙内地民居之,而本土之苗仍杂处其间,今汀人呼为畲客。"畲族族源来自哪里?学术界意见尚未一致,有"外来说"与"土著说"二类观点。"外来说"认为,畲族源于"长沙武陵蛮",汉晋时期迁徙广东潮州凤凰山。"土著说"认为,畲族源于周代的"闽"人,是福建的土著民族。就以上述杨澜的记载来说,汀州客家人称畲民为"畲客",畲族人也自称"山哈",即"山客",意为居住在山里的客人,可见畲民"外来"的族源性;"外来"畲民又成为"本土之苗",说明畲民长期在赣闽粤边生产生活,已相当适应,与闽越人不断融合。

图 1-1 畲族妇女(张永辉摄)

其实,畲族也像汉民族一样,是多元一体的民族,"畲族族源主要包含百越后裔、南迁武陵蛮和入畲而被畲化了的汉人三大部分"[①]。众说纷纭的畲族族源,说明畲族曲折的发展历史及其民系形成过程中,与蛮、越、闽、夷以及汉民族进行过互动、交融。

---

① 谢重光:《宋代畲族史的几个关键问题》,《福建师范大学学报》2006 年第 4 期。

畲族以盘、蓝、雷为姓,以古老传说中的盘瓠(犬王)为图腾。他们不入州县户籍,不服官府劳役,不纳赋税,过着山居、狩猎和"刀耕火耨"的游耕生活,被汉族统治阶级称为"盘瓠蛮""峒蛮""蛮獠"。唐末乾宁元年(894),闽西宁化发生"黄连峒蛮二万围汀州"①的畲民起义事件。这则史料值得注意,因为畲人(也包括瑶人)不入户籍,多数分散住在山区,难以统计他们的人数,这个数目是第一次出现。不止宁化(黄连)县有"峒蛮"(畲民),长汀县境内(当时尚未设置上杭、武平等县)也有许多,他们平时很分散,一旦有事却能很快聚拢起来(畲民的团结和骁勇毋庸置疑),因此,这里的"峒蛮二万"不只来自"黄连"县,而是以"黄连峒蛮"为主的整个汀州的"峒蛮"。当然,这里的"峒蛮"并非全部是畲民,也有一部分是"畲化"的汉人。参与围困汀州的"峒蛮"主要是青壮年男子,不是妇女儿童,倘若以每户五口人,"按每户出围一人计算,汀州周围就有'蛮獠'十万人"②。可见唐末闽西畲瑶人多势众。

"黄连峒蛮围汀州"事件发生之后,汀州官府难以维系当地统治。"盘瓠蛮"出身的畲族首领钟全慕乘势而起率军入汀,自称刺史,举籍听命,归附王潮。钟全慕还降服岭海间群盗二十余辈,由此又可以反证唐末闽西畲族势力的强大。王审知为闽王时,"喜全慕骁勇有谋略,分汀使世守之"。此时,钟全慕与王审知的关系更为密切,推行的制度也更加汉化。后来钟全慕之孙钟翱"继全慕为汀州都统使、刺史"③。祖孙二代先后镇守汀州三十多年,为汀州的社会发展与汉畲融合做出重要贡献。

瑶族,是广东境内人口最多、分布最广的少数民族。瑶族分为八排瑶、过山瑶两个支系,主要分布在粤北、粤中和粤西。粤北和粤中的瑶族百姓与客家人错居杂处,村落相望,田土相连,共同居住是汉瑶人民文化互动、血缘融合的基础。清代《曲江县志》载:"瑶人盘姓,古盘瓠之裔也。别种有赵、冯、唐、邓姓等,系以土著而隶于瑶者。"这说明瑶族与畲族是同一族源。瑶族与客家人在生活、劳动中接触多了,也有双向互动交流和血缘融合的过程。县志所言"别种有赵、冯、唐、邓姓等"就是客家百姓融入瑶族的例子。明清时期,州县招抚瑶民入籍,编入各村寨保甲,逐渐与汉民成为一体,瑶族同化为客家人的现象十分普遍,客瑶通婚更为常见。乾隆时期程乡县作家黄岩的小说《岭南逸史》,叙述客家士子黄逢玉与瑶族女子李小环、梅映雪的爱情婚姻故事,就是明清时期客家与瑶族血缘融合的生动写照。

畲族歌谣"久住青山千万年,刀耕火种力如田",正因为"久住",也就适应了山区的生产生活,这与"逢山必有客,无客不住山"的客家人有许多相似的地方。也正如此,汉畲人民能够交流互动,文化上互相吸收,在双向的交流互动中,"你中有我,我中有你",形成共生的民族关系。客家山歌就是汉畲文化互动融合的结晶。畲族能歌善舞,他们

---

① (北宋)司马迁:《资治通鉴·唐纪七十五》,台湾商务印书馆1983年版,第8459页。
② 郭启熹:《闽西族群发展史》,福建教育出版社2008年版,第51页。
③ (宋)胡太初修,赵与沐纂:《临汀志·郡县官题名》,福建人民出版社1990年版,第116页。

用山歌唱劳动的艰辛与收获,用山歌唱爱情的欢乐与痛苦,用山歌唱生活的祈盼与甜蜜,如《郎要撑船赶大水》《手绢歌》《女人歌》。其中,《盘王歌》①最具代表性:

> 自从盘古天地开,三皇五帝传下来。
> 传到高帝辛王位,番王入侵杀声哀。
>
> 高帝无奈开口时,东西南北挂榜书。
> 谁能制止番王到,第三公主配为妻。
>
> 且说皇后姓刘氏,耳生一病请太医。
> 医出一物似虫蚁,落地变成一龙犬。
>
> 龙犬似狗又似人,皇后想丢不忍心。
> 令其侍女精心养,长成狗头与狗身。
>
> 辛王圣旨无进退,封官赐品还赐亲。
> 龙犬一听心欢喜,敢揭皇榜收番夷。
> ……
>
> 龙犬喜得公主妻,年过一岁生小儿。
> 奉上辛帝表名字,起个姓名好传世。
>
> 但见三子生端正,皇帝见之喜盈盈。
> 大子坐盘赐姓盘,二子装蓝就姓蓝。
>
> 三子三岁才起名,人才长得秀清清。
> 辛帝提笔雷正响,即赐三子为雷姓。
>
> 犬王又生一秀女,年刚十五似花红。
> 招入将军是钟姓,帝令四女姓为钟。
>
> 四个儿女有了姓,盘蓝雷钟一家亲。
> 王赐四姓为畲族,一族通婚莫同姓。
> ……

这首畲族祖歌,吟咏祖先的历史以及族系的发展,其对高辛帝的感念表明畲族对中原文化的认同;形式上,这首长篇叙事诗已经是七言四句为一小节,对客家山歌的形成有重要影响,至少可以说相互影响,乃至发展完善。

---

① 何志溪:《闽西山歌·歌谣选》,鹭江出版社2011年版,第249页。

第三节　隋唐之前赣闽粤边的早期中原移民与行政设置

客家民系的形成，与战乱和移民分不开。有战乱就有移民，有移民就有开发，有开发就有发展。赣州、汀州、梅州的设置，为客家民系形成和发展奠定人文环境和政治基础。

一、隋唐之前赣闽粤边的早期中原移民

早期中原移民进入赣闽粤边，主要发生在两个时期，一是秦统一六国之后，开发岭南引发第一次南迁；二是东晋初年，赣闽粤边迎来因"永嘉之乱"而南迁岭南和赣南山区寻找"桃花源"的中原移民。这些南迁汉人与生活在赣闽粤边的越族百姓都是早期客家先民。

1. 秦代的早期中原移民

秦始皇统一六国之后，即派尉屠睢发卒五十万南征百越，分五路大军戍守五岭，一军塞镡城之岭，一军守九嶷之塞，一军处番禺之都，一军守南壄之界，一军结余干之水。其中守南壄之界的就驻守在今南康市南大庾岭，镇摄之地包括今南康、上犹、大庾等。秦始皇帝三十三年（前214），派任嚣、赵佗攻越，掠取陆梁地，遂平南越。南越平定之后，设南壄县（故治在今江西南康县西南章江南岸），隶九江郡，这是赣州境内最早设置的县，如今也是客家人聚居之地。

与此同时，秦朝又在岭南置桂林、象、南海三郡。南海郡下辖番禺（今广州）、龙川、博罗等县，其中，赵佗任县令的龙川县（今属河源市，故址佗城），县境范围包括今天的粤东、粤北、粤中和粤西的一部分，也包含今赣南、闽西一部分，因此龙川县有"客家古邑"之称。赵佗在龙川采取"和辑汉越"政策，让越人担任官职，尊重当地风俗，劝导士卒在当地娶妻，促进汉越交融。同时，赵佗向朝廷求女无夫家者三万人来为士卒婚配，朝廷可其万五千人。另外，"谪戍"的"中县之民"也在龙川落地安家，朝廷徙中县之民于南方三郡，使与百越杂处。

秦军驻守南壄和龙川期间，这里形成中原文化为主导的、汉越交融的多元文化，中原文明逐渐传播至岭南这片蛮荒之地，先进的中原文化带动了山区的开发。生活在赣闽粤边的早期中原移民和当地越人都是第一批客家先民。

2. 西晋末年的"永嘉之乱，衣冠南渡"

永嘉（307—313），是晋怀帝的年号。"永嘉之乱"是中国历史上一次大动乱、大迁徙。动乱的原因，要从"八王之乱"说起。

曹魏咸熙二年(265),司马炎建立晋朝,史称西晋,都洛阳。晋武帝司马炎文韬武略十分了得,在位十六年后去世,传位给惠帝(司马衷)。惠帝痴呆无能,辅政大臣杨骏与皇后贾南风争相把持朝政,引起皇亲国戚和朝廷大臣的不满,朝廷内讧争斗,于是发生争夺皇位的"八王之乱"(汝南王司马亮、楚王司马玮、赵王司马伦、齐王司马冏、长沙王司马乂、河间王司马颙、成都王司马颖、东海王司马越)。"八王之乱"前后持续十六年之久,参战诸王多相继败亡,人民被杀害者众多,社会经济严重破坏,西晋国力消耗殆尽。

西晋末永嘉年间,匈奴、鲜卑、羯、氐、羌五个少数民族乘中原汉族政权衰弱之际,先后侵入中原腹地,不断打击西晋政权,导致西晋灭亡,史称"永嘉之乱"或"五胡乱华"。"永嘉之乱"给中原人民带来巨大灾难。永嘉五年(311)四月,匈奴刘聪遣石勒、王弥、刘曜等率军攻晋,在平城(今河南鹿邑西南)歼灭十万晋军,杀太尉王衍及诸王公,又攻入京师洛阳,俘获怀帝,杀王公士民三万余人,大肆发掘陵墓、焚毁宫殿。永嘉七年(313),刘聪毒死晋怀帝。同年,怀帝侄司马业(或作司马邺)在长安登基,是为晋愍帝,改元建兴。建兴四年(316),匈奴人刘曜攻长安,俘虏晋愍帝。次年,晋愍帝被害,西晋灭亡。

在这中原大乱、汉民族政权濒临灭亡的情况下,晋朝贵族与江东大族支持司马睿称晋王,在建康(今南京)即帝位,为晋元帝,改元建武,史称东晋(317—420)。从西晋末年到东晋初年,为躲避战乱,中原缙绅、士族相率南迁,史称"永嘉之乱,衣冠南渡"。平民百姓也成群南迁,称为"流人"。在南迁的汉人中,西晋版图中的并州(山西太原)、司州(河南洛阳)、豫州(今河南东部南部以及安徽亳州为中心的地区)的"司豫流人"南迁到今日河南南部、安徽及湖北和江西中北部,其后沿鄱阳湖流域和赣江而至今日的赣南及闽西北(罗香林称其为南迁汉族第二支派)。另一批南迁汉人则越过岭南,来到粤东。东晋义熙九年(413),朝廷为招抚、安置北方南迁粤东的大量移民,专门设立义招县(故址在今大埔县湖寮镇古城村)。义招县的设立,让中原南迁汉人有了安身立命之所,以程旼为代表的南迁汉人及与他们共同生活劳动和文化融合的当地原住民,成为第二批早期客家先民。

二、隋唐之前赣闽粤边的行政设置

赣南、闽西与粤东山水相连相通,三地的社会发展进程虽然有先后快慢,但互相影响共同促进。隋唐之前赣闽粤边行政设置的发展,为接纳南迁汉人和民族融合打下了基础。

1. 赣 南

秦朝时(前221—前207),南壄县是赣南最早设置的县份,范围大致包括今南康、上犹、大庾等县。汉代的赣南区域,在原有南野县(管辖范围扩大,约辖今南康、大庾、上犹、崇义、信丰、龙南、定南、全南等地)的基础上,增加赣县(约辖今章贡区、赣县、兴国等地)、雩都县(约辖今于都、宁都、石城、瑞金、会昌、安远、寻乌等地)。吴嘉禾五年(236),设置庐陵南部都尉(相当于州郡一级的行政机构)。晋太康三年(282),撤销庐陵南部都尉,置南康郡,郡治雩都。隋开皇九年(589),改南康郡为虔州,辖赣县、雩都、南康、宁都四县,隶洪州总管府。

唐代是我国封建社会的鼎盛时期,虔州迎来重要发展时期,县份由原来的四个增加到七个(增加大庾、信丰、安远三县)。唐代开元时虔州有人口33 000户,乡75个。南唐保大十年(952),改上犹场为上犹县,翌年改瑞金监为瑞金县,虔南场为龙南县,石城场为石城县。至此,虔州领十一县,是赣闽粤边三地中县乡最多、人口最繁、经济最发达的地区。

2. 闽 西

秦朝时,福建设置闽中郡,由闽越人的君长管辖,郡治东冶(今福州市区屏山东南麓冶山一带),闽西属之。

汉高祖五年(前202),刘邦封越族首领无诸为闽越王,都东冶(今福州市区),王闽中地。高祖十二年(前195)三月,诏封南武侯织为南海王,闽西属之。汉文帝六年(前174),南海王造反,于汉武帝建元六年(前135)失败,贵族、官吏和军队被迁徙到上淦(今属江西),其地为闽越王所有。汉武帝元封元年(前110),汉朝又将闽越王的贵族、官吏和军队迁徙到江淮间,"东越地遂虚"①,但一般闽越族百姓仍散居于赣闽粤边的武夷山区,占主导地位的仍然是闽越文化。汉昭帝始元二年(前85),由于人口增加迅速,又设立冶县,管理福建全境,县治仍在东冶。

西晋太康三年(282),为加强对福建西部和东南沿海的开发与管辖,析建安郡置晋安郡,领八县:原丰、侯官、罗江、温麻、晋安、新罗、宛平、同安,郡治侯官县(今福州鼓楼区)。其中的新罗县是闽西第一个县级行政建制,县境范围比后来唐宋时期的汀州范围还大,但人口相当稀少,约500户,人口不满4 000②。陈朝永定时(557—559),陈武帝设"闽州",这是福建历史上第一个省级建制,州治设在晋安(今福州),下领建安、晋安、南安三郡,新罗县仍属晋安郡。

唐朝加强对福建的开发,一是鼓励移民进入福建,增加人口,李吉甫《元和郡县志》载,唐代"开元时有二万九千六百户"(近十万人)入闽。二是加强州县的设置与行政管理,唐武德初年,设泉、建、丰三州,下辖十县,州数和县数均为隋代的二至三倍。唐景

---

① (汉)司马迁:《史记·东越列传第五十四》,岳麓书社2004年版,第910页。
② 郭启熹:《闽西族群发展史》,福建教育出版社2008年版,第67页。

云二年(711),立闽州都督府。开元十三年(725),闽州更名为福州,领有福、建、泉、漳、潮五州。三是加强武装力量,设立军事长官。开元二十一年(733),唐朝设置福建经略使,专管军事。为加快福建西部的开发,也为镇守闽西山区的"蛮僚""峒蛮",唐开元二十四年(736)"始开福抚二州山峒置汀州,取长汀溪名之"①,领长汀、黄连、龙岩三县。至此,唐代福建五州(福州、建州、泉州、漳州、汀州)正式形成。大历十二年(778),龙岩划归漳州,以建州的沙县归属汀州。直到南唐保大四年(946),才把沙县划给剑州,同年置武平场。

3. 粤东

秦时设置龙川县,主要管辖粤东、粤北至南壁一线。东晋咸和六年(331),设立兴宁县,县治在今五华县华城镇。东晋义熙九年(413),朝廷设立义招县(范围大致在今大埔县境)。南齐建元元年(479),从义招县析出部分地方和今天梅县、蕉岭、平远的全部及丰顺的一部分设置程乡县。唐代天宝年间,潮州程乡县(含今梅县、大埔、蕉岭、平远)户数1 800户,辖6乡。五代十国时期,南汉乾和三年(945),程乡县升格为敬州。这是本地设州的开始,说明唐末移民数量的激增,也表明朝廷加强对粤东的管理与开发。

参考文献

1. 罗香林:《客家研究导论》,广东人民出版社2017年版。
2. 林开钦:《客家通史》,福建人民出版社2018年版。
3. 谢重光:《宋代畲族史的几个关键问题》,《福建师范大学学报》2006年第4期。
4. 谢重光:《客家文化述论》,中国社会科学出版社2008年版。
5. 张佑周、陈弦章、徐维群:《客家文化概论》,中国文联出版社2002年版。
6. 郭启熹:《闽西族群发展史》,福建教育出版社2008年版。
7. 林汉阳、郭义山主编,邹文清执笔:《沧桑闽西》,中央文献出版社2007年版。
8. 钟晋兰:《闽西畲客族群关系的历史演变》,《嘉应学院学报》2019年第2期。
9. (宋)胡太初修,赵与沐纂:《临汀志》,福建人民出版社1990年版。

思考与练习

1. 为什么说赣闽粤边的自然地理环境是形成客家民系及其客家文化有利的空间条件?

---

① (宋)胡太初修,赵与沐纂:《临汀志·建制沿革》,福建人民出版社1990年版,第2页。

2. 名词解释:"永嘉之乱,衣冠南渡"。

3. 请你阅读唐人传奇《汀州山魈》,分析文中闽越族后裔"山魈"的生活特点,以及元自虚和萧老的人物形象。

汀州山魈

开元中,元自虚为汀州刺史。至郡部,众官皆见。有一人,年垂八十,自称萧老:"一家数口,在使君宅中累世,幸不占厅堂。"言讫而没。

自后凡有吉凶,萧老为预报,无不应者。自虚刚正,常不信之。而家人每夜见怪异,或见有人坐于檐上,脚垂于地;或见人两两三三,空中而行;或抱婴儿,问人乞食;或有美人,浓妆美服,在月下言笑,多掷砖瓦。家人乃白自虚曰:"常闻厨后空舍是神堂,前人皆以香火事之。今不然,故妖怪如此。"自虚怒,殊不信。

忽一日,萧老谒自虚云:"今当远访亲旧,以数口为托。"言讫而去。自虚以问老吏,吏云:"常闻使宅堂后枯树中,有山魈。"自虚令积柴与树齐,纵火焚之,闻树中冤枉之声,不可听。

月余,萧老归,缟素哀哭曰:"无何远出,委妻子于贼手。今四海之内孑然一身,当令公知之耳。"乃于衣带解一小合,大如弹丸,掷之于地云:"速去速去。"自虚俯拾开之,见有一小虎,大才如蝇,自虚欲捉之,遂跳于地,已长数寸,跳掷不已,俄成大虎。走入中门,其家大小百余人尽为所毙,虎亦不见。自虚者,亦一身而已。

——包湑《会昌解颐录》

第二章　客家民系的形成与发展

历史上,中华民族经历多次大动荡、大迁徙,主要原因有三,一是战乱,二是天灾,三是政府有计划地鼓励民众的迁徙。客家民系是唐宋时期战乱引发中原汉人南迁,移民至赣闽粤边与当地畲瑶民族融合发展的结果。唐宋是客家民系的孕育和初步形成阶段,明清是客家民系的成熟与发展时期。

第一节　唐末宋初与宋室南渡的战乱移民

唐宋时期,发生多次大规模的战乱移民,如唐中叶的"安史之乱"、唐末的"黄巢之乱"、五代的"王审知入闽"、宋室南渡,对客家民系的形成产生重大影响。这时期,赣闽粤边主要经历了两次较大规模的中原移民潮,一次是唐末"黄巢之乱"引发的大量移民,另一次是中原被金人占据,北宋灭亡,宋室南迁导致的北人大量南迁。

一、唐末"黄巢之乱"

唐中后期的大规模汉人南迁,要从唐代"安史之乱"说起。唐代天宝十四载(755)十一月,范阳、卢龙二节度使安禄山及其部将史思明联合奚、契丹、室韦等北方少数民族部众起兵十五万反唐。安史叛军一个多月时间就席卷河北、河南大部分州县,占领洛阳,前锋威逼潼关,中原陷入混乱。为躲避战争灾难,黄河流域的北方人民纷纷避难。杜甫的诗《逃难》"故国莽丘墟,邻里各分散",《无家别》"我里百余家,世乱各东西",就是对河南一带动乱现实的反映。李白的诗《永王东巡歌十一首》"三川北虏乱如麻,四海南奔似永嘉",顾况的文《送宣歙李衡推八郎使东部序》"天宝末,安禄山反,天子去蜀,多士奔吴为人海",则描绘了北方民众往南方大迁徙的广阔画面。葛剑雄《中国移民史》也说,"许多北方人民南迁时,往往携家乃至举族迁徙","估计在安史之乱结束时大约有250万北方移民定居在南方"①。这批北方移民大潮,东部主要集中在江淮流域,中部主要在赣北、赣中的饶州、洪州、吉州,"共计增加七万四千三百一十八户,以每户五口计之,共达三十七万余人"②。鄱阳湖水运交通便利,鄱阳县成为移民转运中心,因此,鄱阳县的"筷子巷"成为河南、安徽等省许多姓氏南迁移民的一个标志性的集体历史记忆。

虽然这批南迁至江西赣北、赣中的北方移民还不算客家先民,但他们逐步适应南方的生产生活,开发建设了赣北赣中,对晚唐时期移民进入赣闽粤边区有巨大影响。

晚唐乾符二年(875),王仙芝、黄巢分别在河南长垣、山东冤句发动声势浩大的农民起义。十年间,农民军转战河南、山东、江苏、江西、闽浙、两广、两湖、陕西等十二行省,中原和江淮地区沦为战场,沉重打击了唐朝统治,加速了唐朝的灭亡。王仙芝、黄巢的军队三次攻入江西,地处赣北、赣中的江州、洪州、饶州、吉州、信州等无不遭受荼毒,于是大批汉人南迁进入赣闽粤三省交界山区,寻找远离战火的桃源乐土以安家立业。

寻找"桃花源",是战乱时期人民的共同愿望。东晋著名田园诗人陶渊明创作的《桃花源记》,至唐代早已广为人知,其中的描写更是引发人们的无限向往:

林尽水源,便得一山,山有小口,仿佛若有光。便舍船,从口入。初极狭,才通人。复行数十步,豁然开朗。土地平旷,屋舍俨然,有良田美池桑竹之属。阡陌交通,鸡犬相闻。其中往来种作,男女衣着,悉如外人。黄发垂髫,并怡然自乐。

它让人产生"桃花源在山里"的向往。赣闽粤边在武夷山南部山区,交通不便,又远离省会中心城市,因此未受战火波及,俨然就是躲避战乱的"世外桃源"。于是大量南迁中原汉人进入赣闽粤边。罗香林说:"这次迁徙,其远者已达循、惠、韶等地,其近者则达福建宁化、汀州、上杭、永定等地,其更近者,则在赣东赣南各地。"③

江西罗氏族谱大成谱载:"迨下唐僖宗之末,黄巢作乱,我祖仪贞公致仕隐吉,因家吉丰。长子景新,徙赣州府宁都州,历数十年,又迁闽省汀州府宁化县石壁村,成家立业。"这份罗氏族谱记载了祖上从江西吉州迁赣南宁都,又迁闽西汀州宁化石壁的历史。

嘉应(梅州)刘氏族谱载:"一百二十一世祖讳祥公,妣张氏。唐末僖宗乾符间,黄巢作乱,携子及孙,避居福建汀州府宁化县石壁峒……祥公原籍,自永公家居洛阳,后

---

① 葛剑雄:《中国移民史》,福建人民出版社1997年版,第242~243页。
② 周振鹤:《唐代安史之乱和北方人民的南迁》,《中华文史论丛》1987年第2、3期合刊。
③ 罗香林:《客家研究导论》,中国华侨出版公司1989年版,第50页。

徙江南,兄弟三人,惟祥公避居宁化县,其二人不能悉记。"这份刘氏族谱记载刘氏祖上为避黄巢作乱,从洛阳携子孙,举族南迁闽西宁化的经历。

《闽汀戴氏群芳谱》载:"(三洲戴氏开基祖戴均钟)年廿六时,宋神宗熙宁五年(1072),由江西浮梁负安公神像,千里跋涉,流寓福建宁化石壁,复迁长汀宣德南里(今三洲)辟土定居。"这份长汀三洲戴氏族谱记载了开基祖戴均钟于北宋神宗年间从江西南迁宁化石壁,又迁长汀三洲的经历。

以上三则族谱资料,说明唐末"黄巢作乱"之后,中原汉人南迁进入赣南、闽西、梅州的历史事实,说明赣闽粤边客家人对宁化石壁祖地的认同。

罗香林《客家源流考》有一则"葛藤坑的传说":

在昔,黄巢造反,隔山摇剑,动辄杀人。时有贤妇带男孩两人,出外逃难,路遇黄巢。怪其负年长者于背,而反携幼者以并行,因问其故。妇人不知所遇即黄巢也,对曰:"黄巢造反,到处杀人,旦夕且至;长者先兄遗孤,父母双亡,惧为贼人所获,至断血食,故负于背;幼者固吾生子,不敢置侄而负之,故携行也。"巢嘉其贤。因慰之曰:"毋恐!巢等邪乱,惧葛藤,速归家,取葛藤悬门首,巢兵至,不厮杀矣。"妇人归,急于所居山坑径口,盛挂葛藤,巢兵过,皆以巢曾命勿杀悬葛藤者,悉不敢入,一坑男子,因得不死。后人遂称其地曰葛藤坑,今日各地客家,其先,皆葛藤坑居民。[①]

葛藤坑,也称葛藤凹,在宁化石壁村附近。这则传说虽然近乎神话,但它至少说明三个问题:一是唐末黄巢军队入闽时期,石壁葛藤坑已有南迁汉人居住,与"黄巢"的中原语言相通;二是贤妇所遇"黄巢",并不一定是真的黄巢,却可作为故事发生的背景看待,从故事结局看,"一坑男子,因得不死",说明战乱中的宁化石壁还是安宁之地;三是女主人公不但爱护"先兄遗孤",注重伦理准则,还机智保护了"一坑男子",凸显了女娲造人一般母爱的光辉,表达了客家人对客家先民仁爱、勇敢和智慧的顶礼膜拜。

二、南宋移民

宋钦宗靖康元年(1126)闰十一月二十五,金兵攻破北宋首都汴京(今河南开封)。次年(1127)四月,金人虏宋徽宗、宋钦宗父子及赵氏皇族、朝臣贵卿和后宫嫔妃等数千人北上,北宋就此灭亡。宋室残余势力于靖康二年(1127)五月拥戴赵构在南京应天府(今河南商丘)即位,称"高宗",改元"建炎"。赵构朝廷又遭金人追击,只好南渡长江,辗转江浙一带避难。直到绍兴二年(1132),高宗才正式迁都杭州,在南方站稳脚跟。

---

① 罗香林:《客家源流考》,中国华侨出版公司1989年版,第38页。

值此天下大乱之际,北方汉族军民大量南迁归附南宋朝廷。与中原汉人迁入赣闽粤边关系密切的事件,主要有:

隆祐太后南逃虔州。建炎三年(1129)七月,隆祐太后率卫军万人进入江西洪州(今南昌)、吉州(今吉安)、虔州(今赣州),大量南迁百姓跟随。在吉州太和(今泰和县)时,护送的卫军哗变,与跟随南迁的百姓一起组成义军抵抗金兵,这些人中有一部分留在虔州。

赣北赣中大量百姓迁入赣南、闽西。当隆祐太后率卫军进入江西洪州时,金兵闻讯攻打洪州,建炎三年(1129)三月,金军占领洪州(今南昌),屠城,杀城中老小七万人。隆祐太后南逃虔州时,金兵又尾随至吉州太和县。因此,赣北赣中百姓为避金兵杀戮,大量迁入赣南、闽西,赣州、汀州人口猛增。

宋绍兴以后,赣州、汀州成为朝廷安置归正人、归明人的地区之一。所谓"归正""归明",依南宋人赵昇《朝野类要》卷三解释:"归正,谓原系本朝州军人,因陷番,后来归本朝;归明,谓原系西南番蛮溪峒人,纳土出来本朝,补官或给田养济。"因此,归正人主要指从中原金人占领区南迁的军民;归明人则是西南少数民族归附宋朝的。南宋朝廷对归正人、归明人都给予田宅、授官、赡养的待遇,赣南和闽西则为他们提供了"桃花源"般的安宁环境。

第二节 两宋客家民系的形成

研究客家民系形成与发展的专家学者很多,首先要提到的是客家学奠基人罗香林。罗香林(1906—1978),字元一,号乙堂,广东兴宁县人。1926年考取清华大学,师从陈寅恪、顾颉刚,致力于民族史研究,是史学家、客家学奠基人,主要著作有《客家研究导论》《客家源流考》《客家史料汇篇》《宁化石壁村考》。

罗香林的《客家研究导论》第二章"客家的源流",提出客家民系形成与发展的"五次大迁徙"观点。我们可用表2-1来了解:

至于客家民系形成于何时,学术界有许多不同观点:

"晋宋之际"说。丘菊贤、杨东晨认为:"晋宋之际……客家民系始得形成。"[1]

"南朝末年"说。房学嘉认为,南朝末年"客家共同体已初步形成"[2]。

---

[1] 丘菊贤、杨东晨:《中原汉人南徙与客家评述》,《河南大学学报》1990年第1期。
[2] 房学嘉:《客家源流探奥》,广东高教出版社1990年版,第36页。

"唐代开元"说。李默认为："汀州之建置,标志着客家群体的形成。"①

表2-1 五次大迁徙简表

	第一次大迁徙	第二次大迁徙	第三次大迁徙	第四次大迁徙	第五次大迁徙
时间	东晋至隋唐	唐末至宋初	宋室南渡至南宋末年	明末清初	咸丰同治年间
核心事件	永嘉之乱,衣冠南渡	黄巢之乱	金人入侵,宋室南渡;元军南侵,宋朝灭亡	郑成功迁台;湖广填四川	太平天国运动失败;广东西路事件
迁徙状况	并、司、豫诸州的流人……沿着鄱阳湖流域及赣江而至今日赣南及闽边诸地。	其远者已达循、惠、韶等地,其近者则达福建宁化汀州上杭永定等地,其更近者,则在赣东、赣南各地。	更多汉民进入赣闽粤边山区	部分客家人迁往台湾和川、桂	部分客家人迁往广东南部、海南岛及海外

"唐末至北宋期间"说。张佑周认为："我们已经知道了客家民系形成的历史时限是唐末至北宋期间,客家民系形成的摇篮和哺育其成长的大地母亲是闽粤赣边区。"②

"五代至北宋初"说。罗香林认为："客家这一系统的形成,大体已晚在五代至宋初。"③陈运栋也认为："经过五代纷争,及宋太祖的统一中国,客家民系才由其他民系演化而自成一系;所谓'客家'的名称,也就在这个时候宣告确立。"④

"南宋"说。谢重光认为："既然南宋时客家人已经形成共同的地域,共同的经济生活,共同的社会心理素质,共同的语言——客家方言,那么,肯定客家民系至迟在南宋已经正式成立,应是较合宜的。"⑤吴福文、刘善群等客家学者也持此观点。

"宋末元初"说。林开钦认为："客家民系是唐末宋初至宋末元初形成的,之前没有客家。"⑥俞如先也赞成这种观点⑦。

"明代中叶"说。王东认为："把客家民系的形成划定在明代中叶,应该说是有基本依据的。"⑧

---

① 李默:《客家来源与形成》,广东经济出版社1998年版,第38页。
② 张佑周:《客家之子论客家》,四川民族出版社2012年版,第6页。
③ 罗香林:《客家源流考》,中国华侨出版社1989年版,第41页。
④ 陈运栋:《客家人》,联亚出版社1978年版,第10页。
⑤ 谢重光:《客家源流新探》,福建教育出版社1995年版,第178页。
⑥ 林开钦:《客家通史》,福建人民出版社2018年版,第9页。
⑦ 俞如先:《完整证实了客家民系形成时间》,《梅州日报》2020年7月23日。
⑧ 王东:《客家学导论》,上海人民出版社1996年版,第144页。

"明末清初"说。陈支平认为:"自明末清初以来,聚居在闽、粤、赣三省交界边区的居民,为了适应外移过程中所发生的与其他民系的矛盾冲突的需要,他们自身团结和族群凝集的意识空前高涨。他们利用当时逐渐俗成的名词,自称为'客家',从此以后,'客家'这一名词才逐渐见诸各种文献记载中,客家人的群体也从这一时期开始形成。"①

"清中叶"说。刘佐泉认为:"客家高度的种族集团(民系)自觉性的形成,乃至客家民系最后形成的标志是清嘉庆十三年(1808,戊辰)客家学者徐旭曾先生所作的《丰湖杂记》。"②

观点多达十种,是学者精心研究、学术争鸣的表现,也是研究逐步深入且结论逐渐清晰的过程。综合多数专家学者的主流观点看,人们普遍认为,客家民系形成于宋代,成熟于明代中叶,明末至近代则是客家民系的发展时期,逐步形成客家人遍布海内外的格局。

秦朝至唐五代是客家民系的酝酿时期,长达千年之久。之所以要把唐五代划为客家民系的酝酿时期,是因为唐末五代时期,虽然中原汉人已大量迁入赣南,但汀州、梅州汉族人口十分稀少,经济文化交流不多,中原文化难以融合土著文化,当然也形成不了有独特文化的客家民系。唐开元二十四年(736)汀州置郡时,汀州在籍人口只"逃户三千余"户③;到天宝元年(742)时上升到4 700多户,13 700人;唐建中时(780—783)汀州人口达到最高峰时,也只有5 330户,16 000人,每户平均三口人;元和年间(806—820)则回落到最低点2 600户,以每户五口人计算,总人数才13 000多人。然而,唐末乾宁元年(894)爆发的"黄连峒蛮"二万围汀州事件,一则说明汉畲关系并不融洽,二则说明当时汀州境内"峒蛮"(指畲族)人口众多,"按每户五人出围一人计算,汀州周围就有'蛮獠'十万人"④,可见,唐末汀州汉人在数量上不占优势,经济文化也不发达,没有能力融合土著民族,更不用说"反客为主"。唐代天宝年间,广东韶州人口有31 000户,而潮州程乡县(含梅县、大埔、蕉岭、平远)只有1 800户,人口也很稀少。唐亡之后的五代(907—960)只有50余年时间,黄巢农民起义之后大批中原汉人南迁陆续进入赣闽粤边站稳脚跟。因此,把唐五代视为客家民系的孕育时期较为合宜。

客家民系形成于宋代,这是唐末宋初、两宋之交大量移民,汉畲文化融合发展以及客家社会特点决定的。原因主要有以下五个方面。

---

① 陈支平:《客家源流新论》,广西教育出版社1997年版,第136页。
② 刘佐泉:《客家历史与传统文化》,河南大学出版社1991年版,第98页。
③ (宋)胡太初修;赵与沐纂:《临汀志》,福建人民出版社1990年版,第21页。
④ 郭启熹:《闽西族群发展史》,福建教育出版社2008年版,第80页。

一、编户人口增加,奠定民系形成基础

宋代赣闽粤边人口增长十分迅速。北宋崇宁元年(1102),虔州府(绍兴二十三年虔州改称赣州)户数达到72 000多户,比唐代元和年间净增46 000余户;南宋绍兴年间(1131—1162),赣州府户数近121 000;淳熙年间(1174—1189),赣州户数猛增到293 000①,比南宋初绍兴年间净增17万多,按每户五口人计算,人口总数将近150万。由于人口的增长,宋代赣州所辖县份由唐代的11个增加到13个,中部有赣县、于都县二县,北部有兴国、虔化和石城三县,东部有瑞金、会昌二县,南部有安远、虔南和信丰三县,西部有南康、上犹和大庾三县。

闽西临汀郡(汀州)人口也增长很快。据《元丰九域志》载,北宋元丰年间(1079—1086),临汀郡户口快速增长到81 400多户,比唐代元和年间(806—820)净增78 000余户,出现"十万人家溪两岸,绿杨烟锁济川桥"②的繁密景象。南宋宝祐年间(1253—1258),临汀户数猛增到223 000户(《临汀志·户口》),比北宋元丰年间净增145 000多。若以每户五口人计,则总人口超过110万。闽西临汀郡所辖份县也由唐代的三个增加到六个,北部有宁化、清流二县,中部有长汀、莲城二县,南部有上杭、武平二县。

北宋开宝四年(971),敬州改为梅州,辖程乡县。北宋初太平兴国年间(976—983),梅州主户1 200户,客户367户,合计1 577户,与唐代变化不大。到北宋中期,梅州主户达到5 824户,客户6 548户,总计主客户12 000多户,与北宋初比,主户增加将近5倍,客户则增加将近20倍。

汉族人口的大量增长,郡县管理制度的建立与完善,有利于中原文化在赣闽粤边的广泛传播,形成以汉文化为主导的民系文化,有利于百姓生产生活的安定与发展,当然也有利于汉畲民族的文化融合。

二、农业与矿业的发展,为客家民系的形成准备了物质基础

客家先民从中州大平原、从赣北赣中的江河湖畔来到赣南、闽西和粤东山区,生活条件落后,劳动环境恶劣;他们远离故土,迁居客地,许多都要从零开始、白手起家,因此,客家的历史,是苦难的漂泊史,也是开拓进取、艰苦奋斗的创业史,吃苦耐

---

① 葛剑雄等:《简明中国移民史》,福建人民出版社1993年版,第297页。
② (宋)胡太初修,赵与沐纂:《临汀志·桥梁》,福建人民出版社1990年版,第16页。

劳、团结协作成为他们共同的心理素质。宋代时期，他们客居地的农业和矿业都发展较快。

农业方面，宋代赣闽粤边的主要成绩，一是农田水利的兴修，二是优良品种的推广。在"八山一水一分田"的赣闽粤边山区种植水稻，除了开辟赣江、汀江、韩江水系的冲积台地和山间盆地，多受畲瑶民族刀耕火耨的启发，在山间缓坡上修建大量梯田。客家人还因地制宜，修筑了陂塘井渠等灌溉设施。以闽西临汀郡为例，据宋代《临汀志·山川》载，长汀县有郑家陂、西田陂、南拔桥陂、官陂、中陂、张家陂、何田大陂；宁化县有大陂、吴陂；上杭县有梁陂、高陂；武平县有圣公泉、龙泉井、黄田陂；连城县有南团陂三个、北团陂六个、席湖围陂三个、姑田团陂五个、河源下里陂七个，这些都是宋代临汀郡水利建设的标志性成果。在优良品种的推广方面，成功引种畲稻就是突出事例。"稜禾"本是"山客輋"（畲族的别称）的传统水稻，"四月种，九月收"，节水耐旱，特别适应赣闽粤边山区的土壤与气候。这种稜米"实大且长，味甘香"，品质优良，很快为当地汉人引种培植，推广到其他客家地区。这些都是汉畲民族互相学习，共同开发的成果。

宋代临汀郡的矿业发展良好。唐朝时，长汀就是中下（县），有铜有铁；宁化也是中下（县），本黄连，天宝元年更名，有银有铁。宋朝时，天下产金六州，在闽唯汀有之。北宋时期，汀州上杭县金山下的钟寮场金矿开采量很大，皇祐年间（1049—1053）每岁"贡金之数百六十七两"。上杭郭氏入闽开基祖郭福安开发上杭金山及其奠基上杭县城的贡献，就是典型的事例。临汀郡又是银的重要产地，每年要向国库上缴"上供银"七千九百多两。汀州不事蚕桑，也不种棉花，因此，淳熙七年（1180），临汀郡守奏请朝廷与邻近州县互通有无："本州岁出银六千六十五两，为建昌、抚州代输上供银；令建昌岁出绢四千五百三十七匹、绅三百三十五匹，棉二千两；抚州岁出棉七千五十两，应副本州官衣赐，通融相济。"①汀州矿冶的兴盛，给许多"客户"或"流人"带来就业机会，矿山周围呈现"矿冶兴盛、商旅辐辏"的繁荣景象②。

三、汀江航运促成方言区的形成

汀江的开辟与汀州由食"福盐"改食"潮盐"有关。南宋绍定之前，汀州各县百姓的食盐从福州运来，称为"福盐"。《元和郡县图志》载：（汀州）"东北至福州，水陆相间，屈曲，一千三百六十里。"闽西与福州之间的路途"屈曲"遥远，"水陆相间"，运输时间长、损耗大，所以价格昂贵，百姓怨声载道。潮州产盐区与汀州一水相连，往返时间短，价

---

① （宋）胡太初修，赵与沐纂：《临汀志》，福建人民出版社1990年版，第31页。
② （宋）胡太初修，赵与沐纂：《临汀志》，福建人民出版社1990年版，第3页。

格又便宜。因此,南宋绍定五年(1232),经汀州知州李华和长汀县令宋慈的请求,朝廷允准汀州更运潮盐,于是质优价廉的潮盐大受百姓欢迎。受汀州影响,邻近的赣州也受允准改运潮盐。这个改变,使得赣州与汀州、梅州、潮州的经济关系进一步加强,民间交往更加密切。汀江航运的货物除了大宗的食盐之外,赣州、汀州的大米、土纸、陶瓷、山货从汀州码头装船,运到广东沿海发卖;广东沿海的海产、布匹、水果、药材又运到汀、赣各县销售,汀江航运成为联结赣闽粤边的水上交通大动脉。汀州位于赣州与梅州的中心点位置,因此,宋代形成以汀州为中心的三个"客家大本营",促成客家民系共同生活区域——客家祖地的认同。

由航运而衍生的船工、挑夫以及相关的码头仓储、商铺买卖、饮食住宿带动人员从业,汀江沿线的城镇、墟市也因商品交流而繁荣起来。《临汀志·坊里墟市》载,汀州城内有3坊,城外的汀江河畔(长汀县)则有14坊,10个墟市[①];宁化县有3坊,6个墟市;清流县9坊,7个墟市;莲城县8坊,3个墟市;上杭县4坊,2个墟市;武平县6坊,3个墟市。坊市人口一般不从事农业生产,以经商和手工业为主。据《临汀志·户口》统计,坊市主户、客户丁口人数15万,占乡村丁口总数超过三成。可见宋代汀州手工业和商业的从业人数之多,以致呈现"阛阓繁阜,不减江、浙、中州"[②]的繁华景象。

墟市遍布城乡,丰富了客家百姓的商品交流,促进了畲汉民族的交融,还催生客家方言。以中原汉语为母语的南迁汉人,在南迁过程中吸纳沿途地方方言,尤其是赣方言;在落脚地赣闽粤边又融合畲瑶民族许多语言、词汇和语法,最终成为客家百姓交流的共同语言。这种包容性很强的客家方言,只有经过长期、频繁的生产生活交流和经济往来,才能成为大家普遍认可和运用的语言工具。因此,共同的经济生活是客家方言形成和推广的重要因素。李如龙、罗美珍、邓晓华等语言学家都认为客家方言形成于两宋,南宋时期客家方言得到大范围推广与运用,"在赣南、闽西、粤东形成了一个特殊方言区——客家方言区"[③],这标志着客家民系的形成。

四、形成崇文重教、读书科举的社会风气

宋代江西有许多闻名全国的书院,如庐山白鹿洞书院、信州象山精舍(后为象山书院)、九江濂溪书院、上饶鹅湖书院、上饶怀玉书院、吉安白鹭洲书院、大余道源书院。宋代江西有进士5 442人(其中赣南234人),状元122人,居全国第二,与这些书院的人

---

① (宋)胡太初修,赵与沐纂:《临汀志》,福建人民出版社1990年版,第13~15页。
② (宋)胡太初修,赵与沐纂:《临汀志》,福建人民出版社1990年版,第13页。
③ 谢重光:《福建客家》,广西师范大学出版社2005年版,第42页。

才培养之功分不开。赣南是客家摇篮,崇文重教风气十分浓厚。"客家兴学第一人"北宋石城县人温革办学的故事,就是一个耐人寻味的文化神话。温革自己早年屡试不第,于是归家开辟义馆,市书建楼,四方学者接踵而至,捐资给予廪粟。由是虔南风气诵诗读书,泽躬尔雅,即使种田农夫也知道有温革这个人。传说温革筹建学馆费用巨大,许是感动上苍,在挖地基时竟意外地挖出五万枚五铢钱,于是有了充足的办学经费,学馆也命名为"青钱馆"。由于藏书丰富,广招客家子弟入学,聘请饱学之士任教,温革受到朝廷褒奖,宋仁宗赐其进士及第。

宋代,闽西临汀郡的文化教育也得到长足进步。受全国书院讲学风气的影响,汀州也有不少书院,如洞天书院、卧龙书院、丘氏书院、东山书院、仰止亭、石门岩书院、尚友斋、沈氏书院。其中,东山书院由崇安进士、汀州主簿刘子翔创建于刘氏家庙旁。刘子翔的堂兄著名学者刘子翚曾在东山书院讲学三个月,理学大师朱熹也应邀前来讲学。理学家罗从彦则应莲(连)城罗氏宗亲邀请,前来冠豸山仰止亭讲学。由于宋代客家地区仕宦官员的教养之功与客家子弟的自身努力,闽西文化建设取得显著效果。据《福建史志》(2006年)统计,宋代临汀郡进士达168人。在客家民系形成阶段的两宋时期,客家地区涌现众多进士,为国家贡献人才,为家乡争得荣誉,说明形成于宋代的客家民系文化起点较高,崇文重教观念已是客家百姓的共识,中原文化已经成为客家地区的主导文化。庆元间(1195—1200),任汀州教授的陈一新在其《跋赡学田记》中就说:"闽有八郡,汀邻五岭,然风声气习颇类中州。"①

民间信仰的推广,成为维系客家民系内部的精神纽带。其一,许真君信仰。许逊,祖籍汝南,自其祖父起迁居江西南昌。许逊好道家法术,不仅能为人治病,还能斩蛟龙为民除害。传说许逊"飞升"之后能显灵治病,佑人平安、吉利、发财。北宋政和二年(1112),诰封许逊为"神功妙济真君",于是,许真君信仰在江西影响不断扩大,赣南客家百姓视其为大福主、守护神。其二,定光、伏虎信仰。定光大师,俗姓郑,法名自严,泉州同安县人。北宋乾德二年(964,甲子)驻锡汀州南岩(今武平县岩前镇狮岩)。定光大师生前能除虎驱蟒、通航、开泉、祈雨;圆寂之后能感应致雨、退敌,与伏虎大师一起保护百姓。北宋熙宁八年(1075),朝廷诏赐封号"定应";南宋嘉熙四年(1240),朝廷又赐予"定光圆应普慈通圣"大师封号。伏虎大师,俗姓叶,法名惠宽,汀州宁化县人。惠宽大师生前能驯服老虎、祷雨救旱,圆寂之后也能致雨、退敌,北宋至南宋,朝廷四次赐其封号,称"威济灵验普惠妙显"大师。汀州客家百姓将定光、伏虎大师奉为共同的

---

① (宋)王象之:《舆地纪胜》,中华书局1992年版,卷一三一引。

保护神。其三,三山国王信仰。三山,指潮州揭西县(今属揭阳市)河婆镇北面的巾山、明山、独山。三山国王,唐代时为山川之神,属于自然崇拜。传说北宋时潮州三山神助宋太祖、宋太宗南征北伐,于是宋太宗封此三山神为国王,由自然神转变成社会神,为潮州与粤东客家人共同祭祀。其四,妈祖信仰。由于汀江航运的开辟,闽西与广东沿海的潮州拉近了距离,原来流行于东南沿海的妈祖信仰也传入闽西。南宋嘉熙(1237—1240)时,长汀县朝天门外的汀江河畔就建有"三圣妃宫"以供奉妈祖。每次运输"潮盐"之前,"州县吏运盐纲必祷焉",汀江沿线各乡县城镇的码头也多有妈祖庙以及庙会活动。这些共同的信仰与庙会活动,客观上起到团结民众、和谐人际关系的作用,加强了民系内部的认同感与凝聚力,成为客家百姓开拓进取、战胜困难的精神力量。妈祖信仰带来的海洋文化,丰富了客家文化内涵,也体现了客家文化的开放性与包容性。

五、汉畲融合

客家民系的形成,汉畲融合是重要因素之一。没有汉畲融合,就没有客家文化,当然也就没有客家民系。宋代的汉畲融合,主要表现在三个方面:

一是汉畲杂处,互相交流。由于"安史之乱"和"黄巢之乱",北宋时期赣闽粤边接纳的南迁汉人"省民"明显增加,省民、山越,往往错居,畲、汉民众关系比较密切。南迁汉人向畲民学习山区生产生活经验,适应山区生活环境;畲民则向汉人学习先进的筑屋造田、兴修水利技术,结束了"刀耕火耨、崖栖谷汲,如猱升鼠伏"的原始生活。在人数和经济、文化占优势的汉人影响下,宋代的汉畲融合成为必然趋势。罗香林也说,赣闽粤边原先的居民主要是畲族,因而南迁汉人"初到赣闽粤的时候,不能不与畲民互相接触,接触已多,就想不与他们混化,亦势所不许",又说"昔时客家,与之(指畲族)相处,一方面吸收了他们一部分血统,另一方面感受了他们活动所产生的影响"[①],明确指出赣闽粤边汉人与畲族融合的事实。

二是汉畲人民共同反对官府压榨。宋廷南移之后,"临安"(今杭州)成为南宋首都,原先地处边陲的赣闽粤边成为政治中心的"邻居"。随着大量移民进入赣闽粤边,赣南、闽西人口都超过一百万,南宋朝廷加强了对这里的管控,"畲民不役,畲田不税"的历史成为过去。刘克庄《漳州谕畲》反映说"厥后贵家辟产,稍侵其疆;豪干诛货稍笼其利;官吏又征求土物——蜜蜡、虎革、猿皮之类。畲人不堪,诉于郡,弗省,遂怙众据险,剽略省地"。据《宋史》卷三九记载,南宋嘉定二年(1211)十一月,爆发以李元励为首的"江西峒寇"起义。李元励的畲、汉起义军有"众数万,连破吉、郴诸县",又从赣南

---

① 罗香林:《客家研究导论》,广东人民出版社1992年版,第74~76页。

打到汀州,再打到广东南雄,嘉定四年二月才被朝廷镇压下去。南宋理宗时期,汉人陈三枪在虔州聚众起义,各地农民纷起响应,起义军以松梓山为根据地,于赣闽粤边建立六十个山寨,屡败官军,拒绝官府招安。宋宝庆元年(1225),赣州畲民钟全率领畲汉人民起义,响应陈三枪,于赣闽粤三省交界地区抗击官军。直到端平元年(1234)遭朝廷大军镇压,钟全与陈三枪起义军失败于广东兴宁。这几次畲汉人民共同反对朝廷暴政,"在生与死的考验中,把赣闽粤边民族融合推向了新境界"①。

三是汉畲人民联合抗元。宋末元初,赣闽粤边汉畲人民联合抗元,分为两条线。一条线是文天祥领导的勤王武装。南宋德祐元年(1275),元军长驱南下,兵临临安(南宋首都杭州)。赣州知州文天祥应诏勤王抗元,他在赣州"发郡豪杰,并溪洞山蛮",号称二十万大军,掩护宋朝王室赵昺南撤。文天祥的军队以梅州为大本营,辗转于赣州、汀州、梅州、惠州、潮州之间。由于文天祥部的活动范围主要是赣闽粤客家地区,所以军队士兵主要也是赣闽粤边的客家子弟。第二条线是陈吊眼、许夫人领导的闽西南畲汉民众抗元义军。《南靖县志》载,张世杰部队围攻泉州时,陈吊眼和许夫人率领畲军前来助战,宋军气势高涨。至元十七年(1280年)八月,陈吊眼、许夫人的义军攻陷漳州,队伍由最初的一万余人迅速发展到十万,连连五十多个堡寨。陈吊眼领导的义军前后坚持斗争六年之久,给元军以沉重打击,充分体现了畲汉人民保国家、反侵略精神,畲汉民族的团结与融合进一步加强。

总之,客家民系和客家文化都是战乱移民和民族融合发展的产物。由于唐末宋初以及两宋之交的社会动荡,大批中原汉人南迁进入赣闽粤边山区,与原住民的畲瑶民众互相学习,共同生活,共同劳动,共同抵抗压榨和侵略,开辟新的家园。经过宋代二三百年的融合发展,客家先民形成共同的经济生活、共同的社会心理素质、共同交流的方言——客家方言。由于宋代南迁汉人在人数上、经济上、文化上占优势和主导地位,他们融合原住民文化,到南宋时期形成以中原文化为主导的客家文化以及汉族客家民系。

第三节 明清客家民系的发展

客家民系于宋代形成之后,由于赣闽粤边山水相连、语言相通,因此,元朝至明代中叶的两百多年间,客家人主要是在"客家大本营"的赣州、汀州、梅州、惠州等地区活动,无论是民众的商贸往来、流动垦殖,还是汉畲人民的抗元斗争、农民起义,都进一步密切了畲瑶等少数民族与汉族人民的关系,增进了民族融合与民系认同。宋末之前的

---

① 林开钦:《客家通史》,福建人民出版社2018年版,第74页。

中原汉人大迁徙,让客家先民逐渐汇聚到赣闽粤边,与当地原住民一起开辟这片新家园,乃至形成客家民系,这是一个"内聚"的过程。到元明时期,福建畲族走上汉化道路,畲汉通婚已成常态,闽西地区的"畲客已逐渐融为一体"①。

明末清初、清中叶至近代,由于战乱、灾害和人多地少形成的"推力",以及朝廷"招垦"、南洋招聘华工等外在的"拉力",客家人又走出赣闽粤边向外发展,甚至漂洋过海。罗香林所言之第四、第五次大迁徙,可以看成"内聚"之后客家民系向外辐射的"外扩"过程,有如根深叶茂,必然开枝散叶,形成辐射海内外的格局。

一、清初"一枝散五叶"

明末清初,客家人"以扩散和拓展为主题"的第四次大迁徙,谭元亨将其形象地称为"一枝散五叶"②,就是以赣闽粤边"客家大本营"为中心,客家人分五条线路向外迁徙,逐步开拓新的家园。

其一,自明代成化年间开始,从闽西、粤东向粤北、桂东北、桂东乃至云、贵、川的迁徙。据相关族谱记载,如今粤北的韶关、南雄、始兴、曲江和英德的客家人大多称自己祖先于明代从福建上杭、粤东兴宁等地迁徙而来,广西的客家人大多数也是清初迁入。

其二,明末清初,福建、广东客家人追随郑成功迁徙台湾。明末郑成功部队以金、厦为根据地活动于东南沿海,士兵多是闽南人和闽粤客家人。郑成功东征收复台湾与据台期间,不少闽、粤客家人随之过台湾。具有代表性的有三者。一是刘国轩及其部属,刘国轩是郑成功麾下大将,汀州府长汀县四都人,其部属多有客家子弟。二是张要(耍)的部众,张要(耍)是漳州平和小溪人,任郑成功麾下都督,其部众多为南靖、平和、诏安的客家子弟。三是与郑成功遥相呼应发起反清复明的武平的王道一、徐文海,永定金丰的苏逢霖,大埔的江龙等人领导的起义军,抗清失败后,义军中的大量客家人随郑军赴台。

其三,应清廷"复界"和"招垦"台湾政策,闽粤客家人迁往东南濒海地区以及赴台垦殖。清廷平定台湾明郑政权后,实行"复界"和"招垦"政策,闽粤两省的漳、汀、潮、惠客家百姓纷纷迁往东南沿海地区,有的则前往台湾垦殖。康熙时期,由于靖海将军施琅颁布三条"禁海令":严禁偷渡台湾,不准携伴家眷,禁止粤民渡台。因此,福建泉州、漳州、汀州三府百姓去得最多,如,漳州诏安官陂的张廖氏、秀篆的游氏子弟陆续赴台垦殖,汀州永定高头乡江氏族人赴台者达460人之多。广东客家人大规模迁移台湾是在雍正、乾隆时期,一方面是因为康熙末年台湾发生"朱一贵事件",当时移居在凤山一

---

① 钟晋兰:《闽西畲客族群关系的历史演变》,《嘉应学院学报》2019第2期。
② 谭元亨:《广东客家史》,广东人民出版社2010年版,第70页。

带的广东客家人组织"六堆义军",抵抗骚扰,保卫家园,协助官军平息动乱,朝廷给予"褒忠"嘉奖,认可义军为"义民"。因此,蓝廷珍向朝廷奏请修改原来禁止粤民入台的禁令,从此,人稠地少的广东客家人开始了向台湾移民的高潮。到清中期,全台湾客家人总数达到几十万,来自粤东嘉应州的客家人最多,其次是惠州、潮州、汀州、漳州。据各种姓氏族谱记载,雍正至乾隆年间,永定湖坑、奥杳迁台的李姓族人有数百人,下洋迁台的胡氏、谢氏也有数百人;乾隆时期,武平县魏、李、练、刘、钟、何、蓝等姓氏族人纷纷入台垦殖;上杭县以丘(邱)氏入台为著,长汀县则以邹氏为多。其中,永定下洋中村人胡焯猷的成就最为显著。他曾在村中塾学接受国学启蒙,又在村中药房当药童,成为精通医药的乡村医生。又于雍正十一年(1733)到台北淡水新庄定居,悬壶济世,医名远扬,收入不菲。后见兴直堡膏壤未辟,遂向淡水厅请垦,并组成"胡林隆"垦号,回大陆永定招垦,率下洋人及亲族开发兴直堡良田数千甲,还创办"明志书院"培育人才,清廷和台湾知府分别授以胡焯猷"文开淡北""功资丽泽"匾牌。时至今日,台湾有五百多万客家人,是台湾第二大族群,台湾政要吴伯雄、江惠珍、江上清等都是客家移民后裔。

其四,"湖广填四川"的移民大潮。明末清初,由于长期战乱,四川境内人口锐减,耕地大量荒芜,不得不招募外省百姓入川垦荒,于是形成以湖广(今湖北、湖南省)人为主,挟带赣闽粤客家人的移民大潮,这就是"湖广填四川"的由来。闽、粤客家人入川,主要发生在康熙中期以后的康、雍、乾三朝。历史上著名的"戊戌六君子"之一刘光第,其祖上就是"湖广填四川"时期从汀州武平县湘坑湖村(今属湘店乡)移民四川叙州府富顺县赵化镇(今属自贡市)的。朱德的祖先曾在汀州上杭瓦子街居住,后迁居广东韶关,康熙三十三年(1714),先祖朱仕耀离开韶关乳源县朱家陇,随"湖广填四川"移民大潮迁入四川仪陇县定居。朱德在《回忆我的母亲》一书中就写道:"我家是佃农。祖籍广东韶关,客籍人。"据学者研究,清前期闽粤两省入川的客家人约100万人,经过两三百年的繁衍,目前四川客家人的数量约300万人,四川境内保存客家方言的县市达46个之多①。

其五,闽粤客家人倒迁入赣、入浙。清朝前期,除了四川招垦,赣南地区也因人烟稀少、田园荒芜而发出招垦布告。于是,闽西和粤东客家人大批迁入赣南且自成村落。据罗勇研究,这些倒迁入赣的客家人主要流聚在赣南西部的大余、崇义、南康、上犹等县,南部和东南部的寻乌、定南、全南、龙南、安远、会昌、信丰等县,以及东部的瑞金、石城、宁都等县。"其中尤以寻乌、全南、定南、龙南以及上犹、崇义两县西北部最为密集,

---

① 陈世松等主编:《四川客家》,广西师范大学出版社2005年版,第42,46页。

占居民总量的50%～70%。"①可见,有的县份迁入的"新客"要比"老客"还多。也有迁入赣北义宁州的,如著名历史学家陈寅恪,祖上原居汀州上杭,康熙年间迁徙到南昌府义宁州。这一时期迁入浙江西南的汀州客家人也不少。清代江浙纺织业发达,靛青染料销路甚好,于是,擅长种蓝和传统经济产业的汀州客家人便前往浙西南山中以种蓝为业,逐渐形成村落。至今,在遂昌、云和、松阳、龙泉等地,还有众多汀州移民操着汀州口音(称"汀州腔"),他们保留着汀州风俗,自称"汀州人"。

二、清中叶与近代的移民

清中叶的咸丰同治年间,发生过规模较大的客家人迁徙,罗香林称之为第五次大迁徙。近代以来,由于东南亚各国在殖民主义统治下急剧开发,需要大量人力,于是,闽粤客家人又不畏风波艰险,漂洋过海到"南洋"各国发展。

其一,太平天国运动失败造成的迁徙。清朝咸丰元年到同治三年(1851—1864),广西金田客家人洪秀全、杨秀清、萧朝贵、冯云山、韦昌辉、石达开等领导农民起义,起义军一度在南京建立首都"天京"。太平天国运动失败后,为避免被清廷追杀,剩余太平军及家属迁往广东南部、海南岛及东南亚和其他海外地区。

其二,民间械斗造成的迁徙。清咸丰、同治年间,广东台山、开平、恩平、高州等地,客家人和当地土著发生大规模械斗,死伤数万,史称"广东西路事件"。在官府调停下,当地大部分客家人向南迁入广东西南部的高、雷、钦、廉各州,尤以高州的信宜、雷州的徐闻最多,远者渡海至海南岛的崖县、定安等地。

其三,近代的"过番"移民。自清朝康熙中期开放海禁之后到近代,闽粤客家人"过番"(下南洋)做工、经商的人越来越多。民国版《大埔县志》的一段记述很能说明这种现象:"山多田少,树艺无方。土地所出,不给食用。走川生,越重洋,离乡井,背父母,以蕲补救,未及成童,既为游子,比比皆是。"②客家人移居海外,比较集中的地区是印度尼西亚、马来西亚、新加坡、越南、泰国、缅甸。永定下洋镇中川村人胡子春(1860—1921),十三岁随乡人远渡马来亚谋生,当过商店学徒,后经营锡业。由于引进欧洲新技术,业务日益兴旺,拥有矿业机构三十多处,成为东南亚首屈一指的锡矿企业家,人称"锡矿大王"。胡文虎(1882—1953),原籍永定下洋镇中川村,父亲胡子钦在缅甸仰光开中药铺永安堂。胡文虎、胡文豹兄弟继承家业后,研制"万金油""八卦丹"等虎标良药,在海外的新加坡,国内的广州、汕头建制药厂,在香港、厦门、福州、上海、天津、台北设分行,成为"药业大王"。

---

① 罗勇:《客家赣州》,江西人民出版社2004年版,第65页。
② 温廷敬:《民国新修大埔县志》,大埔旅汕同乡会1943年铅印,第237页。

客家人敢于到南洋经商打工"闯世界",这是勇于开拓、艰苦创业精神的体现。他们的成功创业,极大丰富和发展了客家文化内涵,为客家文化注入了海洋文化活力,海外客家文化实现由农耕文化向工商文化的转型。①

三、"客家"称谓的由来

唐宋元时期,中原汉人因战乱移民来到赣闽粤边劳动生活,他们是编入户籍的。虽然有"主户"与"客户"之别,但只要辛勤努力,拥有一定的土地、家业,能够上交赋税,也可以从"客户"变成"主户"。尤其是南宋时期,由于涌入赣闽粤边的汉人实在太多,主户、客户难以区别,因此,虽然客家民系已经形成,但在赣闽粤边居人,自己并不称"客家",都是"编户齐民"的"省民",至于因"独在异乡为异客,每逢佳节倍思亲"而心念中原之感固然常有,但没有"客家"的自我意识。到了罗香林所言"第四次大迁徙"(明末清初)之后,这些操着"客话"的人迁徙到福佬人、广府人的地盘,随着土地矛盾凸显,"客家"的称谓才逐渐明晰起来。

"客家"称谓,有由"他称"到"自称"的过程②。所谓"他称",指明末清初广东沿海广府人、福建沿海福佬人以"客家"称呼来自赣闽粤边操"客话"的人。如《揭阳县志》所载明末清初广东揭阳福佬地区对客家人的称谓:

崇祯十七年,即国朝顺治元年甲申正月,獠贼通闽贼阎王老等四五千,突至县西关。未几,遁去。

(顺治二年)十一月初八日,九军贼数万攻围乔林寨。凡二月被寨内开门击杀千余,存者逃回,后遂不敢犯。獠贼暴横,欲杀尽平洋人,憎其语音不类也。③

这里的"他称"为"獠",加反犬旁,称"獠贼",自是出于民系之间械斗催激而生的怨愤心理。

至今所见"客家"称谓最早的文字记载,是康熙二十六年(1687)广东著名学者屈大均所编《永安县次志》,该书"风俗·卷十四"载:"县中雅多秀氓,其高曾祖父多自江、闽、潮、惠诸县迁徙而至,名曰客家。"该书还详细记述了惠州永安县(1914年改名紫金县)的围楼民居、风俗习惯。永安县七成以上的居民是建县前从梅州迁去的,风俗习惯与梅州地区大同小异,因此,这里所言之"客家",可以代表所有客家群体。当然,志书

---

① 谢重光:《客家文化述论》,中国社会科学出版社2008年版,第226页。
② 张佑周:《客家祖地——闽西》,作家出版社2005年版,第135页。
③ (清)陈树芝纂修:《揭阳县志》,兵事,卷三,清雍正九年刻本,第7,12页。

所载必然晚于现实,可以推断,"客家"称谓很可能于明末清初就已出现,到屈大均编史志时已极为普遍。

到清代中叶,"客家"的称谓逐渐由"他称"变为"自称"。有"客家研究第一人"之誉的徐旭曾(惠州和平人),其于清嘉庆二十年(1815,乙亥)撰《丰湖杂记》就说,"粤之土人,称该地之人为客。该地之人,也自称为客人","彼土人,以吾之风俗语言未能与同也,故仍称吾为客人;吾客人,亦因彼之风俗习惯未能与同也,故仍自称为客人"。可见,自称为"客人"在当时已经是很自然的事。到清末时期,说着"客话"、自称"客家"已是相当普遍。陈坤有《客家》诗:"也种芙蓝也种茶,荒山寄迹事畲畬。语音莫讶多啁哳,笑说侬生是客家。"①作者自注:"粤多荒山,外省之江、闽,本省惠、潮、嘉等处之穷民,往往携眷而来,搭寮居住,开垦山田栽植,或种芙蓝茶果,遂以为业。日渐蕃庶,入籍应考而成望族者,到处皆然。惟语音与土著迥不相同,故谓之客家。"陈坤是浙江钱塘人,曾在广东大埔、海阳、潮阳、广州等地为官多年,他这首诗和注中,既可看到客家人"笑说侬生是客家"的"自称",也可看到"惟语音与土著迥不相同,故谓之客家"的"他称"。光绪二十四年(1898),温仲和(嘉应州人)等编的《嘉应州志》就说得更明白,嘉应州及其所属兴宁、长乐、平远、镇平四县,并潮州府属之大埔、丰顺二县,惠州府属之永安、龙川、河源、连平、长宁、归善、博罗一州七县,其土音大致可以相通……广州之人,谓以上各州县人为客家,谓其话为客话。

"客家"称谓虽然始于明末清初,但不能说客家民系形成于明末清初。一般来说,民系的形成都经历漫长的过程,都是先有民系后有称谓。至于民系形成于何时,应根据形成比较稳定的生活区域,有着共同的方言、共同的经济生活、共同的心理素质(即民系的精神特质)来判断。综合各种观点来看,客家民系形成于宋代是学界普遍的共识。

第四节 海内外客家

客家形成于宋代,明清时期向外迁徙拓展。客家人不但遍布中国南方 19 个省、市、自治区和特别行政区,还在世界 80 多个国家和地区生根开花。"五洲客家音,四海桑梓情"②就是对客家人遍布五洲四海,充满爱国爱乡情怀的高度概括。据不完全统计,海内外客家人口在 8 000 万以上,也有人认为全球客家人口将近一亿③。

---

① 陈坤、吴永章:《岭南杂事诗钞笺证》,广东人民出版社 2014 年版,第 517 页。
② 习近平:《五洲客家音 四海桑梓情》,世界客属第十六届恳亲大会致辞,2000 年 11 月。
③ 林开钦:《客家通史》,福建人民出版社 2018 年版,第 86 页。

一、国内客家人的主要分布

我国客家人口主要分布在广东、江西、福建、广西、四川、台湾、香港等19个省市自治区和特别行政区,总人口6 000多万。

广东省,有客家人口约2 300万[①]。主要居住在梅县、兴宁、大埔、五华、蕉岭、平远、连平、和平、龙川、紫金、新丰、始兴、仁化、翁源、英德等15个县市。韶关、南雄、曲江、乐昌、乳源、连南、连县、连山、阳山、宝安、惠阳、河源、东莞、花县、清远、佛冈、从化、惠东、揭西、陆河、海丰、陆丰、饶平、潮州、揭阳、丰顺、潮阳、惠来、普宁、珠海、斗门、龙门、深圳、南海、曾城、博罗、广州、中山、新会、广宁、三水、高要、云浮、封开、高明、新兴、鹤山、开平、台山、郁南、罗定、德庆、阳春、阳西、阳江、遂溪、海康、徐闻、电白等县市也有部分客家人。

江西省,有客家人口约1 250万[②]。主要居住在宁都、石城、安远、兴国、瑞金、会昌、赣县、于都、铜鼓、寻乌、定南、龙南、全南、信丰、南康、大余、上犹、崇义等18个县市。广昌、永丰、吉安、吉水、莲花、泰和、万安、遂川、井冈山、宁冈、永新、万载、萍乡、宜丰、奉新、靖安、高安、修水、横峰、武宁等县市也有部分客家人。

福建省,有客家人口约500万。主要居住在长汀、上杭、永定、武平、连城、宁化、清流、明溪等8个县。龙岩、漳平、诏安、平和、南靖、云霄、沙县、永安、顺昌、泰宁、将乐、邵武、浦城、建瓯、建阳、福鼎、福安、福州、厦门等县市也有部分客家人。

广西壮族自治区,有客家人口约560万[③]。分散居住在邕宁、武鸣、宾阳、上林、马山、横县、隆安、大新、扶绥、崇左、宁明、龙州、凭祥、合浦、钦州、防城、溥北、灵山、上思、玉林、北流、容县、陆川、博白、贵港、桂平、平南、柳州、柳江、柳城、武宣、象州、来宾、合山、忻城、金秀、鹿寨、融水、融安、三江、苍梧、藤县、岑溪、贺县、钟山、富川、昭平、临桂、阳朔、平乐、恭城、荔浦、永福、灵川、龙胜、河池、宜山、罗城、环江、南丹、都安、大化、东兰、凤山、巴马、百色、田阳、田东、平果、靖西、那坡、凌云、田林、西林等70多个县市。

四川省与重庆市,有客家人口约460万。分散居住在成都(市郊洛带古镇等)、新都、涪陵、金堂、广汉、什邡、彭县、温江、双流、新津、简阳、仁寿、乐至、安岳、威远、内江、荣昌、隆昌、资中、宜宾、合江、泸县、仪陇、巴县、通江、广安、西昌、木台、德阳、绵竹、梓潼、会理、华阳、新繁、灌县等县市。

湖南省,有客家人口约200万。分散居住在汝城、郴州、桂东、酃县、茶陵、攸县、浏阳、平江、江永、新田、江华等县市。

---

① 温宪元、邓开颂、丘杉:《广东客家》,广西师范大学出版社2011年版,第3页。
② 周建新等:《江西客家》,广西师范大学出版社2007年版,第56页。
③ 钟文典:《广西客家》,广西师范大学出版社2005年版,第85页。

浙江省,有客家人口约100万。分散居住在云禾、松阳、青田、丽水、宣平、龙泉、遂昌、景宁、缙云、泰顺、金华、江山、衢州、龙游、常山、开化、建德、淳安、长兴等19个县市。

海南省,有客家人口约40万。主要居住在儋州市。

台湾,有客家人口约460万。主要分布在桃园、新竹、苗栗、屏东、彰化、高雄、花莲、台中、新北、台南、台北、南投、云林、嘉义、台东、宜兰等县市。

香港特别行政区,有客家人口约125万。

澳门特别行政区,有客家人口约10万。

贵州,有客家人口约10万。

云南,有客家人口约2万。

江苏,有客家人口约2万。

安徽,有客家人口约2万。

陕西,有客家人口约5 000。

新疆,有客家人口约3 000。

湖北省,主要在红安、麻城,客家人口约15万人。

二、海外主要客家人口分布

海外客家人分布在五大洲80多个国家和地区,据不完全统计,人口有1 200多万。

表2-2 海外客家人主要分布

	国家或地区	客家人数(万)		国家或地区	客家人数(万)
亚洲	印度尼西亚	800	美洲	美国	30
	马来西亚	150		加拿大	8.1
	泰国	100		巴西	0.2
	新加坡	20		圭亚那	0.5
	菲律宾	0.68		古巴	0.8
	越南	30		牙买加	10
	缅甸	10		特立尼达和多巴哥	0.6
	柬埔寨	0.2		巴拿马	0.4
	印度	2.5		苏里南	0.4
	老挝	0.5		秘鲁	15
	文莱	0.9			
	东帝汶	0.4			

续表

国家或地区		客家人数（万）	国家或地区		客家人数（万）
欧洲	英国	15	非洲	毛里求斯	2.5
	利物浦（英）	0.1		留尼旺（法）	1.8
	法国	3		南非	2.5
	荷兰	0.1		莫桑比克	0.024
大洋洲	澳大利亚	4.3		塞舌尔	0.04
	新西兰	0.08			
	大溪地	0.8			
	斐济	0.4			
	塔希提岛（法）	0.85			
	巴布亚新几内亚	0.1			

综上所述，目前，海内外客家人口总数8 000多万，分布国内19个省市区以及五大洲80多个国家和地区，可谓遍布五洲四海。

三、海内外客家的交流与互动

来到东南亚及世界各地定居的客家华侨，为了生存发展和团结互助的需要，先后成立各种客属社团。以东南亚为例，客家社团有新加坡南洋客属总会、马来西亚槟城广东暨汀州会馆、槟城永大会馆、马来西亚新山客家公会、泰国客属总会等。

新加坡南洋客属总会，成立于1929年8月，是在新加坡的闽、粤、赣、桂等客家华侨的大型客属团体，胡文虎为第一任会长。南洋客属总会的成立，推动了南洋英荷两属53个客家公会组织的建立，对南洋各地客属同乡的工商业发展，以及联谊交流、慈善文教等福利事业做出重大贡献。槟城广东暨汀州会馆是广东和福建客家乡亲于乾隆六十年（1795）共同组建的地缘性民间社团，它不仅做好管理公塚的公益事业，还起到联络乡谊、帮扶解困的作用，永定人胡泰兴、胡子春、吴德志等先后担任过广汀会馆的总理。

槟城海珠屿的祭祀"大伯公"习俗也是马来西亚客家华侨交流互动的一个方式。早在1745年，永定人张理、马福春和大埔人丘兆进带领一批闽粤客家人来到槟榔屿，他们以垦殖、打渔为生，还创办蒙学，对后来的客家人都热情照顾、悉心帮助，广东暨汀州的客属华侨尊张理等三人为槟榔屿开山鼻祖。他们去世后，当地华侨尊其为"大伯公"，建"大伯公庙"，还成立了客家五属（广东惠州、嘉应州、大埔县、增城县和汀州永定）祭祀大伯公的神缘组织，每年举行祭祀活动，香火不断。

世界客属恳亲大会（简称"世客会"），是国际上具有广泛影响力的华人盛会。第一届世界客属恳亲大会于1971年9月28日由香港崇正总会率先举办，至2022年，已在亚、美、非三大洲十多个国家和地区举办了31届,大会由单纯的恳亲联谊,发展为融经济合作、文化交流和学术研讨于一体的活动载体。长期以来,"世客会"在弘扬客家精神、传播中华文化,增进海内外亿万客家人团结方面做出重要贡献。第32届世客会将于2023年11月在赣州龙南市举行。

世界客属(宁化)石壁祖地祭祖大典、公祭客家母亲河大典(长汀)。这两项重大活动都是1995年由香港南源永芳集团董事长、马来西亚太平绅士姚美良、姚森良兄弟倡议发起,自1995年至2022年,已经成功举办28届祭祖大典和公祭客家母亲河大典,吸引了80多个国家和地区、100多万客属宗亲前来寻根谒祖。

世界客商大会是由广东省政府主办,梅州市承办,国务院港澳事务办公室、国务院台湾事务办公室、中华全国归国华侨联合会、中华全国工商业联合会、中国海外交流协会共同作为支持单位的大会,旨在弘扬客商艰苦创业、自强不息精神,加强与世界文化融会贯通。自2009年至2022年,已经成功举办五届。第六届世界客商大会将于2023年11月在广东省梅州市举行。

参考文献

1. 谢重光:《福建客家》,广西师范大学出版社2005年版。
2. 葛剑雄:《中国移民史·第三卷》,福建人民出版社1997年版。
3. 周振鹤:《唐代安史之乱和北方人民的南迁》,《中华文史论丛》1987年第2,3期合刊。
4. 谭元亨:《广东客家史》,广东人民出版社2010年版。
5. 罗勇:《客家赣州》,江西人民出版社2004年版。
6. 陈世松等主编:《四川客家》,广西师范大学出版社2005年版。
7. 张佑周:《客家祖地——闽西》,作家出版社2005年版。
8. 钟文典:《广东客家》,广西师范大学出版社2011年版。
9. 张佑周:《客家之子论客家》,四川民族出版社2012年版。

思考与练习

1. 名词解释:湖广填四川。
2. 简述客家民系形成于宋代的原因。
3. 简述"客家"称谓的由来。
4. 请查阅相关资料,简述"福佬民系""广府民系"形成的时间与原因。
5. 参观校内或校外的客家博物馆,先用手机拍摄,再用文字整理出布展方案。作为调研作业。

第三章 客家方言及其谚语、歇后语

客家方言,又称"客家话""客语"。在汉语七大方言(北方方言、吴方言、湘方言、赣方言、闽方言、粤方言、客家方言)中,客家方言是唯一不以地域命名的方言。它强调与特定人群("客家人")有关,并不限于某个地域,"是由于集团性的人群迁徙而形成的'移民集团'的方言"[1]。因为客家民系有"迁徙""移民"的特点,客家人及其方言遍布我国十九个省市自治区和特别行政区。客家人无论迁徙到哪里,都秉持"宁卖祖宗田,不卖祖宗言"的祖训,许多海外客家华侨及其后裔返回祖国故土,都"乡音未改",讲一口流利的客家话,令人倍感亲切和温暖。

客家方言中还有许多形象、生动的谚语、歇后语,是客家人劳动生活经验的总结,也是客家方言的珍珠和精华。在今天,这些谚语和歇后语仍然活跃在客家人的生活中,还有所创新发展。

第一节 客家方言

方言是民系的重要标志,客家方言是一种在古汉语基础上独自发展演变并吸收了百越语成分的汉语方言[2]。唐宋时期的中原汉人,已经拥有发达的汉语,以唐诗、宋词为代表的汉族文化取得举世瞩目的成就。客家民系的主体是唐宋时期从中原和长江中下游地区及赣北、赣中移民到赣闽粤边山区的汉人,因此,历史悠久、积淀深厚的中原汉语是他们的母语。在漫长的南迁过程中,其所用语言受到沿途地方方言尤其是吴方言和赣方言的影响;来到赣闽粤边山区之后,长期与畲瑶民族相处,很自然地吸收他们的生活劳动语言以及语言习惯,形成包容性强又独具民系特色的客家方言。

---

① 李新魁:《广东的方言》,广东人民出版社1994年版,第446页。
② 罗美珍、邓晓华:《客家方言》,福建教育出版社1995年版,第6页。

一、客家方言的特点

客家方言产生于南方的赣闽粤山区,却与唐宋中古汉语有明显的承接关系;元明清以来,客家方言坚持自己认定的原则,成为独立发展的语言系统;汉畲文化融合,显著特征是语言的融合,他们长期共同生活劳动在这块土地上,结成生命共同体后得到这一伟大的文化结晶。客家方言的特点主要表现在语音、词汇、语法以及受百越族语言影响这四个方面。

(一)语音的不变与变

客家方言的语音,有的保留唐以前的读音不变,有的追随宋代中原汉语音变,有的则不随中原汉语变化,独自发展变化。

1. 客家话保留唐以前读音不变

客家话保留唐以前只有 b、p、m、ph 而没有 f、v 的读音,如"粪、飞、孵、浮、吠、肥、问、尾"。客家话还保留一些晋代语音,如"窗"与"聪"同音,"双"与"松"同音。

2. 客家话与宋代中原汉语音变相同

上古汉语中的浊音声母 b、d、g、dz,在宋代中原汉语中全部清化,变为相应的清音送气 p、t、k、ts,如"白、鼻、抱;定、大、弟;共、近、舅"。

3. 客家话独自发展的"变"

中古晓(x)、匣(h)母在客家话中一律变为 f、v,如"火、花、悔、胡、红;禾、会、滑"。

(二)传承古汉语词汇词义的不变与变

客家先民来自中原,他们将母语中原汉语带到新的迁徙地。这些古汉语的词汇词义既有传承,又有变化。

1. 大量传承古汉语单音词及其原义

客家方言中,保留比较多的古汉语单音词,尤其是动词和形容词,而且含义不变。如:行(走)、走(跑)、徛(站)、入(进)、挶(挑)、刷(宰)、着(穿)、食(吃)、系(是)、疾(痛)、面(脸)、樵(柴)、择(挑选)、寻(寻找)、惊(害怕)、索(绳子)、暗(黑暗)。

2. 大量使用古汉语词汇、词义

客家方言中保留比较多的古汉语词汇,尤其是与日常生活密切相关的词语和称谓,词义也保持不变。如闽西客家话中的"涿(音 dú)雨"(淋雨)、"噍(音 qiǎo)饭"(嚼饭)、"捼(音 nuó)糖丸子"(搓汤圆)、"翼膀"(翅膀)、"供(音 jiòng)子"(生孩子)。又如梅县客家话的亲属称谓:阿公(祖父)、阿婆(祖母)、阿姊(姐姐)、阿哥(哥哥)等。

3. 传承中部分词义有转变

随着生活环境的变化，原有古汉语的一些词义也会发生变化，主要表现为转义和引申义。如"炙"，原意烧烤，转义为晒、烘烤。如客家话"炙热头"（意为晒太阳）、"炙谷子"（晒谷子）、"炙火桶"（烤火桶取暖）。如"鲜"，原意少、稀少，转义为稀。如客家话"鲜粥"（意为稀粥）。如"斫"，原意大锄，引申为砍、割。如客家话"斫樵""斫烧""斫猪肉"。

4. 大量使用和中原汉语不同的近义词或同义词

中原汉人来到南方山区之后，由于生活环境与劳动方式的改变，创新并使用大量与中原汉语不同的近义词或同义词。如：光（亮）、细（小）、燥（干）、烂（破）、阔（宽）、惜（音 xiá，疼爱）、兜（端、捧）、精（聪明）、癫（疯）、滚（沸）、地（坟）、着（音 chuò，正确、对）。

（三）语法结构的特殊变化

受南方百越族语法影响，客家方言的语法结构也发生一些特殊变化。

1. 修饰词放在中心词后面

客家方言中有一些与北方方言意思相同，但表达方式不同的特殊语词。如北方方言中的"公鸡、母鸡、公牛、母牛、客人、热闹、喜欢、力气、要紧、灰尘、干菜"，客家话说成"鸡公、鸡嫲、牛牯、牛嫲、人客、闹热、欢喜、气力、紧要、尘灰、菜干"。这样突显中心词的地位，这也是客家方言的特色。

2. 短语中副词后置

北方方言中，副词一般是放在动词之前做状语，而客家话在吸收百越族语法之后，常常是将副词放在动词后面做补语。如"再吃一碗"，客家话说成"吃一碗添"；"多穿一件衣服"，客家话说成"着一件衫添"；"快走"，客家话说成"走快点"。

（四）吸收百越族的一些语言词汇

在客家地区，南迁汉人与畲瑶民族共同生活劳动，因此，客家方言中吸收了许多百越族的语言词汇。

1. 土俗字

客家方言有不少特殊的土俗字，在生活用语中很常见。如"娓"（音 mei 平声），称呼女性长辈，如母亲，叫"阿娓"；伯母，叫"伯娓"；舅母，叫"舅娓"；婶婶，叫"叔娓"。"娓"在汉字辞书中读"wei"（上声），没有"母"的意思，但在侗族、傣族、苗族、畲族语言中,称"母"就读"mei"(平声),可见,客家方言"姆"是向当地土著学来的。"祖母",客家人叫"娭驰","驰"也是土俗字,傣族语称祖母"ijia",瑶语是"jia"。客家方言形成过程中,吸收了许多百越族的语言词汇,以"阿姆"称呼母亲最为典型,因此有人将客家话亲切地称为"阿姆话",这是汉族文化与百越文化融合的生动体现。

2. 添加前缀

客家话中"来""去"常常连用,如"来去上街""来去看电影""来去赴墟",前面一个"来"只作为前缀,无意义,这也是受百越族语言影响的结果。

(五)引进外来词语

对于外来事物,客家方言多加"番""洋"作为前缀,表示与本土事物的区别,如"番薯"(地瓜)、"番豆"(花生)、"番瓠"(南瓜)、"番柿"(西红柿);"洋芋子"(马铃薯)、"洋油"(煤油)、"洋火"(火柴)、"洋钉子"(铁钉)、"洋灰"(水泥)。有的则加"红毛"或"荷兰"为前缀,如梅县话"红毛泥"(水泥)、"荷兰葱"(洋葱)、"荷兰薯"(马铃薯)、"荷兰豆"(扁豆)。

从客家方言大量传承唐宋时期中原汉语的语音和词汇,而音、义都不变这一情况看,客家方言的确保留大量中古音韵,中原汉语是其母语根基,也是我们今天研究中古汉语的"活化石"。宋代以后,中原经历元、明、清时期的多民族融合,语音和词汇都发生巨大变化。赣闽粤边由于地处山区,相对闭塞,所以客家方言中有许多不随中原语音变化,而采取独自发展的变化,不断吸收所在地畲瑶民族的语言和表达习惯,成为有别于其他民系方言的方言。

二、台湾客家话

客家人在台湾是第二大族群,台湾现有460多万客家人在使用客家话。台湾客家话主要可以分为四县腔、海陆腔、大埔腔、饶平腔、诏安腔,简称"四海大平安"。"四县腔"是台湾客家人使用人口最多的,其腔调来自大陆原乡嘉应州属下的四个县——兴宁、五华、平远、蕉岭。说"四县腔"的台湾客家人主要分布在桃园、新竹县的一部分,苗栗县以及南部屏东县六堆地区。

三、客家方言的文化意蕴

客家方言是客家民系的重要标志,也是客家文化的重要载体。方言的形成、使用和传承可以了解客家文化的许多特征。

1. 客家山居稻作特征的反映

北方是平原地区,主要作物是麦子,中原汉人来到南方山地丘陵地区后,种的是水稻,面积很小,很多是梯田。于是,北方人说的"菜地",客家人只能说"菜园";"种地"就只能说"种田"。"禾"在北方指"粟"(小米),客家人改为指称"稻谷"(大米)。北方的"碾子"不能用来给稻谷破壳,于是"砻""碓""磨"成了破壳的工具,客家话中就没有"碾子"一词。北方用作燃料的"麦秸""粟秸",在满是柴草的客家地区也不复存在;因为客家地区的人们不种麦子和粟,客家人已用"芦箕""樵"(柴)作为主要燃料。因此,从客家方言反映的生活劳动词汇可以了解客家人山居稻作的显著特征。

2. 汉畲文化融合的结晶

赣闽粤边汉人与畲瑶民族在劳动生活和共同的反压迫、反侵略斗争中结成牢固的命运共同体,他们声气相通,语言相同,以中原汉语为母语的客家方言,融合着畲瑶民族的许多生活语言和劳动语言,是汉畲文化融合的结晶。客家方言甚至可以称为"阿娓话"。早期的畲瑶民族有自己民族的语言,客家方言形成之后,他们认同并使用客家方言,极大丰富和发展了本民族的文化事业。

3. 体现了客家人对民系文化的保护与坚守

客家方言是客家文化的重要组成部分,"宁卖祖宗田,不卖祖宗言"是客家人固守民系文化的体现。客家人不断迁徙,田,当然带不走,但是,他们对本民系的方言是断断不会忘记的,这是他们强烈的念祖追宗观念的表现。他们以自己的中原血统为荣,对于祖先来自中原念念不忘,对语言的传承也是如此。客家话虽然吸收了迁徙地的地方方言,但迁徙到赣闽粤边后,由于地理环境的相对封闭,保存大量中原古音韵是毋庸置疑的。东起赣闽粤,西至云、贵、川,各地的客家人都可以用通常的客家话进行交流。各地客家人见面,尤其是流落异国他乡素不相识的客家人见面,说上几句客家话,便亲如一家。因此,客家方言是最具有特色的客家文化载体。

4. 表现了客家方言极强的民系凝聚力

"亲不亲,客家言",孙中山也是客家后裔。孙中山孙女孙穗芳所著《孙中山家族世系表》记载,孙中山的祖上有松(考)、骆氏(妣)于"明永乐年间自长汀河田迁至紫金中坝,为入粤始祖(入粤一世)";到了连昌(考)、陈氏(妣)(入粤第十二世)时,"清康熙年间由紫金中坝迁居广东增城,复徙中山(香山)县涌口门村,传至孙中山先生为十八世"。孙家祖坟在长汀河田乌石栋,抗日战争时期孙科回长汀县河田镇祭祖坟,在附近建有中山台,以纪念中山先生。孙中山早年立志推翻满清帝制,宣传革命,创立共和,足迹遍及欧美亚各大洲,用客家话联络海外客家华侨获得大力支持,他身边的廖仲恺、邹鲁都是客家人。

再如万金油大王胡文虎,出生于缅甸仰光,其父胡子钦却远涉重洋将他送回故乡福建省永定中川村,让他接受传统教育,学习客家话。胡文虎事业成功以后,一直坚持要求家人在家说客家话。他还先后在新加坡和我国香港发起成立"南洋客属总会""香港崇正总会"等客属社团,以联络海内外客家人共同创业。他在南洋各地兴办学校,呕心沥血推行华文教育的同时,也推行客家话。其目的非常明确,就是不能让海外客家后裔忘记"祖宗言""阿娓话"。

第二节 客家谚语、歇后语

客家人继承了热爱生活、坚毅乐观的优秀传统,在生活与劳动中创造许多方言熟语,包括成语、惯用语、谚语、歇后语。这些熟语结构比较固定,意义比较完整,有鲜明的口语性、通俗性和哲理性,它们带着客家泥土的芳香,体现客家人的语言智慧与活泼、幽默、执着的性格,蕴含客家人的思想与精神。

一、谚 语

客家谚语是客家方言中形象、生动而又含义深刻的语句,是客家人生活、劳动经验和智慧的结晶,也是客家人语言艺术的体现。客家谚语在赣闽粤边等客家地区流传甚广,难以区分具体属于哪个地区,是客家人共同的语言财富。

(一)艰苦奋斗,勤俭持家

在山区劳动生活,艰苦不言而喻。但客家人一靠勤奋,二靠计划,三靠信心,生活逐步改善,也创造出相应的系列谚语。

1."男要勤,女要勤,三餐茶饭唔求人"

这句谚语提倡男女都要勤劳能干,一日三餐喝茶吃饭就不用求别人。客家妇女特别勤劳,她们不裹脚,保持"天足",在家能操持家务,还能上山打柴草,下田干农活。女人们勤劳能干,在家庭中的地位较高,客家的男女较为平等。意思相近的客家谚语还有"人勤地生宝,人懒地生草""早起三朝当一工,早起三年当一冬""作田不好误一年,好食懒做误一世"。

2."食唔穷,着唔穷,冇划冇算一世穷"

这句谚语说的是,吃不穷,穿不穷,用钱没计划就会一辈子受穷,劝人生活开支要有计划。客家人勤俭持家,平时省吃俭用,"天晴防落雨",有钱不乱花,存一些积蓄,在过节庆和办大事时才有充裕的钱财使用。

3."山高自有客行路,水深自有渡船人""不到龙潭心唔死"

客家人追求美好生活,所以信念坚定,艰苦奋斗。这两句谚语劝人,只要肯努力奋斗,无论山高、水深,没有克服不了的困难,不达目的决不罢休。

(二)耕读传家,崇文重教

客家人传承中原耕读传家思想,认为耕种是衣食之本,读书则是更高的精神追求。因此,在重视农业生产的同时尊师重教,培育人才。

1."冇心种田,冇米过年""街上买,唔当田里扒"

用心种田,是客家人根深蒂固的农本思想,正所谓"仓里有粮,心中不慌"。他们还偏爱自己的劳动成果,认为街上虽然买得到,仍然比不上自己田里种的好。

2."供子不读书,唔当养头猪"

客家地区崇文重教风气始于宋代。北宋石城人温革倾尽家资办学,"由是虔南风气诵读诗书,泽躬尔雅"。南宋梅县知县方渐亦云:"梅人无植产,特以为生者,读书一事耳。"客家谚语"供子入学堂,供女过家娘"意思说,生了儿子,就要进学堂读书;生了女儿,也要有文化,即使出嫁了,也要听从"家娘"(婆婆)的教导。如果生了儿子不读书,还不如养头猪有价值。"唔读书,瞎目珠""存钱唔当教子,闲坐唔当读书""路唔走唔平,人唔学唔成""一命二运三风水,四积阴德五读书",这些客家谚语都强调子女读书、接受教育的重要性。

3."茅寮出状元""读书肯用功,茅寮里头出相公"

茅寮,是客家先民初到赣闽粤边区用茅草搭起来的简易住房,比喻贫寒人家。这些谚语肯定寒门出人才,对客家子弟用功读书、力争科举出仕起到巨大鼓舞作用。相近的谚语还有"家冇读书子,官从何处来""求官唔到,秀才还在"。

4."先生教俚一本书,俚送先生一头猪"

客家人重教与尊师是一致的,这句谚语说的是,对教了自己一本书的先生,愿意用"一头猪"作为回报,形象表达客家人尊师重教的程度。

5."六十六,学唔足""钱财越花越少,学问越问越多"

这两句谚语,说明应当活到老、学到老,以及勤学好问的道理。

(三)开拓进取,四海为家

迁徙与开拓,是客家民系的最大特征。唐末宋元时期,中原汉人向赣闽粤边区不断迁徙,明清时期,客家人向海内外更大范围地传播繁衍。

1."北有大槐树,南有石壁村"

这是当代的客家谚语。"大槐树",在山西洪洞县。"北有大槐树"说的是明初官方多次组织移民,山西洪洞县是其标志性地点,于是成为冀、豫、鲁、皖、苏等十八省移民后裔"寻根"祭祖之地。谚语的后半句概括客家人悲壮的迁徙历史,表示对宁化石壁村为标志的客家祖地的怀念。

2."系条裤头带过番""胆大漂洋过海,胆小死守家门"

清康乾时期,人多地少的汀州、梅州一带客家人凭借汀江、韩江之便,乘"乌眼鸡"船(乌篷船)南下潮汕出海,再渡过七洲洋(中国南海),到南洋诸岛谋生,称为"过番"。鸦片战争之后,由于清政府开放海禁,国门洞开,西方"洋船"得以进入,客家人乘坐小火轮"过番"更为便利,正如《永定县志》(清道光版)所云"渡海入诸番,如游门庭"。加上西方列强正对东南亚进行掠夺性开发,需要大量劳工,于是更多客家人"过番"。永定客家谚语"系条裤头带过番",说"过番"谋生的人大多家里很穷,没什么行李,只是穿着一条要系裤腰带的裤子。这句话表面上是"豪言壮语",满腹心酸的背后是客家人倔强不屈的开拓精神,因为他们相信《周易》所言"穷则变,变则通,通则久",有机会改变命运之时,他们毅然前行,所以,客家谚语也说"胆大漂洋过海,胆小死守家门"。

3."鹞婆飞上天,蟾蜍蹲缸脚""男人有志走四方"

客家人对山区常见的"鹞婆"(老鹰)有特殊感情,敬佩它搏击长空的勇猛精神,孩子"满月"时就会举行"喊鹞婆"仪式,希望孩子长大有老鹰的勇武,而不是像蟾蜍(癞蛤蟆)一样只会蹲在水缸旁边,客家人身上总是有"男人有志走四方"的激情。

(四)爱国爱乡,造福桑梓

世界客家华侨有2 000多万,他们在世界各地努力打拼,发展事业,也关注祖国发展、家乡建设。无论是孙中山的民主革命、中国的抗日战争,还是新中国的崛起,客家华侨都做出巨大的贡献,"五洲客家音,四海桑梓情"是对他们爱国爱乡,造福桑梓的肯定与赞誉。

1."番片赚钱唐山福"

"番片"与"唐山"相对,旧时指中国大陆(唐山)以外的其他国家。清代和近代时期,许多客家人到海外谋生发展,赚钱之后,不忘家乡爷娘,总是寄钱回家孝敬父母,盖楼房,建祠堂,修路桥,兴教育,造福家乡人民。这句永定客家谚语就是这种情形的反映。

2."走遍南洋,唔当下洋""走上走落,唔如兴宁、长乐"

清代永定下洋,梅州兴宁、长乐(今五华县)客家人"过番"下南洋的很多,但他们总是怀念家乡的好。这两句永定、梅州客家谚语说的是,"过番"的人返回家乡后,总是跟亲人说,"走遍南洋各国,还不如咱们下洋好""走上走落(下),不如咱们兴宁、长乐"。虽然有夸张之词,却表达深挚的爱国爱乡之情。

3."宁卖祖宗田,不卖祖宗言"

对客家方言的坚守,是客家人热爱家乡、传承客家文化的表现方式。这句谚语表达客家人宁愿卖掉祖宗传下来的田地,也不愿忘记祖宗传下来的方言。

（五）修身立德，忠孝传家

客家人传承儒家思想，重视修身立德，忠孝和睦思想是客家家训的重要内容，在谚语中也有很多体现。

1."再大的蓑衣还在斗笠下"

客家人提倡尊重长辈，认为孩子再能干、有出息也要孝顺父母，谚语形象地比喻为"再大的蓑衣还在斗笠下"。另一则谚语"养猪养羊自有肉，孝顺哒娭自有福"，则是用类比推理之法，说明孝顺"哒娭"（父母）必然会有福气。

2."天上雷公，地上舅公"

客家人特别尊重母舅、妻舅。每逢结婚喜宴、孩子满月宴、寿宴等，"舅公"总是坐在上席，"舅公"没到，大家不能开席。谚语"天上雷公，地上舅公"说的就是舅公地位高，也从侧面说明客家妇女在家庭中的地位。

3."亲帮亲，邻帮邻，玉皇大帝帮门神"

由于客家人多是聚族而居，因此，亲戚、邻里之间互相帮助显得特别重要，谚语"亲帮亲，邻帮邻，玉皇大帝帮门神"说的就是这个道理。相近的谚语还有"一人有难大家帮，一家有事大家忙""人有拐杖跌唔倒，事有商量错不了""土帮土成墙，水帮水成浪，人帮人成王"，反映团结互助的精神。

4."敬人就是敬自家""多喊一声叔，少走十里路"

这两句谚语，形象地说明人与人之间相互尊重、礼貌待人的重要性。谚语"多喊一声叔，少走十里路"，在强调待人礼貌之外，还比喻遇到问题多虚心求教，可以少走许多弯路。帮助别人、以德报怨的人也能得到好报，谚语"量大福大""一人有福，带携全屋"说的是待人要宽宏大量，修德积福，全家有福。

5."只爱人情好，食水也咹甜"

客家地区特别重视人与人之间的情谊，通常用"做人情"代指亲友之间的礼尚往来，把"不懂人情世故"视作"不晓事"。客家人对"人情"的理解，并非物质上的轻重、厚薄，而是情谊的深浅。谚语"只爱人情好，食水也咹甜"，就是这种思想的本意表达。相近的谚语还有"人情一把锯，你有来，我有去"，比喻礼尚往来，"你有春风，俚有夏雨"，比喻礼尚往来、投桃报李。

（六）时令农谚，科学种田

客家人以山区稻作为本，在劳动实践中总结出许多科学、宝贵的"农谚"，多听对生产生活大有裨益。

1. "人误地一时,地误人一季"

赣闽粤地区一年种植两季水稻(早稻、晚稻),要严格遵守时令进行劳动。谚语"人误地一时,地误人一季"说的就是不能耽误农时,否则影响一季水稻的收成。相近的农谚有"春争日,夏争时""夏至种芝麻,头戴一盆花;立秋种芝麻,死都不开花",说明夏收夏种时令的重要性。

2. "肥料落不足,割禾对田哭;肥料落过头,割禾心里愁"

农田施肥直接影响作物的生长,把握施肥的力度很关键。"肥料落不足,割禾对田哭;肥料落过头,割禾心里愁",施肥不能少,但也不能过多。因为南方酸性土壤,水性偏冷,肥料中除了沤肥、草木灰,还要加石灰以酸碱中和,还能杀死杂草。农谚"石灰落田,草死禾生",就是"对症下药"的科学做法。

3. "七月落金,八月落银"

风霜雨雪都会影响农作物的生长,因此,客家人总结出不少天气的农谚。"七月落金,八月落银",意思是农历七八月下的雨有利农作物生长,尤其七月下的雨作用更大。"十月有霜,谷米满仓",是说农历十月有霜,则虫害减少,对晚稻收成有好处。"十二月雷公叫,有谷冇处粜",是说农历十二月响雷,预兆来年早稻丰收。"雨打秋,加倍收;雷打秋,对半收;风打秋,会冇收",说明农历七、八、九三个月雨水充足对秋收十分重要。关于"风打秋"后果,有"人怕老来穷,禾怕寒露风"的谚语可以验证,"寒露"节气(农历九月十三至十四日)期间,正是我国南方晚稻抽穗扬花或灌浆时节,如果刮冷风,水稻的抽穗灌浆将受影响,造成减产。

4. "现时人养树,将来树养人"

南方森林覆盖率高,但客家人仍然重视生态环境的保护。"现时(如今)人养树,将来树养人",就阐明了客家人对"养树"与"养人"辩证关系的认识。相近的谚语还有"山上光,年景荒""家有千苑桐,子孙不怕穷""家有百丛竹,不愁不富足"。当代的谚语"要想富,多种树"更直接道出种树与致富之间的密切关系。

(七)集体智慧,生活哲理

生活中总结出来的谚语,不仅形象生动,富含哲理,而且数量最多,是客家人生活智慧和精神世界的体现。

1. "人多好做事,肉多好过年"

客家人喜欢人多,谚语"人多好做事,肉多好过年",阐明人多力量大的道理。相近的谚语"一条龙要三十六个人才扛得落海",也说明集体力量的重要。从反面说明这个道理的谚语有"一只鸭子搅不浑水""一把火煮不熟一锅饭,一镢头挖唔成一口井",说明做成大事要靠集体,还得持之以恒。

2."人要虚心,火要空心"

这句谚语用木柴烧火,中心要空才烧得旺,类比说明做人要虚心才能进步的道理。意思相近的谚语,还有"莫在人前夸海口,强中还有强中手""过头话少说,过头事少做",都是说明"满招损、谦受益"的古训。

3."冬食萝卜夏吃姜,唔劳医生开药方"

这句谚语说明,饮食要注意季节性。冬天出产的萝卜富含蛋白质、糖、维生素 A、维生素 C、尼克酸,富含无素钙、磷、铁等,萝卜内含有的糖化酵素和芥子油成分,对人体消化功能大有裨益,故有"冬至萝卜小人参"之说。生姜含有丰富的姜辣素,能刺激心脏和血管,促进人体血液循环,增加人体汗液排泄,有利于人体在炎炎夏日防暑。因此,冬天可以多吃萝卜,夏天多吃生姜。客家地区还有"冬至羊,夏至狗"的养生进补谚语,其具有温补暖胃、滋阴壮阳、强身健体功效。

4."朝晨地上雾,尽管洗衫裤"

"看云识天气"说的是,早晨如果大地笼罩着雾,预示当日天气晴朗,可以尽管洗衣服(客家人称上衣、裤子为"衫裤"),能够晒干。相近的谚语"雷公先唱歌,有雨也冇多",说的是如果下雨之前打雷,雨量就不会太多。

5."省了一尺布,去撇一条裤"

节省一尺布,报废一条裤,比喻因小失大。客家谚语中,用生活小事比喻说理的谚语很多,如"猴哩着衫,拦拦绊绊"比喻毛手毛脚,做事不干净利落;"上屋搬下屋,去撇一箩谷"比喻瞎折腾造成不必要的损失;"唔识字怨爹娘,唔会赚钱怨屋场"比喻不从自身找原因;"家家灶额一般乌"比喻大家情况都差不多;"秤头让人,算盘唔让人"比喻数目要清楚;"鬼打鬼"比喻狗咬狗、黑吃黑;"瘦猪嫌屙硬屎"比喻死要面子。

(八)讽刺丑恶,针砭时弊

客家人爱憎分明,往往用凝练的谚语表达鲜明的爱恨情感。

1."冇钱三斤狗,有钱三伯公"

这句谚语来自"三斤狗"的民间故事,客家人用来比喻世间的人情冷暖、世态炎凉。

2."牛犁田,马食谷"

这句谚语用牛与马的付出与获得不相匹配,比喻人们劳动与收获的苦乐不均,也针砭不劳而获的社会现象。

3."养蛇食鸡"

"养蛇食鸡",说的是自家养了蛇,却被蛇吃了自家养的鸡。这句谚语与"引狼入室"同一个意思,提醒人们要善于识别人的好坏。

4. "借钱时桃园三结义,还钱时刘备借荆州"

这句谚语用"桃园三结义"故事代指称兄道弟,用"刘备借荆州"代指赖着不还,讽刺那些借钱不还的"老赖"。

5. "日哩唔曾做恶事,半夜出门心唔惊"

这句谚语,意思是白天没有做坏事,半夜出门心不惊,与"为人不做亏心事,半夜敲门心不惊"意思相同。鼓励人们多做善事,不做恶事。当然,客家人也能辩证看问题,从谚语"行得夜路多,总会碰到鬼",认识到事情做多了总会遇到坏人坏事,同时,坚信那些坏事做多了的人总会得报应,因为"钟馗捉鬼"的传说已深入民心。

二、歇后语

歇后语由上句谜面和下句谜底组成。表达语意时,往往不直接说出谜底,只说出谜面,让听者自己领会含义,或者歇一会再说出谜底,可以让语言交流更加风趣幽默,增强语言的生动性和说服力。

从其对事物、活动、人物的描绘,歇后语可分为以下三类:

(一)事物方面的歇后语

以常见事物为描述对象的歇后语,体现出观察事物的细致及其敏锐的洞察力。如:

一斗米十升糠——冇米

一个萝卜一个窟——冇空位

一盘清水见底——清清楚楚

二一添作五——一人一半

吹火筒——两头空

三伏天的烂鱼子——臭货

百家姓少了第二姓——缺钱

芋子叶哩上个水——倒来倒去(装不多)

(二)活动方面的歇后语

以生产生活中的样态描述提炼出来的歇后语,能够精练概括出人物活动的结果。如:

三个指头捡田螺——打(很,十分)稳

无病打针吃药——自讨苦吃

木匠师傅打墨线——睁一眼,闭一眼

木偶上戏台——背后有人

石灰掩路——白走一趟

石板上打钉子——硬对硬

叫化子打狗——边打边走

半夜出门心唔惊——问心无愧

半路出家——从头学起

十八罗汉请观音——客少主人多

老太婆穿针——离得远

两人抬花轿——一人一半

两公婆打官司——一言难尽

床上放枕头——置之脑后

抱着香炉打呵欠——碰了一鼻子灰

三十夜里等月光——白等

老鼠钻风箱——两头受气

老虎借猪——有借没还

落雨天挑秆——越挑越重

（三）人物方面的歇后语

以揭示人物思想性格为目的的歇后语，多采用比喻、拟人、象征等多种手法，体现客家人的想象力，歇后语更加生动形象。如：

一行(根)肠子透到底——直来直去(比喻直性子)

狗直一条肠——直爽

十二月里讲话——冷言冷语

十个手指叉入嘴——哑口无言

三角锉刀——面面有用(形容人多才多艺)

三只脚个凳子——唔稳(形容人做事不可靠)

土地公打屁——神气

七个人睡两头——颠三倒四(形容人说话语无伦次)

纸扎老虎——不用怕

雨后送伞——空头人情

参考文献

1. 李新魁：《广东的方言》，广东人民出版社1994年版。

2. 罗美珍、邓晓华:《客家方言》,福建教育出版社1995年版。
3. 张佑周、陈弦章、徐维群:《客家文化概论》,中国文联出版社2002年版。
4. 曾令存等:《客家文化概论》,北京大学出版社2017年版。
5. 钟文典:《广东客家》,广西师范大学出版社2011年版。

思考与练习

1. 为什么说"客家方言是唐宋中原汉语的活化石"?
2. 什么叫"阿娓话"?
3. 请在下表的空格内填上与普通话、客家话相应的福佬话(俗称闽南话)或者广府话(俗称粤语)。

类别	普通话	客家话	闽南话或粤语	类别	普通话	客家话	闽南话或粤语
时间	晚上	暗晡		物品	蔬菜	菜蔬	
	天亮	天光			公鸡	鸡公	
人称	父亲	哒哩		行为	扫墓	醮墓	
	母亲	阿娓			睡觉	睡目	
	祖父	阿公			吃饭	食饭	
	祖母	阿婆			吃早饭	食朝	
	哥哥	阿哥			吃午饭	食昼	
	妹妹	老妹			吃晚饭	食暗	
	伯母	伯娓			行走	行路	
	男孩	俫子			穿衣	着衫	
	客人	人客			洗澡	洗浴	

4. 请你搜集自己家乡的谚语、歇后语各十条,说说它们的含义。

第四章　客家饮食、服饰与民居文化

客家民俗内容丰富多彩，它既保有古朴浓郁的中原故土情怀，又有鲜明独特的地方特色，是了解和研究客家文化的重要途径。客家民俗大致可分为生产生活民俗、信仰民俗、人生礼俗和岁时节庆民俗四大类。

在饮食、服饰和民居方面，客家民系有许多富有特色的生活形态，是客家文化的外在表现。研究客家饮食文化、服饰文化和民居建筑，对促进城乡文化旅游和乡村振兴都有重要意义。

第一节　客家饮食文化

客家民谚说"日求三餐，夜求一宿"，客家人把饮食看作头等大事。了解客家人的饮食特点、饮食观念、饮食礼仪、烹调技艺、酒文化、茶文化，就能找到研究客家文化和客家人精神世界的重要"窗口"。以山居稻作为生活特征的客家人，在饮食方面有许多突出特点。

一、客家传统饮食特点

客家人主要分布在南方，居住在山区。所谓"一方水土养一方人""靠山吃山"，客家饮食既传承中原饮食文化，又有明显的南方特性与"山野"特点。

1. 米食为主，杂粮野菜为辅

客家地区以种植水稻为主，一年能够两熟，因此，稻米成为客家人的主要粮食。旱地则主要种植番薯（地瓜）、芋头、黄豆、木薯、番豆（花生）、包粟（玉米）。稻米不能满足日常需求时，经常用粗粮弥补，有"番薯芋子半年粮"之谓。养殖的禽畜主要为鸡、鸭、鹅、兔、猪、牛、羊。水产则是河鲜、塘鱼（草鱼、鲢鱼）。山区野生动植物多，客家人也捕捉飞禽、走兽、蛇虫,采摘野果、野菜(竹笋、菌藻、蕨菜),因此,客家饮食呈现"粗、杂、野"的特点①。

客家菜的烹调方法多,氽、炒、炆、焖、焗、蒸、炖、煎、烤、炸。其中,"氽、炖"出来的"汤汤水水"菜肴最多,"煎、烤"出来的菜肴"火气大"相对较少,目的就是要吃得健康。客家人还借鉴南方百越民族古老的饮食方法——打糍粑、竹筒饭、老鼠干、擂茶、大甑饭。僚人是岭南地区的原住民之一,唐宋之前的闽西宁化一带也是僚人分布最集中的地区。僚人自古就有吃田鼠的习惯,宁化客家人制作和食用老鼠干的风俗应是向僚人采借而来的,这样加工得到的"老鼠干"成为风味独特、滋阴壮阳的美食。

逢年过节,聪明的客家人善于把常见的大米、番薯、芋子、大豆做成精美食品。比如用大米做成各种糕、粿、粄,如年糕、汴糕(发糕)、灯盏糕、萝卜糕、芋子糕;米粿、黄米粿;米粄、番薯粄、灰水粄、苎叶粄、白头翁粄。普通的豆腐,在客家人手里能够做出几十种花样佳肴。用地瓜做出来的地瓜粉能派上许多用场,炒猪肉、炒牛肉、做兜汤多用地瓜粉勾芡,增加嫩滑;粉蒸肉、蒸鱼丸、做肉圆(珍珠丸)更离不开地瓜粉。

客家先民来自中原,习惯了节日吃水饺,但是客家地区并不种植小麦,没有面粉。客家人就将本地常见的芋子洗净蒸熟,去皮捣烂,捏成一张水饺皮形状,加肉馅做成芋子饺、芋子包;有的是将豆腐做成"酿豆腐""豆腐饺",把鸡蛋做成"蛋饺"。这些菜品材质不一、形状相似、内涵相同,寄托了客家人对中原饮食文化的深沉怀念。

2. 喜爱熟食热食

客家老辈人常说"有肉有肉,洗净煮熟",客家人认为,食物一要洗干净,二要煮熟,三要"管烧"(趁热吃),忌讳生冷不熟。这种饮食习惯,既适应山区特点,又符合食品卫生。因为客家人住在山区,寒气较大,饮用水是山泉水、井水、竹根水,或是清晨从小溪挑回来的河水,因此,煮沸的水才能放心饮用。江浙以及广东沿海发生过血吸虫病,客家地区却从不发生,这与客家人的熟食、热食不无关系。劳动辛苦一天,回家洗上一盆"滚汤"(热水),再吃上热乎饭菜,是客家人追求的生活常态。

3. 注重食补药膳

客家谚语有"冬吃萝卜夏吃姜,不劳医生开药方""夏吃鸭嫌冬吃狗",强调按节令进行食补。客家人不爱吃辣,却爱吃姜。姜可以避腥臊,又可以防寒暖胃,去虚向实,增强体质,因此,客家菜肴对姜情有独钟,烹鱼要放姜,炒牛肉要放姜,客家名菜"白斩鸡""盐酒鸡""姜母鸭"更是离不开姜。客家妇女"坐月子"期间,要准备许多姜粉,几乎天天吃姜鸡、糖姜蛋炒饭,这样"坐月子"的人能强身健体,母子健康;孩子满月要请"满月酒",仪式就叫"做姜酒",热乎乎的米酒中还真有姜的暖香。

---

① 张佑周、陈弦章、徐维群:《客家文化概论》,中国文联出版社2002年版,第200页。

客家菜中草药膳很多,其作为养生保健美食受到民众喜爱。如香藤根炖猪脚、胡椒煲猪肚、杏仁百合蒸猪肺、天麻兔、玄参猪舌、杜仲猪腰、川贝猪脑,做这些菜肴时,都使用相应滋补的中药材,起到食疗保健作用。以"麒麟脱胎"为例,相传,清代汀州司前街有个郑姓富户,其家妇女为求多子,常在猪肚内逐层填入小狗和乌鸡、鸽子、麻雀、野山参等蒸熟服用,食用几次之后颇有疗效。清朝末年,汀州总镇肖芝美办庆寿筵席时,就把"麒麟脱胎"列为首菜。此后,"麒麟脱胎"作为药膳美食一直在客家地区流传。

4. 口味偏咸、偏油

由于山区劳动强度大,体力消耗多,需要补充更多盐分和热量,所以客家人喜欢吃"梅菜扣肉""红焖肉""御炉肉"。为了储存有限的肉类和蔬菜,他们多用腌制的方法做成咸肉、咸菜,如腊肉、腊肠、萝卜干、咸菜干。因此,传统客家菜普遍具有"肥、咸、陈、香"的重口味特点。当然,在今天来说,重体力劳动减少,生活物资丰富,健康意识提高,菜肴偏咸、偏油应当避免。

二、饮食礼节文化

都说客家人好客,此言不虚。客家人传承中原好客传统,又有畲瑶民族慷慨大方的习性,每逢亲朋好友光临,必以茶酒相待,还谦虚地说:"我这是粗茶、淡饭,一壶薄酒,不成敬意。"

宴请客人,务必要让客人吃饱、喝醉。从同辈人陪酒开始,叔叔、伯伯、父亲、爷爷逐一出来敬酒,表示全家欢迎,直到客人喝醉,主人才高兴。春节期间一家有客,邻居也带一壶酒两个菜前来助兴。

客家人好客的原因是什么?

一是了解信息的需要。客家人身处山区,希望获得更多外界的信息;

二是和谐团结的需要。团结更多亲友,大家互相照应;

三是释放情感的需要。与意气相投的朋友喝酒,可以尽兴畅谈;

四是族群性格的特点。客家人来自中原,禀赋豪放、性格大方,平时勤劳,省吃俭用,年节期间就显露豪放本色。

客家宴请很注重礼节,尤其是尊重长辈。安排座位,老幼有序,设有大席(主桌)、大位;筛酒(倒酒)有讲究,须掌心对人,客人要扶盏点头,或以中指轻轻敲桌面以示叩谢;进餐时,从主桌开始,长辈先动筷子,大家才跟着动筷子夹菜;上菜时鸡头、鱼头对着长辈,请长辈先夹。总之,要营造和谐欢乐文明的气氛。

三、客家酒文化

客家地区有浓厚的酒文化氛围。客家文学史上的第一首诗,据传是张九龄在新罗县(唐代汀州地区)一家酒楼作的——《谢公楼》:

谢公楼上好醇酒,三百青蚨买一斗。

黄泥乍擘绿蚁浮,玉碗才倾黄蜜剖。

这首酒楼题诗,醉了汀江,香了千年,烙印在客家人的心里。

客家传统的家酿酒是纯糯米甜酒。一般在冬至前后,客家人选择纯糯米浸泡,用饭甑蒸熟,酒曲发酵。添水时,一般是一斤糯米添半斤或一斤水。压榨过滤得到清酒后,有炖酒、煨酒两种不同方式。炖酒是把米酒放到锅里隔水炖,这样的熟米酒色泽金黄;煨酒是在酒缸周围点燃谷壳慢慢煨熟,这样熟米酒变成酽酽的茶色。酿好的米酒放到春节期间饮用就是上好的醇酒。

客家妇女大都擅长酿酒,酒酿得好,被人称赞,自己很有面子,当然,春节期间也有好酒招待客人。客家民谚"蒸酒磨豆腐,唔敢称师傅。缸钵洗得净,人人系师傅"。蒸酒和磨豆腐,最讲究清洁卫生,酿酒过程中一旦霉菌侵入,就会使酒饭发霉,酒水变酸。客家米酒酒精度一般在十六度以内,含有丰富的氨基酸和多种维生素,成年男女都适宜饮用,养颜补血、延年益寿。客家人喜欢用"酒娘"蒸小母鸡滋补身体,有驱寒、活血、强身健体的功效,平时也喜欢用"酒娘"枸杞蒸鸡蛋当早餐。客家妇女"坐月子"期间,天天都用米酒炒蛋饭,用米酒蒸鸡,能催奶,把婴儿养得白白胖胖,母亲也能强身健体。客家米酒的酒精度低,到长汀、上杭等客家地区旅游的人,特别喜欢喝上一碗甜甜的客家米酒,称之为"红军可乐"。

赣州、汀州、梅州都有一些著名的客家米酒品牌,如梅县客家娘酒、汀州酒娘、汀江酒娘、汀州红娘酒。

客家人与亲朋好友喝酒时,一般会行酒令以助兴。酒令很有趣,一般开头要呼"全福寿",然后称序数:"一心敬你、一定高升;两家要好、两相好;三星高照;四季发财、四逢大喜;五魁首、五经魁、梅花;六六顺;七个巧;八仙过海、八匹马;九九长、快快到;满堂红;零拳、宝拳。"

需要注意的是,出一时须用拇指。出二时,忌讳用手枪、剪刀的手势对着人家。拳不离拇,零拳时不能说"没有",要说"宝拳"。

从酒令看,客家人有很多愿望:如"一心敬你,两家好",富含团结友爱思想;如"三星高照,四季发财,六六顺",饱含发财顺遂的希望;如"五魁首,五经魁,八仙过海",期待科举顺遂。

四、客家茶文化

说到茶,大家首先想到是客家人的"擂茶"。"擂茶"源于汉代,传说东汉初年,伏波将军马援出征武陵,由于酷热,遇上瘴气和瘟疫流行,军士病倒很多。当地土家族人就用擂茶治好马援的士兵。唐宋时,南迁汉人来到赣闽粤边,向当地畲瑶族人学做擂茶。广东的海陆丰、英德、陆河、揭西、五华;江西的赣县、石城、兴国、于都、瑞金;福建的将乐、泰宁、宁化;广西的贺州黄姚、公会、八步;台湾的新竹、苗栗等客家地区至今保留擂茶古朴习俗。

制作擂茶之前,将茶叶、生姜丝同大米在锅中炒熟,然后再放入擂钵用茶树棍子慢慢研磨,根据需要加入草药,如清凉解毒的薄荷、金银花、香树叶。研磨好后,冲入热水,再放些炒熟的芝麻、花生仁,就可以趁热喝了。喝一碗热腾腾的擂茶,有驱寒、健胃、消食、舒肝、退热的作用。

解渴的茶,分为"细茶""粗茶"。细茶,就是选择上乘茶叶泡的功夫茶。客家地区雨量充沛、四季如春,高山丘陵都适宜种茶,春夏秋冬都可以采摘茶叶。江西上犹绿茶、赣南青茶、崇义阳岭茶(南安府)、崇义龙归茶;长汀武平绿茶、永定高东茶、下洋下溪茶、上杭"毛尖";大埔西岩茶、梅县蕉岭的单丛茶,都是名扬海内外的好茶。这些茶叶是招待客人的常备物品。客人来到家里,主人第一件事就是泡茶待客。茶过三巡,主人才安排煮饭炒菜待客,让客人有如归的感觉。

粗茶,不像细茶那样由专门栽种的茶叶制成,也不用复杂的泡茶工序,就地取材,将野生植物的根、茎、叶采摘回家洗净晒干。需要时放到锅里"煎",就可以喝了。"粗茶"按不同功用分为:解暑消渴型,原料可以是枇杷叶、高山茶叶、石榴树叶等;清热解毒型,原料可以是茅草根、麦冬、野菊花、金银花、鱼腥草、金钱草等。这些"茶叶"可以自行采摘,不用花钱买,所以,传统家庭主妇每天会煮好一大壶"粗茶",供全家人一天饮用,既解渴又防病治病。客家人喜欢在茶亭、寺庙、路边放置供行人饮用的"茶桶",装的就是这种"大碗茶"。冬天就在茶桶四周塞上棉布保温,方便行人饮用。

五、从饮食看客家民风民俗

不同民系在饮食方面差异很大。千百年来形成的饮食习惯、食品种类、加工方式、地方特产,生动体现民风民俗。

1. 米食为主,巧做花样

客家人以米食为主,但每逢年节,就会用这些简单的大米、黄豆做成形式多样的美味佳肴,用于祭祀,也用于待客。

2. 粗粮野菜,绿色环保

这类菜品虽然制作粗放,缺乏精细加工,但绿色环保,形式多样。除主食外,各种薯(大薯、药薯)、芋(芋头、芋子)、瓜果(冬瓜、南瓜、葛瓜、葫芦、苦瓜)、菇类、笋类、蕨菜统统可以作为菜肴呈上饭桌。虽说是些瓜果野菜,但绝对安全健康。

3. 干菜较多,生活节俭

客家地区之所以有著名的闽西八大干——长汀豆腐干、宁化老鼠干、上杭萝卜干、永定菜干、武平猪胆干、连城番薯干、明溪肉脯干、清流笋干,一是因为这些都是以农副产品为原料加工而成的,其中的老鼠干、笋干是纯山区特产,原材料来源方便;二是新鲜肉菜不易储藏,只好做成"干菜";三是客家人平时生活节俭,干菜吃得多,新鲜肉菜买得少。

4. 热情好客,宴请频繁

客家人见到熟悉的亲戚、朋友、同学,第一句话就是"曾食啊"(吃过没有),分别的时候总说"有事来嬲"(没事来玩)。逢年过节、迎神赛会、婚丧喜庆,客家人不论贫富都会请来亲友,热情招待。日常宴请,称"来食酒";做寿称"请你吃切面";生病治愈后请客答谢亲友的慰问,称"请你食米茶";办满月酒叫"请食红蛋"。

5. 注重食补,敬老爱幼

客家名菜有"麒麟脱胎""药薯鱼头汤""白鹜鸭""香藤根炖猪脚",这些菜肴都蕴含药食同源的理念。许多名菜背后都有故事,上杭传统名菜"鱼粄",传说来自一位孝顺媳妇,因为年老的婆婆爱吃鱼,又爱吃肉,于是想到将鱼肉和肥猪肉一起打碎,加入剁碎的香菇、荸荠、精盐和地瓜粉,再用"网油"分别包成,大约一斤一条,蒸熟便可食用,"鱼粄"做法从此传扬开来。

图 4-1 麒麟脱胎(刘艳晖摄)

图 4-2 白鹜鸭药膳(刘艳晖摄)

六、客家饮食文化的传承与发展

历史上的客家菜并不是独立菜系,如今大众也只有粗略印象:"闽西(龙岩)客家菜""梅州客家菜""赣南客家菜",与传统按地域区分的"鲁菜""湘菜""闽菜""粤菜"不同,多省份、多地区综合性的"客家菜系"还要走一段很长的路。正因如此,"客家菜"的发展空间广阔,可努力凸显各地"客家菜"的特色。因此,应当在传承客家饮食文化优秀因子的基础上,大胆创新,勇于开拓,通过"舌尖上的客家"来积极宣传客家文化,促进文化旅游,发展城乡经济。

1. 传承健康理念,顺应"食"代潮流

随着小康社会目标的实现,"吃得好,吃得健康,吃得有品位"正成为新时代人们普遍的饮食文化理念。客家饮食文化中,有许多绿色、健康、养生的饮食理念值得挖掘和弘扬光大。

图 4-3 白斩河田鸡

首先,客家地区山清水秀植被丰富,有许多天然绿色食材,野菜、菌菇、薯类很多;农家果园放养的鸡、鸭、鹅、兔,如长汀河田鸡、上杭槐猪、通贤乌兔、连城白鹜鸭都是品质上佳的食材。其次,客家饮食的烹饪方法多是"氽、蒸、焗、炖",讲究保持食材的原汁原味,便于人体吸收营养。最后,客家药膳历史悠久,可传承创新的甚多。比如上面提到的"麒麟脱胎",其食材中的麻雀是国家保护动物,野山参也不易买到,所以加以改进:将乳狗去毛洗净煮去血水,把适量的枸杞、党参、红枣、香叶等温补药材塞进乳狗腹内,再将乳狗塞进猪肚内,用棉线缝好,放入宽口砂锅中,加入鸡汤、精盐、料酒、酱油、红糖、茴香、生姜、胡椒后煲熟即可。这款菜品奇香扑鼻,肉质不肥不腻,有健脾补胃、壮阳补肾的作用,对体虚、小儿尿床有显著效果。

2. 推陈出新,提高品位

客家传统筵席有"四盘八碗""十大碗"之说,菜肴用大盆、大碗装盛,方法比较单一。如今,去"粗"取"精"、去"芜"存"真"、推"陈"出"新"后才更适应当代人们追求"精致""品位"的饮食文化需要。随着客家文化宣传的深入,前往客家地区旅游的人数猛增,客家饮食文化引起各县、市文旅部门的高度重视。在闽西,长汀宾馆率先行动,开发长汀传统菜式,吸收其他客家县特色菜品,定菜谱,定配料,定式样,定装盘,闽西客家菜的花色品种和档次品位有了很大提高——结婚、满月、寿宴、乔迁、升学等宴席,民众都会选择在"高端有品位"的长汀宾馆举行。近年来,客家各地美食在创新中互相学习、相互促进,永定、连城的"牛系列""白鹜鸭"以及新泉美食异军突起,赢得很多顾客的赞誉。以客家菜为特色、装修古色古香的著名连锁酒家"客家大院",汇聚客家美食精品,从赣州开到龙岩,开到梅州,生意火爆。

3. 营造文化环境,彰显客家元素

"客家大院"之所以生意兴隆,声名鹊起,重要原因是营造出文化氛围。走进客家大院,大红灯笼高高挂起,客家庭院层层深入,蓑笠风车处处显现,假山石磨流水潺潺,厅堂厢房高朋满座,身临其间,能感受浓郁的客家文化氛围。除此之外,菜品也有客家特色,例如其中的菜品"土楼生明月",在土楼模型中放置一个大麻球,既宣传了世界遗产土楼,又赋予月圆人团圆的诗情画意,让食客眼前一亮。梅州的"围龙屋客家食府"也集客家文化与客家美食为一体,其浓厚的客家文化氛围与舌尖美食完美结合。

第二节 客家服饰文化

服饰乃是民系文化的外在体现,是流动的风景线。服饰习俗形成过程中,客家人的衣着样式、特点、色彩都与生活环境、审美习惯密切关联。

一、客家服饰的基本样式

客家人称衣服为"衫裤"。传统的男衫为"对襟衫",无领或浅领,袖子宽长,用布纽扣。传统的女衫为"大襟衫"或"侧襟衫",表面不设口袋。男女裤子均为"大裆裤",一律宽头大脚。客家人的鞋子一般为布鞋,不过,妇女的布鞋鞋面有绣花,男子的布鞋鞋面则不太讲究;夏季多穿木屐,走起路来啪嗒啪嗒响;劳动时则穿草鞋。因为在赣闽粤边山区,草鞋和木屐的原料采集方便,穿起来也不怕雨水,晾干就行。夏天,为了在劳动和行走时遮阳,妇女就在斗笠四周缝上剪短的各色布条,这种实用又好看的"凉帽"成为客家妇女的标配。客家妇女还喜欢在外衣胸前系一条"凸"字形的围裙,以防干活时弄脏衣服。下雨天,客家人披蓑戴笠去劳动;行走赶路则用油纸伞,汀州、梅县、大埔、美浓的油纸伞都远近闻名。

二、客家服饰的特点

客家服饰源于中原传统服饰,融合当地原住民的服饰特点。客家男子的对襟短衫,受满族服装马褂的影响。妇女的右衽大襟衫,则延续清朝以前中原汉族的传统衣饰形制。男女都穿"大裆裤",裤头宽,裤裆深,这与中原传统的"袴""绔"一样。

客家先民与当地原住民融合相处,借鉴了畲瑶民族服饰的做法,如妇女穿船形、凤头形的绣花鞋;妇女干活时系上一个"凸"字形围裙,上面也绣花卉或图案,虽然比不上畲族妇女刺绣那么精致,但花纹与装扮的风格与畲族妇女的并无太大区别;逢年过节或走亲戚时,客家妇女脖子上挂着银项圈,手上戴着银镯子的装扮有如畲族妇女;客家妇女喜欢戴凉笠,帽檐垂下彩带或布条,这也是跟畲族妇女学的,如今长汀县客家母亲园的"客家母亲"塑像就是戴凉笠的造型。

汉代的中原人就有穿木屐的习惯。《后汉书·五行一》有"延熹中,京都长者皆著木屐"的记载,《南史·宋本纪》载:"制诸主出适,遣送不过二十万,无锦绣金玉。内外奉禁,莫不节俭。性尤简易,尝著连齿木屐,好出神武门内左右逍遥,从者不过十余人。"晋干宝《搜神记》提到:"初作屐者,妇人圆头,男子方头,盖作意欲别男女也。至太康中,妇人皆方头屐,与男无异。"唐代李白《梦游天姥吟留别》有"脚著谢公屐,身登青云梯"句。客家人穿木屐,充分利用山区丰富的木材资源,传承中原汉族的服饰传统。直到二十世纪六七十年代,客家人仍有穿木屐的习惯。

客家服饰以实用为特色。客家人在赣闽粤边定居,面对恶劣的山区生存环境以及繁重的体力劳动,一切都以生存为第一需要。服饰上,以蔽体御寒为原则,他们的对襟衫、大裆裤均为宽大的形式,不束身,便于劳动。客家妇女以裤装为主,极少裙装,因为山区蚊虫多,蛇蝎横行,开放式的裙装当然不行,只能把自己严密地包裹起来;再是客家妇女都要参加劳动,穿着艳丽的裙装容易弄脏,也不方便干力气活,只能忍痛割爱。

客家服饰的原料多取于自然,质地粗朴。客家人男耕女织,妇女多会种麻织布,服装多以棉、麻、葛布为面料,极少用绫罗绸缎。草鞋、木屐以及斗笠、纸伞的原料,也是当地常见的稻草、油桐树和竹子。

客家服饰的造型、花色比较单一。客家男人上衣一律是对襟衫,妇女一律是大襟衫(侧襟衫)。颜色也主要是蓝色、青色或黑色,只有孩童和出嫁的女子才穿红色。

三、客家服饰的色彩

"蓝衫"是客家传统服饰的意象。蓝色代表平和、自信,也透露着灵性。其实,客家服饰不只有蓝色情结,而呈现多元状态。总体上说,客家服饰色彩,女性以蓝色为主,男性以青色为主,孩童以红色为主。

蓝色,在唐代是小官吏和儒生、士子的服装主色。《旧唐书》《全唐诗》中多处出现"蓝衫"一词。此后,"蓝衫"一词经常可见,特别是明代,更为明确地把"蓝衫"界定为儒生、士子的衣色。由此可以看出,中国古人身着蓝色服饰有两个原因:一是官方对小官吏地位的界定;二是民间对有一定地位、学问和能干之人的敬慕。从这点看,客家传统女性服饰多蓝衫,也可能是客家女性地位上升的反映。

客家妇女地位的提高,跟客家妇女被封为"孺人"有关。孺人,古时称大夫的妻子,宋代用为通直郎(从六品)等官员母亲或妻子的封号。传说南宋帝昺弃京南逃来到粤东客家山区,为元兵追杀。危急时刻,适逢一群采樵妇女肩扛竹杠列队而过,元军疑为救兵,仓惶而退,宋帝为谢救驾之功,特赐客家妇女为"孺人"。因此客家妇女都穿蓝衫,去世后墓碑上都书以"孺人"称号。

从染料使用情况看,通常用五种植物——茶蓝、蓼蓝、马蓝、吴蓝和苋蓝——蓝色色素制成染料,其中茶蓝最佳。《天工开物》载:"闽人种山皆茶蓝。其数倍于诸蓝。山中结箬篓输入舟航。"这里说的"闽人"大多是山区的客家人。赣南地方志也记载了种蓝的习俗,明代后期,赣南的蓝靛大量销往外地,"城南人种蓝作澱,西北大贾岁一至泛舟而下,州人颇食其利"。可见,受地域、气候影响,赣闽粤边盛产蓝靛,这是促成蓝色服饰在此一地域流行的客观原因。

当然,爱美的客家妇女也会在"蓝衫"袖口、肩膀、下摆等处加上宽约五厘米的黑边,偶尔可见白边。这些色彩关系都给人既素雅又明快之感。近代,有了印花蓝布之后,年轻女子的服装蓝与白相结合则明朗、活泼、美观许多。

男性传统服饰色调以青色为主,是平民男子的日常服色。青色由蓝草提取而来,荀子《劝学》中就有"青取之于蓝,而胜于蓝"的记载,这表明青色比蓝色更深。男衫系列,具体常为藏青色、青灰色和黑色,有时也可看到白色、褐色。

客家儿童的服饰一般不分男女,多为浅色或鲜明的色彩,常以米黄、浅蓝、白、红为主调,以红色最为常见。偶尔也可以见到藏青或黑色为主调的儿童服饰,但会配些鲜艳、明亮的色彩,特别是红色。

四、客家服饰文化的传承与创新

客家服饰是"穿在身上的"客家文化,流动的客家风景线。赣闽粤边的许多客家乡村,老百姓依然保持着穿蓝衫、顶头帕、系围裙、绣肚兜的传统。赣州定南县客家人有办喜事时送肚兜、娘家给外孙送吉祥铃帽的习俗。根深蒂固的"蓝衫"情结是传承客家服饰文化的群众基础与文化土壤。随着客家文化研究的深入,政府、学校、行业协会、企业以及客家民众对客家文化及其服饰文化的保护与宣传日益广泛,为客家服饰文化的创新发展带来良好的机遇。2010年,赣州市"定南客家服饰习俗"被认定为江西省第三批非物质文化遗产。2021年,定南县申报的"赣南客家服饰"项目列入第五批国家级非遗项目名录。2022年,梅州市梅江区申报的"客家服饰制作技艺"被认定为广东省第八批省级非物质文化遗产代表性项目。

客家服饰源于中原汉服,又融入居住地的楚韵畲风,民系特色十分明显。客家服饰以朴素、自然、实用为美,适应山区稻作的劳动生活,体现吉祥、和谐、富裕的理想追求。客家服饰应当在传承的基础上有所创新、发展。围绕这些服饰特点和文化内涵,结合现代服装设计理念,在创新的问题上,研究者和行业人士提出中肯意见和建议。客家传统服装(上衣、裤子)用色以蓝、黑、青和红色为主,女性服装以侧襟衫为主,单调古板有余,明朗活泼不足,尤其不能适应青年男女对服装审美追求。凉帽、头帕、围裙、童帽、肚兜、绣花鞋、绣花鞋垫,传统装饰做工比较粗糙,还有较大的提高空间;花色品种太少,除了传统的荷花、牡丹,还应增加桐花形象。传统服饰的苎麻、葛布、棉布材质和蓝染艺术应得到重视与弘扬。近年来,梅州、河源、定南、龙岩等客家地区推出许多新颖别致、颇具客家元素符号的客家服饰,旅游景区身着客家服饰的导游小姐备受游客瞩目,受到广大民众的喜爱。

第三节 客家民居文化

不同于北方四合院的规整,也不同于东南沿海红砖红瓦的大厝,客家民居有明显的山区民系特点。

客家地区远离政治经济中心,身处"野蛮之邦、化外之地",要面对野兽出没、匪盗横行等情况及水源与人地矛盾,唐宋元时远离州县的客家民居,不得不具备较强的防御性,民居从简易的寮棚发展为封闭式坚固的围屋,如赣南围屋、永定土楼。明清时期,随着经济发展、汉畲融合、社会安定,客家民居的防御性弱化,开放性逐渐增强,围龙屋、九厅十八井式样的民居渐次增多。近代和民国时期,西方建筑文化传入赣闽粤边,返乡华侨以及有识之士所建民居,虽然还是采用传统围龙屋、土楼的平面布局,但对门面、厅堂、窗户、阳台等部位进行了西式设计与装修,如梅州的联芳楼、六扛楼、南华又庐,闽西永定湖坑的振成楼。这些中西合璧的建筑样式,给传统客家民居带来时代气息,让传统民居焕发新的活力。

一、九厅十八井

北方常见四合院,南方客家人聚族而居,单个四合院不够住,于是在四合院的基础上前后增加、左右拓展,变出"九厅十八井"的府第式建筑。其特点是:主体三堂两横结构,高一层或两层,有风水塘、门坪、后花园;采用中轴对称布局,厅与庭院相结合;大屋顶、高台基、天井、大厅通风采光好,适应南方多雨潮湿天气;砖木结构,雕梁画栋,讲究装饰艺术。

"九厅十八井"占地面积大,楼层不高,没有防御功能,主要分布在赣闽粤边中心城市或经济富裕、人口较多的大乡镇。所谓"九厅"指门楼厅、下厅、中厅、上厅、楼下厅、楼上厅、楼背厅、左花厅、右花厅,共九个正向大厅;"十八井"指五进厅共五井,横屋两直每边五井共十井,楼背厅有三井。一些大的房屋不止九个厅十八个天井。现保存较好的"九厅十八井"民居主要分布在闽西长汀、连城等地。

1. 馆前沈家大院

沈家大院坐落于闽西长汀县馆前镇坪铺村沈坊自然村。建于清道光年间(1821—1850),坐西北朝东南,占地面积约2 500平方米,是一座三堂两横"九厅十八井"府第式住宅。采用中轴对称布局,中轴线由门楼、宇坪、正门、前厅、天井、中厅、中厅背、天井、后厅及两侧偏房、厢房组成中心合院。中心合院是大屋的核心,也是整个家族祭祖、接待、宴请、举办婚丧喜庆大事的场所。中心合院两边有多间生活用房,后厅部分是楼房,除底层中间厅堂外,也是生活用房。

2. 培田继述堂

培田继述堂位于闽西连城县宣和乡培田村。村民都姓吴,元代在此开基。培田村现存30余幢明清古民居、21座古祠、6个书院、2道跨街牌坊和一条千米古街。2005年培田村荣获"中国历史文化名村"称号。2006年培田古建筑群被认定为第六批全国重点文物保护单位。村中的继述堂、官厅和吴家大院是这里九厅十八井民居的代表。继述堂,又称大夫第。继述堂之名出自《中庸》名句"夫孝者,善继人之志,善述人之事",屋主深得"百善孝为先"观念的真谛。房屋主人吴昌同经商发家后捐五品官衔,获"奉直大夫",故其第又称"大夫第"。继述堂始建于清道光九年(1829),历时十一年,占地面积6 900平方米,砖木结构,三合土地板,有18个大厅、24个天井、72个房间。厅与厅之间有通道相连,既有聚族而居的整体感,又有门户隔开,使之各成单元,小家庭可各享天伦之乐。天井宽敞明亮,兰花盆栽与精美的花窗和雕镂的梁柱一起,体现了房屋整体的优雅气质。

二、客家土楼

客家土楼出现于唐、宋,兴盛于明、清和近代,主要分布在龙岩的永定区,漳州的南靖、华安等县。土楼建筑形式多样,主要有方楼、圆楼、五凤楼、八卦楼。龙岩永定区的土楼最多,有方楼4 000多座,圆楼360多座。尤其是圆形土楼,像飞碟,像蘑菇,散落在崇山峻岭之中,因其特有的建筑理念和文化内涵,成为客家民居的代表。联合国教科文组织的专家认为福建土楼是"世界上独一无二的集居住和防御功能于一体的山区民居建筑","体现了聚族而居这一根深蒂固的中原儒家传统观念,更体现了聚集力量、共御外敌的现实需要"。土楼与山水交融、与天地参合,"是人类民居的杰出典范"。2008年7月6日,联合国教科文组织将"福建土楼"认定为世界文化遗产。

  永定区之所以有这么多气势恢宏的土楼,原因有三,一是民居理念的更新。客家人建土楼时既保持中原的民居建筑特点,又因地制宜对土楼民居的规模、布局、结构和功能进行创新设计,如出于宜居和抵御自然灾害的需要,十分讲究选址;出于聚族而居和防御匪盗的需要,把土楼建得高大坚固;出于崇宗念祖和家族议事需要,将中堂或祖堂设在中心位置。因此,明清两代移居永定的客家人不再沿袭其他地方的建筑模式而独树一帜。二是社会环境的需要。明代成化之前,永定长期处于动乱之中,朝廷希望此地"永远安定",百姓也希望抱团居住确保安宁,于是有"堡""寨"性质、高大坚固的土楼应时出现,土楼因此遍地开花。经过长期实践,出现一批建筑土楼的能工巧匠,他们把土楼建筑技艺传扬到有同样需求的闽南地区。三是经济发展的拉动。明代万历(1573—1620)之后,永定广种烟草,条丝烟及烟刀生意做到江浙一带;到清代时,永定条丝烟获得"烟魁"称誉,每年有数万箱条丝烟销往海内外,许多烟商成为富商大贾之后回家乡大兴土木,客观上拉动了土楼的市场。

  客家土楼的建筑特点与文化内涵主要有以下四点:

  其一,依山傍水,天人合一。客家人建造土楼很重视选址,讲究"风水"。坐北朝南,前有河流蜿蜒,后有山脉青葱起伏,左右出行方便是最佳选择。这是客家人对传统道家、儒家思想的传承与弘扬,体现人与自然和谐相处的理念。

  其二,就地取材,土木为主。土楼建筑绝大多数就地取材,用大河里的卵石砌墙基,用黄土、细沙、石灰拌成"三合土"夯墙,适量添加稻田的"田隔泥",木材都来自山上。虽然可以就地取材,耗资较少,但也需要大量时间和人力。建造过程中,全族参与,各尽所能,体现客家人的团结互助、勤劳俭朴、坚韧不拔。

  其三,墙体坚固,防匪抗震。客家土楼一般高四层,墙基高出地面约一米,一层土墙厚度达一米三到二米六,屋顶的滴水檐线在墙基两米之外,能有效保护墙基和墙身不受雨淋。土楼的一二层都不开窗,一层用作厨房和餐厅,二层用作储存食物的仓库,三四层才是房间,有开窗。土楼的大门门板一般厚达二十厘米,外有一层厚钢板贴面加固,门内墙上装有防火水槽。大型土楼内一般都有两口水井,供全楼居民饮用。有这些特点的建筑,能够有效防御外敌的侵扰。圆形的土楼,有自然"向心力",地震发生时,无论来自哪个方向的能量都在圆土楼中消释与平衡,所以圆土楼有很强的抗震能力。这些设计,满足了客家人聚族而居、祈求安宁的现实要求。

其四,中轴对称,人性设计。土楼的平面追求中轴对称,圆心位置为中厅,用于商议大事、接待宾客,或为一个大院落,用于族人聚会、举办活动。一户人家一至四层都有住房,晚上关起左右小门是一个小家,有私密性;每个楼层有公共走廊,白天打开小门,整个圆楼就是一个大家,族人可以自由走动。为了让家族孩子能有读书的地方,建造时一般会留出一部分空间设立私塾。每座土楼都有一个楼名,把含有楼名的对联刻在门框上,体现主人的学识品位以及家训思想,这也是客家人敦亲睦邻、耕读传家、崇文重教的体现。客家土楼的代表性建筑是承启楼、振成楼、集庆楼和田螺坑土楼。

1. "土楼之王"承启楼

承启楼位于永定区高头乡高北村,由高头江姓第十五世祖江集成修建。由于建造时间较早,规模巨大,保存完好,被誉为"土楼之王"。它始建于明末崇祯年间,成于清康熙年间,人口鼎盛时有三百多人户。承启楼由三环一中心组成,外环四层,高十六点四米,每层七十二个房间;第二环两层,每层四十个房间;第三环为单层,三十二个房间;中心位置是祖堂,用于祭祖。全楼共有四百个房间,三个大门,两口水井。民谚将其特点概括为"高四层,楼四圈,上上下下四百间;圆中圆,圈套圈,历经沧桑三百年"。承启楼门联"承前祖德勤和俭 启后孙谋读与耕",强调"勤俭"美德与"耕读"传家思想。1986年,承启楼的形象登上邮电部发行的"中国民居"一元面值邮票,在全国发行。

图4-4 承启楼(张永辉摄)

图 4-5　承启楼内景(张永辉摄)

2. "土楼王子"振成楼

振成楼,位于永定区湖坑镇洪坑村,建于 1912 年,由林鸿超(后更名林逊之)设计建造。振成楼规模比承启楼小,但新颖别致,有"土楼王子"称誉。振成楼以易经八卦设计建造,整座圆楼按八卦形分成八个部分,卦与卦之间设防火墙、楼梯和小门。主体由两环同心圆楼组成,外环四层,每层四十八间,每卦六间,一个单元一梯。内环两层,有三十个房间,二层廊道是精致的铁铸栏杆。圆心位置的中厅,采用欧式设计,四根高近七米的大石柱撑起大厅正面,显得宽敞明亮,形成"外土内洋,中西合璧"的独特风格。土楼中有左右两口水井,供全楼居民饮用。振成楼主人林鸿超是清末廪生,参加过辛亥革命,民国建立后担任民国议员,因此,中厅上有孙中山书赠的"博爱"、黎元洪书赠的"里党观型"匾牌。

图 4-6　振成楼(张永辉摄)

图 4-7 振成楼内景(张永辉摄)

中堂石柱楹联"振乃家声,好就孝悌一边做去 成些事业,端从勤俭二字得来",强调"孝悌""勤俭"的美德和作风。另一楹联"振作哪有闲时,少时壮时老年时,时时需努力 成名原非易事,家事国事天下事,事事要关心",阐明人的一生都要努力,还要关心国家大事、天下大事。与之相呼应的是振成楼大门门联"振纲立纪 成德达才",不但蕴含振成楼的楼名,还强调要遵规守纪,做德才兼备之人。这些楹联家训成为土楼文化的重要内涵。

3. 初溪集庆楼

集庆楼位于福建省龙岩市永定区下洋镇初溪村,是初溪土楼群圆土楼的代表。初溪村共有2 000多人口,均为徐姓,于明初在此开基。初溪共有36座土楼,由5座圆楼和31座方楼组合而成,其俯瞰图舒展有致,有较高的历史价值、科学价值和艺术价值,是永定土楼的代表。初溪土楼群的建造从祖楼"和庆楼"开始,后建的楼名中间都带有"庆"字,如集庆楼、善庆楼、庚庆楼、绳庆楼,意为人丁兴旺,积善成德,代代相传。

集庆楼建于明永乐十七年(1419),距今有600多年历史。楼名"集庆",有两个出处,一是出自三国时期诸葛亮《教与军师长史参军掾属》:"夫参署者,集众思,广忠益也。"二是出自《易·坤卦》名言"积善之家,必有余庆"。大门楹联"集益鸣谦德 庆余积善徵",说的就是做事要集思广益,做人要谦和、积善;横批"物华天宝"则引用唐代诗人王勃《滕王阁序》中的名句"物华天宝,龙光射牛斗之墟;人杰地灵,徐孺下陈蕃之榻",寄予积德储宝、人才辈出之意。大楼主体由"两环一中堂"组成,外环高四层,每户从一楼到四楼各自一道楼梯,各层通道用门板隔开,72道楼梯把全楼分割成72个独立单元,一户一梯,十分合理。房间、楼梯、隔墙全用杉木材料构建,不用一枚铁钉。外

图 4-8 初溪土楼群（张永辉摄）

圈顶层外墙设置九个瞭望台及多个楼梯。受到外来侵犯时，只要关起大门，便可迅速上楼击退来犯之敌。现在，楼内设置了大型客家民俗博物馆，展出各个时代具有珍贵价值的文物。内环单层，二十六开间，设饭厅、杂物间，砖木结构，前后向和两侧各有一条约三米宽、高于天井的石砌通道与外环的内通廊连接。中堂位于圆楼中心，方形，单层，土木结构，正面的门正对楼门，厅堂宽敞，供奉神座，用于商议大事，接待贵宾，体现家族的凝聚力和向心力。

4. 南靖田螺坑土楼

南靖田螺坑土楼位于漳州市南靖县书洋镇上坂村田螺坑自然村，坐落在海拔 780 米的湖岽山半坡上，由黄氏族人所建。南靖田螺坑土楼由一座方形土楼（步云楼）和四座圆形土楼（振昌楼、瑞云楼、和昌楼、文昌楼）组成。由于方形土楼位于中间，四座圆楼环绕周围，因此被人们形象地称为"四菜一汤"。

步云楼建于清嘉庆元年（1796），高三层，每层二十六个房间，设四部楼梯，为土木结构的通廊式方楼。步云楼沿着由低到高的地势将中厅修建成阶梯状，让人进入大门后就能体会"步步高升"的感觉，既突出土楼中厅的重要地位，又寄托子孙后代"平步青云"的美好愿望。振昌楼和瑞云楼都建于 20 世纪 30 年代，高三层，每层二十六个房间。和昌楼建于 1953 年，高三层，每层二十二间。最后一座文昌楼建于 1966 年，高三层，每层三十二个房间。由此可见，随着家族人口的增长，聚族而居的传统在 20 世纪 60 年代仍然存续，也因此创造出"世界建筑奇葩"的神话。2001 年 5 月，田螺坑土楼群作为福建土楼的一部分被认定为第五批全国重点文物保护单位。

图 4-9　南靖田螺坑土楼

江子铭(1875—1959),永定高头乡高东村人,其《田禾塘土楼群》诗歌:

高岭楼群踞一方,置身疑是桃源乡。
花开春日沿溪路,更有连山竹笋香。

状写了家乡土楼的高大雄伟,揭示置身土楼群的安宁与幸福。

三、客家围屋

赣南是客家先民较早的迁入地,其地现存的典型的客家民居是围屋。围屋,又称"土围子",这一名称突出这种民居的两大特点:一是夯土建造;二是围合起来的封闭式民居。现存赣南围屋主要集中在与广东交界的"三南"县(龙南县、全南县、定南县),有500多座,光龙南县就有370多座,大多由明末清初从闽粤倒迁入赣的"新客"修建。赣南围屋一般为方形或矩形,统称"方围",有口字形、国字形和套围,高度一般两三层,四角有碉楼枪眼,防御性很强。

粤东的梅州、河源、惠州也有许多防御性极强的"客家碉楼",今河源市和平县林寨镇的兴井村还有二十四座保存完好的碉楼供游人参观。这些客家碉楼,当地人称为"四角楼",规模巨大,四周高墙围合,楼高三至六层,呈方形或矩形,环周设枪眼,四角设炮楼,很能反映早期客家人生活环境的险恶与艰辛。现存的四角楼年代都较为久远,短的百年以上,长的有三四百年之久。

1. 栗园围

栗园围,又叫八卦围,位于江西省赣州市龙南县里仁镇栗园村,占地面积很大。栗园围始建于明代弘治十四年(1501),距今500多年历史,为明代五品大员李清公所建,是赣南客家围屋中历史最悠久、占地面积最大的围屋。栗园围曾聚居着李氏家族申甫公六世孙大纪、大缙两大房后裔190多户,1 000余人。

图 4-10 栗园围(卢鸣浪摄)

栗园围均为青砖砌筑,墙厚六十厘米,高两至三层,东、南、西、北四个方向建有围门,四周角落遍布十二个炮楼,围墙外面有护墙深水壕沟,防御性很强。围内房屋的布局按照天干地支、阴阳八卦图形建造。"纪缙祖祠"是围内的核心建筑,有上、中、下三个大厅,厅内雕梁画栋,屋外飞檐翘角。以"纪缙祖祠"为中心,左右两侧建有三座厅厦(梨树下、栊梃、新灶下),为族人居住区,还有书院、武馆、戏台等休闲建筑。每年正月十二至正月十五,栗园围连续四天夜间举行香火龙活动,在正月十五达到高潮。2015年,龙南香火龙成为江西省第二批省级非物质文化遗产。

2. 燕翼围

燕翼围位于赣州龙南县杨村,始建于清顺治七年(1650),清康熙十六年(1677)竣工,为杨村富户赖福之所建,取《山海经》中"妥先荣昌,燕翼贻谋"中的"燕翼"二字为名,期望子孙安宁、荣昌。

燕翼围占地面积1 300多平方米,围高14.3米,长41.5米,宽31.8米。以大门和厅堂为中轴,四层结构,每层对称建房三十间,共136间房,各层均有骑楼回环相通。

图 4-11　燕翼围内景（卢鸣浪摄）

燕翼围所有房屋都依四面高墙而建，通过窗口能够饱览自然景色和田园风光，围楼中间是一大空坪，便于通风采光和家族活动；燕翼围对角四边有守阁炮楼，打仗时能充当碉堡，确保族人安全。2001年，燕翼围作为清代古建筑，被国务院认定为第五批全国重点文物保护单位。

3. 关西新围

关西围屋群位于龙南县关西镇，现存大小围屋四十多座，建筑类型有长方形、国字形和不规则形，都是明清建筑，时间跨度300多年。关西新围、西昌围、田心围、鹏皋围与福和围是关西围屋群的代表。关西新围，由当地名绅富豪徐名均修建。围楼始建于清嘉庆三年（1798），于道光七年（1827）完工，历时29年，占地面积达7 000多平方米，建筑面积达11 000多平方米，是赣南现存500多座客家围屋中建筑面积最大、保存最完整、功能最齐全的，也是赣南传统民居建筑中以"三进六开"形式而成"九井（幢）十八厅"的典型。"三进"即从大门进来为下厅，往上走则依次为中厅、上厅，层层递进，层层增高，关西围整体结构像个巨大的"回"字，围屋的核心建筑就是位于中间"口"字部位的中厅（正厅），体现极强的向心力和凝聚力；"六开"指以中厅为中轴线往左右均衡延伸，两边院落、房屋、门窗对称。

围屋主体建筑有大小房屋124间，绘画、装饰、雕刻十分精美。围屋墙体用三合土夯筑而成，围墙高约9米，墙厚2米，围屋四角各建有一座15米高的炮楼，墙上有许多炮孔和梅花枪眼，防御体系严密，是集居家、宗祠、堡垒功能于一体的综合建筑。2001年7月，经国务院批准被认定为第五批全国重点文物保护单位。

图 4-12 关西新围（卢鸣浪摄）

4. 泰安楼

泰安楼位于广东梅州大埔县湖寮镇龙岗村，乾隆二十八年（1764）由楼主蓝少垣修建，是国内罕见的石方楼。主楼占地2 600平方米，坐东北向西南，呈四方形，长49米，宽55米，门口有宽阔的门坪和水塘。楼高11米，分三层，第一、二层外墙为石墙，不开窗，第三层外墙及内墙为砖墙，有开窗并设有枪眼。整座大楼只有一个大门出入，门板镶上厚厚的铁皮，大门顶有蓄水池供灭火之用。楼内中轴线有上下两厅堂，上厅书"祖功宗德"，陈列蓝氏先祖神主牌，作为祭祀的祠堂，堂左右侧设有厢房，楼内平房四周为天井，三层方形楼房将主体平房环抱中间，形成楼中有屋、屋外有楼的格局。楼的两侧各有一座书斋，楼内右侧天井有口水井。2002年，泰安楼被认定为广东省文物保护单位。

四、客家围龙屋

梅州最典型的客家民居是围龙屋。围龙屋主体结构为"一进三厅两厢一围"。围龙屋不论大小，大门前必有一个半月形池塘（称为"风水塘"）和一块禾坪（门坪）。池塘有蓄水、养鱼、防火、防旱等作用；禾坪用于晒谷、乘凉和其他活动。大门之内，正屋分上中下三个大厅，下厅为公共出入之地，中厅宽阔，为接待宾客、家族商议大事的场所，上厅设祖宗牌位、祭祀香案，神桌下安有"本宅土地龙神之位"。上厅后面隆起的小山包称为"化胎"，有化育子孙后代之意。"化胎"基部中央有五行石图，为"五方龙神之位"。正屋左右分两厢或四厢，俗称横屋，一直向后延伸。左右横屋的尽头，筑起半圆形的"围龙"(房屋),把正屋包围起来,总体构成一个椭圆形。小围龙屋一般只有一至二条围龙,大型围龙屋则有四条五条甚至六条围龙。一座大型的围龙屋有上百个房间,可居住二十多户人家,体现客家人聚族而居的特点。许多围龙屋依山而建,建筑形式前低后高,形如交椅,通风采光特别好,俗称"交椅楼"。

客家围屋与围龙屋的主要区别有三个:一是平面布局有别,围屋是方形(四角楼),围龙屋是椭圆形;二是防御性有强弱,围屋一般三至五层,四角有碉楼,防御性明显,围龙屋一般一至三层,没有碉楼,却有化胎,显得温馨祥和;三是建筑背景不一样,一般来说,防御性强的围屋出现在社会关系紧张时期,围龙屋则出现于当地社会矛盾比较缓和、安定的年代。

1. 仁厚温公祠

仁厚温公祠位于广东省梅州市梅县区丙村镇群丰村,始建于明朝弘治三年(1490),占地23 000多平方米,为四进三厅堂、八横屋、三围龙结构,有厅堂、房间480多间,是梅县最大的围龙屋。

图4-13 仁厚温公祠(周云水摄)

仁厚温公祠整体建筑由风水塘、禾坪、堂屋、横屋、化胎、围屋六部分组成。中轴线部分的上、中、下三个厅堂中,上厅最高,中厅最大。中厅高5.65米,宽9.3米,深7.37米,是族人祭祖、庆典、宴客之处。化胎上种的苏铁,经四百多年的生长繁殖,每墩的外围周长40多米,要30个人手拉手才能围拢。仁厚温公祠是公祠与民居合一的建筑,在20世纪70年代,曾同时居住500多人。1993年,仁厚温公祠被收入中国建筑学会编撰的巨著《中国传统民居建筑》一书。

图 4-14 仁厚温公祠后厅祖堂(周云水摄)

2. 棣华居

棣华居位于广东省梅州市梅江区西阳镇白宫新联村,由旅印尼华侨丘宜星、丘添星兄弟于 1915 年始建,1918 年竣工,占地面积 3 750 平方米。棣华居是三堂四横一围龙形式,坐西向东,中轴对称,依山而建。特色在于主人在檐、梁、楹上雕龙画凤,镏金喷彩,木雕和石刻展现高超的技艺;墙壁上水墨画随处可见,内容涉及天文、地理、健康、娱乐、修养、故事、神话,体现主人寓教育于绘画之中的良苦用心。其附属建筑有一所家塾——新学堂,专门让丘氏族人的孩子读书,培养出许多优秀人才。

3. 上杭李氏大宗祠

李氏大宗祠坐落于福建上杭稔田镇官田村,占地面积 5 600 多平方米,始建于清道光十六年(1836),由李火德后裔、汀州永定举人李梦兰倡议为纪念入闽始祖李火德公所建,清道光十九年(1839)建成。

李氏大宗祠坐北朝南,砖木结构,周围是青砖砌墙,三进三厅两厢加高楼围屋的结构,为祠堂与民居合一建筑。正面设有五孔大门,正中大门是用灰青条石、石板砌成的牌坊式门楼。大门楼牌坊上竖着一块长方形石板,刻有皇封"恩荣"(清道光皇帝所赐)二字,其下横梁上刻有"李氏大宗祠"五个大字,大门两旁石柱外侧刻有门联"丞相将军府 忠臣孝子门"。大门前有宽展的禾坪,坪外有半月形风水塘。正屋中轴线有上中下三个大厅,中厅两边墙上写有"忠孝廉节"四字家训,上厅为族人祭祀场所。化胎种有一棵李树,围龙是两层楼房。与正屋对称的两边厢房和围楼有客厅和住房 130 间。2013 年 5 月,上杭李氏大宗祠被国务院认定为第七批全国重点文物保护单位;2015 年 1 月,入选第四批国家 A 级旅游景区名单,晋升为国家 3A 级旅游景区。

图 4-15 李氏大宗祠(张永辉摄)

五、深港客家围楼

深港客家地区的客家围楼,像赣南客家围屋一样具有明显的防卫功能,规模巨大,四周高墙围合,高度少则两层,多则三四层。平面布局为方形或矩形,墙内设防卫通道,环周开炮洞枪眼,有的在四周或对角设碉楼。内院为三堂屋居住单元,各单元可以相通,构成亦分亦合的整体。

大万世居位于深圳宝安区坪山镇,建于清乾隆五十六年(1791),又称"大万围"。平面布局为方形,面宽 124.3 米,进深 123.5 米,坐东朝西。围前有长 81 米,宽 11 米的晒坪,坪前是与晒坪等宽的弧形朝外的半月形水塘,半径约 30 米。整座围楼中轴对称,规模宏大,庄严古朴。大门坐东朝西,呈三间排楼式,门额上书"大万世居",左右两侧有两个侧门。围屋四周以两层楼房围合,外墙用三合土夯筑而成,其女儿墙墙顶距离地面七米。墙内设走马廊,墙上广设枪眼,与外围四角及围后墙正中的碉楼组成牢固严密的对外防卫系统。围内建筑是三堂两横式布局,以大门、祠堂、中楼、后楼为中轴线,两侧布置两排两层的合院。围中心的祠堂是围内居民祭祖的场所,公祠额书"端义公祠",前殿仪门额书"光宗耀祖",中殿后屏额书"东鲁旧家",表明该围楼楼主姓曾。后殿上挂"追远堂"主神牌位。两侧横屋由标准的单元或四合院连排建成,号称"九厅十八井"。所有单元或合院之间有隔墙或夹弄,设门相通。围内除公共水井外,各家各户还有水井,生活非常方便。

曾大屋位于新界沙田东部狮子山隧道公路旁,原名山下围,占地 6 500 平方米,始建于 1848 年,因全村居民都姓曾而得名,是香港最具代表性的客家传统式围村建筑。开村始祖曾贯万于 1830 年与其弟到香港谋生。初期兄弟俩在筲箕湾开打石坊,十八年后在沙田东部隔田村购买山地及田亩,兴建城堡式"山下围"大屋。建筑方式以屋连屋,围成长方形村寨,围墙上有排列整齐的枪孔和瞭望孔,四角均筑有镬耳型的三层高碉楼,碉楼上有枪孔和瞭望台,用以对付盗贼侵袭。曾大屋呈长方形,共三进。北面入口有三个大门,中门最大,门顶圆拱形,四周以麻石砌成,门顶石匾镌刻"一贯世居",门上有酸枝木和铁枝制成的门闩,有一道铁门。正厅门前有"大夫第"木匾和"祥征万福"石匾。祠堂位于最后一进排屋的中央,是举行祭典及仪式的地方。祠堂大门上书"曾氏家族议事厅",屋内的墙上挂满历代先人遗照。前庭有两口水井,围屋内有住房一百多间。

客家民居是客家文化形象、立体的呈现,是写在大地上的辉煌篇章。它是从天而降的飞碟,是拔地而起的蘑菇,是仪态万方的民间故宫,是坚固而又温馨的城堡。客家民居体现客家人聚族而居、和睦相处的生存之道,体现人与自然和谐相处的民居理念,蕴含慎终追远、耕读传家的儒家思想。2010年春节,胡锦涛总书记视察永定土楼时说:"客家土楼是中华文化瑰宝,是大家庭、小社会和谐相处的典范,一定要把祖先留下的这份珍贵遗产守护好、传承好、运用好。"胡锦涛总书记的话点明了客家土楼的文化价值,也是对其他类型客家民居的高度肯定,守护好、传承好、运用好祖先留下的这份珍贵遗产,是对全体客家人的殷殷希望。

参考文献

1. 张佑周、陈弦章、徐维群:《客家文化概论》,中国文联出版社2002年版。
2. 郭丹、张佑周:《客家服饰文化》,福建教育出版社1995年版。
3. 周建新、张海华:《客家服饰的艺术人类学研究》,中国社会科学出版社2015年版。
4. 胡大新:《永定土楼:客家文化的象征》,《客家大典》,海风出版社2011年版,第129页。

思考练习

1. 客家土楼的建筑特点有哪些?从中能概括出哪些客家人特点?
2. 请你为当地文化遗产保护和文化旅游提两点建设性意见。
3. 土楼是客家民居的代表,地方政府和学界高度重视土楼的生态保护和宣传推介。自2008年福建土楼成功申报"世界物质文化遗产"以来,永定县文旅事业迅速发展。请阅读下列一组公开数据,谈谈客家文化旅游对发展经济的作用,并结合自己家乡实际,谈谈文化赋能对于乡村振兴的重要意义。

2007年,永定县接待游客97万人次,实现旅游收入3.4亿元;2010年接待游客288万人次,年均递增61%,实现旅游总收入18.2亿元,年均递增82%。旅游业总收入占GDP比重由2007年的6.8%提高到现在的16.1%,全县旅游业直接就业人数达2万多人,间接就业人数超过7万人。2011年1—11月,永定县共接待国内外游客324.4万人次,比增24.1%;实现旅游总收入19.89亿元,比增19.3%;其中接待境外游客12.34万人次,比增15%,旅游创汇2125.8万美元,比增16.1%(来源:福建旅游之窗2011-12-10)。

2013年,永定县接待国内外游客人数突破达433万人次,比增7.2%;实现旅游总收入31.8亿元,比增11.6%。同时,永定县还荣获2013年度"中国旅游百强县"称号(来源:福建新闻网2014-01-04)。

第五章　客家民间信俗

客家民间信仰属多神信仰，所信奉神灵种类繁多，内涵深邃，有广泛的群众基础。民间信仰常常与民俗活动相结合，是客家民众思想观念、精神生活的外在表现，在热热闹闹的活动中宣示它的思想、精神，又在年复一年的活动中得到强化、宣扬和传承。因此，民间信仰不仅是客家文化的组成部分，也是客家民俗的重要内容。有些学者把民俗分为语言的民俗（如方言与谚语）、行动的民俗（如节庆民俗活动）、心理的民俗（如民间信仰），认为"心理的民俗，是以信仰为核心，包括各种禁忌在内的反映在心理上的习俗。它更多地表现为心理活动和信念上的传承"[①]，这揭示了民间信仰的内涵与实质。

第一节　客家民间信仰的来源与特点

客家民间信仰的出现，与客家民系的发展历史、民系心理和民俗风情息息相关。客家先民主要来自中原，有深厚的历史文化积淀，民间信仰也很丰富；来到南方赣闽粤边山区之后，在生产劳动中创造了新的文化、新的信仰。因此，客家的民间信仰自有特殊的来源与自身特点。

一、客家民间信仰的来源

客家民间信仰的来源主要有五种：

一是源自中原传统。随客家先民南迁从中原带来的民间信仰，与中华汉民族的民间信仰大致相同，如天地日月山川的原始自然崇拜；受传统儒家思想影响产生的"文圣"孔子信仰，"武圣"关帝信仰，黄帝炎帝盘古伏羲等人文始祖信仰、祖先信仰；鲁班、扁鹊、华佗等行业神信仰。

[①] 张紫晨：《民俗学讲演集》，书目文献出版社1986年版，第226页。

二是来自当地习俗。客家人在赣闽粤边劳动生活中创造出新的地缘性民间信仰，如定光佛信仰、伏虎祖师信仰、梅溪公王信仰、三山国王信仰、台湾义民爷信仰。

三是吸收原住民信仰。客家人吸收赣闽粤边原住民"好鬼""尚巫"习俗而创造的民间信仰，如产生于闽越族人的"蛇王"信仰，当遇到矛盾纠纷时，争吵的一方表示要到"蛇王宫"发誓，表明自己清白。还有草蜢崇拜、耕牛崇拜、乌鸦禁忌等。

四是受到周边民系影响。受周边民系影响而接受的民间信仰，如"妈祖"信仰，原是闽南沿海一带的民间信仰，自从南宋长汀县令宋慈开通汀江航运之后，作为航海保护神的妈祖信仰也传入闽西客家地区，成为汀江航运的保护神。"保生大帝"信仰也是从闽南传入客家地区的，永定湖坑的"做大福"活动必请保生大帝到场，以消灾祛病，佑民平安。

五是出于特殊纪念。因纪念历史人物而创造的民间信仰，如"河源十三坊"客家人为纪念"闽王"王审知而形成"珨瑚公太"（公太，祖先之意）信仰，又如永定陈东纪念历史人物"玉封公王"谢安的"四月八"大型民俗活动。

从来源看，客家民间信仰可归为两大类，一类是汉民族共有的民间信仰，如上文所及的第一种；另一类是客家民系特有的地方神明信仰，如上面提及的其他四种来源。

二、客家民间信仰的特点

民俗学专家乌丙安将中国民间信仰的特点概括为"三多"：多样性、多功利性和多神秘性。[①] 他特别强调民间信仰的本位是"民俗"而非"宗教"。林晓平将客家民间信仰的特点总结为六点——丰富性、本真性、地域性、类型性、实用性、民俗性。[②]

综合各家观点，客家民间信仰的特点主要表现为以下五个方面。

1. 浑融

客家人的奉祀对象不分性质、不分类别，各种地方神明与佛教、道教偶像混杂，融为一体。众多寺庙，佛道杂陈；各种神祇，不分派别；神佛相安，"合署办公"的情形比比皆是[③]。诏安县秀篆镇的金马台，同一座塔，立体五层，分别供奉南海观音、玄天上帝（真武祖师）、五谷帝君、关帝和文昌帝君。长汀县四都镇渔溪村的"镇溪庵"，同一个神台摆满真武祖师（玄天大帝）、三世佛、地藏王菩萨、定光古佛、罗公祖师、石圣祖师、五谷大神、土地伯公。这种杂糅同祀现象，与客家文化构成的复杂性密切相关。客家文化的主体构成是中原文化，其民间信仰大多来自中原固有的传统民间信仰；中原汉人的到来，并非整体迁移，而由多个迁入地辗转而来，受到乔迁地江淮文化、楚文化的影

[①] 乌丙安：《中国民间信仰》，上海人民出版社1996年版，第5~12页。
[②] 林晓平：《客家民间信仰与民俗文化》，中国社会科学出版社2012年版，第221~228页。
[③] 张佑周：《客家之子论客家》，四川民族出版社2012年版，第65页。

响;来到赣闽粤边劳动生活之后,又吸纳了闽越族、畲瑶民族的文化和特殊信仰。这种复杂的文化构成是客家信仰文化复杂多样性的主要原因,因此,客家人的精神世界中有一支南北结合、阵容庞大又极富特色的神灵队伍,数量特别多,包容性特别强,形成"浑融"的信仰形态。不论佛教的、道教的,还是当地神明,客家人都以礼相拜,并不得罪,更不排斥。因此,客家民间信仰是多元的,属于"多神信仰"①,或称"泛神崇拜"。

2. 实 用

同其他民系的民间信仰一样,客家人的民间信仰也是从现实生活出发,寻求与现实生活相适应的信仰方式。客家人住在山区,衣食来自大山,但山区虎豹出没、蛇虫横行,出于对莽莽群山高深莫测的敬畏和对大山慷慨赐予的感激,人们敬奉"山神""山伯公"。如潮州人与潮州客家人建的"三山国王庙",敬奉巾山、明山、独山的山神;闽西客家人则敬奉能够降龙伏虎、显灵降雨的定光古佛与伏虎祖师。人们希望农业丰收,于是奉祀大大小小许多神明,武平县清朝举人林宝树(1673—1734)著有通俗韵文长诗《年初一》,记录当时(农历四月)"保禾苗"民俗活动情景:"初三扛佛保禾苗,落佛忏后做午朝……伏羲神农黄帝氏,掌苗使者五谷神。又请雷公并电母,风伯雨师加虔诚。又有田头地塅等,杨大伯公召几声。上至坑源下水口,通乡福主一切神。尽是恳求保禾稼,丰亨大熟救济民。"②这里提到的神明,上至"伏羲神农黄帝",下至"通乡福主",大大小小十几个,请神目的很明确,"尽是恳求保禾稼,丰亨大熟救济民"。闽西长汀县四都镇渔溪村,为祈求风调雨顺、人口平安,还供奉"石圣祖师"(石头伯公),每年正月有"打菩萨"(打石佛)的民俗活动。

尽管祈求罕能如愿,但人们说出心里话,有了精神寄托,明确了目标,鼓足了干劲,虽不能事事如愿,却也能取得一些成就,人们将取得这些成就归功于神明庇佑,对神明更加深信不疑。客家人在蛮荒之地的赣闽粤边山区求生存、谋发展,非常需要精神的力量——信念的支撑与神明的鼓励。

3. 地 缘

客家地方性神明有明显的地域特征,许真君信仰流播的区域主要在赣南,三山国王信仰主要在潮州、梅州客家地区传播,"梅溪公王"信仰主要传播于梅江流域,定光佛信仰区域主要闽西汀州。客家村落有自己的"公王"境主神、保护神,如梅州松源的"龙源公王"、连城县姑田的"东山福主民主公王"、会昌县的"显应赖公侯王"。但是,有些地方神明的奉祀并不局限于一个区域,明清时期,随着客家人渡台垦殖,移居台湾的客家人仍然供奉从大陆原乡带来的"乡土神",如台湾高雄六堆粤东的客家人供奉"三山

---

① 张佑周等:《客家文化概论》,中国文联出版社2002年版,第74页。
② 兰寿春:《福建客家古代文学作品辑注》,厦门大学出版社2019年版,第255页。

国王",台湾彰化、淡水客家人供奉定光佛。虽然处在不同地域,海峡两岸客家人却有相同的民间信仰,这也寄托着台湾同胞对大陆原乡的深深眷恋之情,成为维系两岸一家亲的重要桥梁和纽带。

4. 民俗性

客家民间信仰虽然有泛宗教性质,但并非宗教,而是社会生活的一部分。它不像佛教、道教、基督教、天主教、伊斯兰教那样有鲜明的教义、严密的组织和规范的仪式,也没有入教仪式和清规戒律。乌丙安《中国民俗学》一书就十分强调民间信仰的"民俗性"而非"宗教性"的本位特点,这成为民俗学界的共识。以"土地神"崇拜为例,客家人称"土地神"为"福德正神""福主",主一方福祉之意。人们对"土地神"的崇拜有集体性、民间性、生活性、传承性的特点。清初上杭举人丘嘉穗描绘过其乡中福主神坛:"吾乡有福主之神,旧设坛宇,苍松郁然,四境之民出必祈,过必揖,耕种畜牧必祷,岁时伏腊奉誉箫,燎灯烛于神前者无虚日,可不谓虔矣哉!"这段话揭示了土地神崇拜的一般形式,说明土地神崇拜已经成为乡民日常生活的重要组成部分。民间信仰并不停留在庙宇,更多体现在民俗活动中,春节、清明节、中元节、中秋节总是与祖先崇拜有关;春祈、秋报、春耕、保苗总是与"土地神""五谷神农"信仰有关。各地的民俗活动都少不了民间信仰的存在。民俗活动培育了社会思想的一致性,增强了文化认同,强化了民系精神,塑造了民族品格。

5. 纪念性

饮水思源、知恩图报,历来是中华民族的美德。在客家民间信仰中,出于纪念性质而非祈愿目的的圣贤崇拜也不少,如长汀三洲镇三洲村的屈原庙,又称"三闾庙",纪念爱国主义诗人屈原;长汀连城交界的"河源十三坊"举行"迎公太"活动,纪念闽王王审知;长汀县城有"紫阳祠",纪念朱熹及其弟子杨方。这些纪念性的先贤崇拜,是为了传扬他们爱国爱民的操守、造福人民的精神以及文化建设的业绩,也是为了树立榜样、弘扬正气、崇尚文教。

三、客家民间信仰的意义

从人类学视角看,民间信仰有许多文化功能,包括教化人心、社会控制、民族认同。客家民间信仰中也传承了许多中华优秀传统文化的成分,有许多引导民众向上向善的积极因子,保存许多非物质文化遗产。我们应当积极看待并加以正确引导。

1. 抚慰心灵、坚定信念

中国人是有信仰的。客家先民从广袤平原,从江河湖畔来到赣闽粤边山区求生存,谋发展,难免遇到灾难和痛苦,"硬颈"坚毅的客家人从自己的努力中看到希望,从神明信仰中获得心灵安慰并坚定战胜困难的信念,尤其是天地信仰、祖先信仰,这种天地人三位一体的神明,在客家人心目中有崇高地位。他们人生追求的就是上不愧于天,下不愧于地,天地之间对得起祖宗先人,因此特别重视忠孝思想,民间信仰成为客家百姓的重要精神支柱。

2. 和谐相处、天人合一

民间信仰可以调节人与社会、人与自然的关系。在共同信仰面前,大家团结和睦,与人为善;在人与自然关系层面也能和谐相处,努力达到天人合一。因此,举行民俗活动时总是那么热闹非凡,建筑房屋时总是相信风水,抵御侵略时总能团结一致同仇敌忾。

3. 传承民俗、娱神娱人

民俗活动多与民间信仰有关,常常是娱神娱人相结合,民间信仰与民俗活动已经成为客家人精神生活和文化生活的一部分,成为客家民系有别于其他民系的显著特征。也正因为如此,许多民间信仰因民俗活动而保存下来,民俗活动也因民间信仰而参加者众、流传者远。

4. 历史记忆、文化传承

人们对先贤先圣、行业祖师的历史记忆上升为敬仰崇拜,如客家地区众多的文圣庙、关帝庙、神农祠。它们不仅是承受香火的祠庙,更是客家人心中的丰碑、"顶礼膜拜"的榜样,人们从中明白耕读传家、坚守道义、造福人民,对弘扬民族优秀传统和精神起到推动作用。

第二节　传统宗教信仰

儒、道、释三教历史悠久,尤其唐宋时期,儒、道、释三教合一现象更为民众所接受。客家民众推崇这些传统宗教,但并不热衷。他们对传统宗教的虔诚,朴素、客观地表现为对宗教圣贤人物的信仰,表现为对实用的宗教仪式的兴趣。

一、对儒家圣贤人物的信仰

随着中原汉人的大量南迁、州县管理的建立以及科举选士制度的推广,儒家思想在客家地区得到广泛传播,成为社会的主流意识。客家人有浓厚的耕读传家思想,敬仰儒家圣贤人物的风气非常浓厚。

1. "文圣"与"武圣"信仰

孔子(前551—前479),名丘,春秋时期山东曲阜人,是我国著名思想家、教育家,被后人尊为"文圣"。关羽(160—220),字云长,河东解良(今山西运城)人,三国时蜀汉名将,被后人尊为"武圣""关帝"。孔子文化与关公文化历史悠久、博大精深,他们都以仁、义、礼、智、忠、信名世,孔子重"文教",关公代表"勇武",形成中华民族"文拜孔子,武拜关公"的格局。在中国南方和东南亚地区,关公还被尊为商业的保护神,视为"武财神"。客家地区每个县城都建有"文庙""关帝庙",用以祭拜孔子、关公,宣传与弘扬儒家思想。在封建社会的科举时代,客家青年学子苦读"四书""五经",也练武强身,考取科举。城市如此,乡村也不例外。连城县宣和乡培田村保存有乾隆四十四年(1779)建的两层合祀孔子和关帝的"文武庙"建筑,一层供奉"千古一人"关帝坐像,关帝左手执《春秋》,右手抚美髯,左边关平侍立,右边周仓持刀。二层供奉"大成至尊"孔子立像。明清两代,培田涌现文武进士、文武举人、秀才近两百人,其中,吴拔祯于光绪十八年(1892)会试考中"三甲第八名"武进士,客家乡村都有供奉关帝以及"关帝巡游""迎关帝"等民俗活动,平远县长田镇关帝庙、永定区高陂北山关帝庙、连城县林坊关帝庙的活动都很热闹,真实体现当地百姓崇文重武的风气。

汀州有座紫阳祠,纪念朱熹和杨方两位理学大师。朱熹(1130—1200),字元晦,号晦庵,谥文,世称朱文公。祖籍徽州婺源县(今江西省婺源),生于尤溪(今福建省尤溪县),长于崇安(今福建省武夷山市),宋代著名哲学家、教育家,理学集大成者,世人尊称为朱子。朱熹的弟子杨方(1134—1211),长汀客家人,隆兴元年(1163)进士。朱熹曾应汀州主簿刘子翔邀请到东山书院讲学。明清时期程朱理学在汀州得到广泛传播,高高耸立在汀江边云骧阁旁的紫阳祠,就是为纪念朱熹、杨方的文化倡导之功。

2. 仓颉与文昌星信仰

仓颉是轩辕黄帝的左史官,首创鸟迹书,他是中国文字的创造者,因造字被尊为神。文昌星,又名文星,古人认为祂主持文运、功名,道教中人奉其为文昌帝君。文昌星君在客家地区颇受崇拜,许多地方建有文昌阁,供奉文昌星君,希望当地文教鼎盛,多出人才,如长汀乌石山的状元阁、上杭蛟洋的文昌阁都很雄伟。长汀县卧龙山有仓颉庙,建于清光绪年间,这些都体现客家人耕读传家的思想和崇文重教的风气。

客家人非常尊重读书人,爱屋及乌,非常敬惜字纸。客家地区的书院、私塾、学堂旁边一般都建有"敬字塔",也称敬字亭、焚字炉,敬字塔上供奉仓颉、文昌星君神像。客家人认为,文字神圣而崇高,写有文字的纸张不应随意丢弃,因此,他们平时会把写过字的废纸集中拿到"敬字塔"焚化,正月初九时再把纸灰隆重地送到河边,祭祀河神之后,倒入河中。2016年10月,上杭县稔田镇南坑村发现保存完好的高三层、通高约两米的八角形敬字塔,在台湾美浓也能见到这种敬字塔。这些都是客家人尊重知识和文化的体现。

3. 屈原与岳飞等信仰

客家人特别崇奉有爱国主义精神的英雄人物,这与其颠沛流离、躲避战乱、迁徙南方的经历有关,正因为如此,每当国家、民族危急的存亡关头,客家人总是与全国人民一道,投身国家与民族解放事业。屈原(前340—前278),战国时期楚国人,著名爱国主义诗人、政治家。长汀三洲乡三洲村有屈原庙,称为"三闾庙",江西宁都青塘镇孙屋村也有屈原庙。赣州南宋时就建有祭祀岳飞的精忠祠,"岳飞庙"或"精忠祠"多达六座,可见客家百姓对岳飞"精忠报国"精神的敬仰。

东平王张巡与冯侯信仰在客家地区就很普遍,张巡(708—757),蒲州河东(今山西永济)人。"安史之乱"发生后,张巡与许远死守睢阳,抵挡安庆绪叛军,有效阻遏了叛军南犯之势,遮蔽江淮,保障了唐朝东南地区的安全。终因粮草耗尽、士卒死伤殆尽而被俘遇害。宁都县城南门有"东平庙",供奉张巡、许远塑像;宁化全县有祀奉张巡、许远的"双忠庙""张公庙"不下十座,每年农历七月廿五,全县各"双忠庙"都会举办传统庙会,那天人山人海、热闹非凡。冯氏三兄弟(冯祥兴、冯祥祯、冯祥兆),瑞金象湖镇冯屋岗人,"黄巢之乱"中,唐僖宗逃奔成都,冯氏三兄弟倾家产募义军,勤王战死,宋高宗表彰他们"英勇尚节义"的行为,封其为侯。瑞金有冯侯庙,每年九月十一举行纪念庙会,表达百姓对忠勇爱国精神的推崇。

4. 神农与鲁班等行业神信仰

客家民间各行各业都有崇拜行业神的习俗。行业神,又称祖师神,是各行各业保佑自己和本行业的神灵信仰。这些神灵人物往往是行业的创始人或是行业的佼佼者,人们通过崇拜行业神而记住他们的名字、他们的故事,尤其是他们创业的精神。

农业神——神农,即炎帝,又称药祖、五谷先帝、神农大帝,是传说中农业、医药和茶叶的发明者,被视为农业丰收、人民健康的保护神。客家地区每年举行春耕节、保苗节以及春祈秋报等农事活动,都要祭祀神农,祈望神农保佑风调雨顺、五谷丰登。连城培田每年清明前后举行"春耕节",祭祀五谷神农;清流田源廖武村供奉"神农五谷真仙",每年农历五月廿五为会期,在祠堂打清吉醮一天,家家户户有客人,热闹非凡。

工匠祖师——鲁班(前507—前444),春秋时期鲁国人(今山东滕州人),姬姓,公输氏,名班,字依智,人称公输盘、公输般,惯称"鲁班",著名工匠家,被后世尊称为中国工匠师祖。客家工匠拜师学艺,都要拜"工匠祖师鲁班"。

药王——扁鹊(约前407—前310),战国时期医学家,扁鹊善于运用"望闻问切"等方法来诊疗,尤其是通过脉诊和望诊来诊断疾病,应用砭刺、针灸、按摩、汤液、热熨等法治疗疾病,被尊为"药王""医祖"。长汀县、宁都县都有"药王庙",供奉神医扁鹊,每年四月二十五举行庙会。被尊为"药王"的还有汉代的华佗,唐代的孙思邈、韦慈藏、韦善俊、韦古道等。东汉末年的医学家张仲景则被后人尊称为"医圣"。

木偶戏行业神——田公祖师。田公祖师,一说是唐代宫廷乐师雷海青,一说是刘邦的谋臣陈平。上杭白砂镇水竹洋村有"田公庙",祭祀木偶戏神田公祖师,每年六月二十四举行"田公会"活动,各地木偶戏班齐聚水竹洋村,各自拿出绝活表演木偶戏,切磋技艺,娱神娱人。2011年,上杭白砂田公会"田公元帅信俗"被认定为省级第四批非物质文化遗产。

二、道教信仰的传承与发展

道教形成于东汉,尊张陵为天师,俗称张天师;追尊老子为"太上玄元皇帝",俗称太上老君。道教神鬼体系,主要供奉玉皇大帝、三官大帝、城隍等神祇。西晋时期道教就传入赣南,《赣南府志》载,东晋炼丹家和道学理论家葛洪曾在赣南平固(今兴国县)、大余结庐修道、炼丹。唐代以后,赣南出现不少有名的道士与"真人",如北宋王守中(上犹人)在玉仙观修炼,因"道行超卓",受到宋仁宗的召见,赐观名"万年观";元末明初的刘渊然(赣县人),修道于都紫阳观,明初受到朱元璋的接见,明仁宗时被封为"长春真人"。唐代时,赣南有道观二十余座,到清代道光四年(1824),仅宁都一县就有道观六十三座。可见,在赣闽粤边,赣南道教的发展非常迅速。

1. 三官大帝

三官大帝是早期道教尊奉的三位天神,指天官、地官和水官。道教尊远古的三位明君尧、舜、禹为天、地、水三官,载录世人善恶,为万物之行本。三元节,就是三官大帝的诞辰,以正月十五为上元节,七月十五为中元节,十月十五为下元节,以上元节为天官赐福之日,中元节为地官赦罪之日,下元节为水官解厄之日。明代以来,客家地区多建有三官殿、三官堂、三官庙。每逢三元节,人们都要到庙宇祭拜三官大帝,忏悔罪过,祈福免灾。当时信仰三官的人都要禁荤食素,称为"三官素"。清代,三官信仰更为普遍,"天官赐福"的年画多种多样。每逢新春时,民间贴这种年画,以求天官赐福长寿,有时天官还被当作财神。近代,天官又和文昌帝君(一说员外目郎,表官禄)、南极仙翁合称为福、禄、寿"三星"。农历新年,"三星图"常挂于堂中,象征"三星在户",显示多福、多寿、喜庆临门。在台湾的庙宇中,一般称三官大帝为"三界公",敬奉的人特别多。

2. 真武祖师

真武祖师,全称真武荡魔大帝,又称玄天上帝、玄武大帝、无量祖师、报恩祖师、披发祖师。主要负责镇北方,主风雨。湖北武当山供奉的主神就是真武大帝,道经中称他为"镇天真武灵应佑圣帝君",简称"真武帝君"。

赣南会昌,韶州曲江、乳源,台湾苗栗等客家地区,每年三月三举行"真武祖师会",又俗称"元武帝诞""元帝诞""帝爷生日"。因为真武祖师是"主风雨"之神,风调雨顺自然是五谷丰登,因此颇受农业为主的客家人欢迎。长汀县卧龙山顶北极楼(又名玄武楼)供奉真武祖师(玄武大帝),四都乡渔溪村溪边庵里正中的神位上安放的也是真武祖师。

3. 五显大帝信仰

五显大帝又称五通大帝,俗姓马,名灵耀,民间俗称马王爷、马天君、马灵官,农历九月二十八为其诞辰,佛教中称之为"华光如来"。传说五显大帝可保百姓风调雨顺、万事如意,因此成为福建、广东客家人信奉的重要道家神灵。长汀县城有"五通庙",又叫五显宫,是南宋古刹,祀奉五通大帝(华光如来)。五通庙对门约六十米处有一座城门就叫五通门。在永定,五显大帝是财神,每年正月十五至十八有迎五显大帝的民俗活动,东西南北四大城门各迎一天。五显大帝回庙后,烟商们会连忙挑着"五牲"(鸡、鸭、鱼、猪肉、牛肉)、香烛纸炮,赶到庙里去祭礼,寄托劳动致富和美好未来的憧憬与追求。

4. 八仙崇拜

道教"八仙"(铁拐李、汉钟离、张果老、吕洞宾、何仙姑、蓝采和、韩湘子、曹国舅)也是客家人崇拜的对象。用的桌子是"八仙桌",酒令喊的也是"八仙过海"。武平岩前镇的狮岩有"何仙姑"传说。在闽、粤、赣三省交界处的赣州会昌县筠门岭境内,有"汉仙岩",纪念汉钟离在此修炼成仙。

5. 城隍信仰

有城池就有城隍神。城隍,是道教中城池的守护神。唐代,全国各地普遍建有城隍庙。民间信俗中的城隍乃阴界地方官,与人世间的地方官一样,城隍有都城隍(掌管一省)、府城隍(掌管一府)、州城隍(掌管一州)、县城隍(掌管一县)。赣州定南县以大年初四为城隍出巡日子;汀州府城隍每年正月十六出巡,二十六日回宫;成都东山客家人则以三月初一为城隍出巡日子。城隍,只有历史上有功于国、有德于乡、有利于民的英烈伟人才有资格冠此荣誉,建祠立庙予以纪念,因此,城隍是人格化的"社会神"。城隍神的社会职能也由原本的守护城池,逐渐扩大到驱灾除患、扬善惩恶、督官慑民、保障人们生命财产的全能神明,形成内涵丰富的"城隍文化"。城隍文化是传统文化的重要组成部分,是百姓寄予的好官文化、廉政文化,是法律与道德相结合的文化,也是善文化,值得研究与传承。

客家道教信仰还体现在建房、办丧事上。建新房时要请道士作法,诵经辟邪;家中有人去世,会请道士做法事以超度亡灵。因此,道教是讲究实用、很接地气的本土宗教。

三、佛教的传承与发展

佛教于两汉之际传入中国,经两晋南北朝获得迅速发展,成为我国最大的宗教。大约在魏晋时期,佛教传入赣南;中唐时,著名高僧道一禅师(马祖)来到赣南弘扬佛法,门下弟子达139人之多。明清时期,赣南佛教寺院迅速增长,清道光年间,仅宁都县,佛教寺庵就多达300所。其中,宁都莲花山青莲寺,石城如日山普照寺、玉孟寺,赣州市海会禅寺最有名。

佛教传入梅州地区,最早是梁普通三年(522)在梅县城西创立大觉寺。唐文宗太和年间(827—835),福建沙县僧人潘了拳(即惭愧祖师)在梅县阴那山结茅为寺,弘扬佛法。该寺于唐懿宗咸通二年(861)改建为"圣寿寺",洪武十八年(1385)又改建为"灵光寺"。明清时期,梅州各地佛教盛行,寺庙林立,到民国二十九年(1940),梅县有大小寺庙300多所。

唐代所建汀州开元寺是佛教入汀之始。唐五代时,长汀城乡有报恩光孝禅寺、东禅寺、南山同庆禅院、罗汉寺、法林院等20余座寺院。到南宋时,长汀城乡有寺院47座之多。现存有明清时的汀州八大寺:定光寺、南禅寺、南廨寺、罗汉寺、戒愿寺、报恩寺、同庆寺、普惠寺。1937年,汀人本湛法师创建庵杰乡八宝山峻峰寺,提倡净土宗,延师讲经,弟子甚多,影响颇大。

1. 释迦牟尼、观世音信仰

客家民间,城乡寺庙供奉释祖、弥勒佛、观世音菩萨,许多信众也在家中供奉,尤其是观音菩萨。每逢释迦牟尼生日(四月初八)、出家日(二月初八)、成道日(腊月初八)、涅槃日(二月十五)、观音菩萨诞生日(二月十九)、成道日(六月十九)、出家日(九月十九),佛寺都要举行法会,民间男女信众也前往烧香拜佛,捐款放生。由于观世音菩萨是女性形象,素有"送子""救苦救难"神能,颇得客家民众尊崇。许多孩童由于多病"难养",契为观音之子,起名观音子、观音妹、观水、观火等。

2. 六祖惠能崇拜

客家地区最著名的佛寺,是韶关马坝曹溪的南华禅寺。南华禅寺是六祖禅师惠能开创禅宗南方教派的"祖庭"。六祖惠能,俗姓卢,祖籍河北范阳(今北京大兴),生于岭南新州(今广东新兴县)。得黄梅五祖弘忍传授衣钵,继承东山法门,为禅宗第六祖,世称禅宗六祖。惠能在曹溪宝林寺(今广东韶关南华禅寺)传法长达37年之久,弘扬禅宗,主张"顿悟",影响华南诸宗派,人称"南宗"。惠能圆寂之后,被唐中宗追谥为"大鉴禅师",是中国历史上有重大影响的佛教高僧。

佛教对普通民众的影响,还在于家中老人故去,多请和尚念经以超度死者。客家人还非常重视"盂兰节",每年中元节(俗称鬼节)除了祭祖之外,还设厉坛,烧夜香,祭祀无主孤魂,也是仁爱之心、善心的表现。

第三节　客家乡土神明信仰

赣闽粤及台湾客家地区主要信奉五大乡土神明,分别是许真君、定光古佛、伏虎祖师、惭愧祖师和三山国王。

一、许真君信仰

许逊(约239—374),字敬之,汝南人(今河南汝南),自其祖父起迁居江西南昌。许逊曾随吴猛学道,后举孝廉,任旌阳县令(今湖北枝江县北)。后见晋室昏乱,乃弃官而去。传说东晋宁康二年(374),许逊在南昌西山举家拔宅飞升。宋代,朝廷封许逊为"神功妙济真君"。因许逊长期活动在南昌西山一带,在中国南方尤其江西影响甚大,许真君不仅能治病,还能佑人平安、吉利、发财。百姓尊其为江西的"福主"。在赣南客家地区,其信众甚多,赣南客家人视其为"大福主""守护神"。

明清以来,赣南许真君庙的数量在160座左右,平均每个县近10座,是赣南享有最多祠庙的神明。许真君庙不仅数量多,庙会也很繁盛。于都县葛坳乡黄屋乾村的许真君庙建于康熙年间,由武进士宋应桂倡建。每年八月初一到十二举行盛大庙会,于都本县以及周边的宁都、石城、瑞金的信众纷纷长途跋涉、翻山越岭来求医问药,祈求平安。是赣南影响力最大、参与人数最多的庙会之一。另外,江西上犹县营前万寿宫庙会、安远县真君庙会、瑞金县城南河背街真君庙会常举行游神活动。信丰县星村乡的真君庙,建于明末清初,占地约四百平方米,分上下两栋,上栋放置神像,下栋建有戏台。每年八月初一至八月初七打醮,由该乡金姓、肖姓、朱姓、曾姓四大姓轮流主办。

许真君信仰在赣南地区盛行的原因是什么?

其一,消除水患。许真君传说的核心内容是擒缚孽龙,消除水患,适应赣南客家地区河网密布,治理水患的要求。

其二,解除病患。赣南古为瘴疠疫情多发之地,许真君善治病患,符合百姓除病患、求健康的愿望。

其三,驱邪镇煞。许真君能驱邪、镇煞气,满足民间"风水"观念的需要。

其四,忠孝思想。许真君创立净明教,儒道融合,特别强调忠、孝,与客家人对传统文化的传承相一致。

其五,凝聚人气。许真君信仰有满足百姓"求财、求平安"的心理诉求,其庙宇多建在商贸活跃的墟镇,所以人气旺盛,播衍甚广。

许真君是"赣神",虽然信仰圈的中心点在南昌,但赣南客家人许多从赣北、赣中南迁而来,许真君信仰盛行也在情理之中。随着赣南与闽西汀州人口的流动,长汀县城也有"许真君庙"。

二、定光佛信仰

宋代时期,定光佛就被闽西客家人尊为福主与保护神。《临汀志·仙佛》记载,定光古佛(934—1015),俗姓郑,法名自严,福建泉州府同安县人,父亲曾任同安令。他主要生活在南唐、北宋初期,十一岁出家建兴寺,拜于契缘法师席下;十七岁"得业"之后,遍访豫章、庐陵高僧大师,增进佛学修养,丰富社会阅历;三十一岁(964)来到汀州武平场,驻锡南安岩。在汀州弘法半个世纪,北宋大中祥符八年(1015)正月初六圆寂,终年八十二岁。

定光佛是"人格神",被誉为"定光古佛",成为客家人的神明、保护神,经历了由人到神的三个过程:生前有义行,死后能显灵,朝廷有赐封。

图 5-1　台湾淡水鄞山寺定光佛金身(李国潮摄)

1. 生前义行

(1)驱虎除害。唐宋时期,闽西虎患频仍,老虎经常袭击人畜,咬死耕牛。自严禅师"削木书偈,厥明,虎毙于路",为民除害的举动满足了百姓对人畜安全的需求。

(2)祷雨救旱。客家人以农为主,阴晴雨雪关系农业生产丰收。"遂良授代以晴请,运使王赟过岩以雪请,皆如答应","咸秩闵雨,差吏入岩祈祷。师以偈付来吏。甫至郡而雨作。岁乃大熟"。自严大师的法术满足了百姓对风调雨顺、五谷丰登的祈愿。

(3)治河除水害。古代交通,航运十分重要。自严大师渡太和县怀仁江时,遇江水暴涨,当地民众告诉他"江有鼍为民害",于是,大师"乃写偈投潭中,水退沙壅"。大师经过梅州黄杨峡时,当地人希望他能移动这条河,"师微笑,以杖遥指溪源,遂涸,徙流于数里之外,今号干溪"。他前往南康(今赣州南康区)盘古山时,遇见"江有槎桩,常害人船",便抚而去之。惠州河源县沙洲有船搁浅沙岸,没人能将其移走。自严大师

"乃书偈与僧,僧持往船所,船应手拔"。汀州城南有龙潭害民,大师"亦投偈而祸去"。总之,自严大师的足迹遍及赣闽粤边,留下许多为民除害的神异传说,广受百姓钦敬。

2. 死后显灵

(1)显灵降雨。自严大师圆寂之后,能因民所请,"显灵"致雨,如"熙宁八年,郡守许公尝表祷雨,感应"。

(2)护佑百姓。《临汀志·仙佛》载自严大师两起吓阻贼寇,护佑宁都、汀州百姓事件:一是"绍兴三年虔寇猖獗,虔化宰刘仅乞灵于师,师于县塔上放五色毫光,示现真相,贼遂溃"。二是"绍定庚寅,磜寇挺起,干犯州城,势甚岌岌,师屡现显。贼驻金泉寺,值大雨水不得渡,晨炊粒米迄不熟,贼众饥困。及战,师于云表,现铭旗,皆有草木风鹤之疑,遂惊愕奔溃,祈哀乞命。汀民更生,皆师力也"。

3. 朝廷赐封

自严大师在世的时候,民众亲切地称其为"和尚翁"。他圆寂之后,民众尊称其为"圣翁",苏轼、黄庭坚等名公巨卿都作诗颂扬,拥有很高的社会声誉。从北宋熙宁八年(1075)朝廷赐号"定应"开始,到南宋嘉熙四年(1240)赐号"通圣",经过朝廷五次赐封,名号为"定光圆应普慈通圣大师",达到最高级别。汀州城内供奉自严禅师的庙宇也赐名为"定光院"。

随着客家人繁衍迁徙,定光佛信仰在明清时期由汀州客家移民传入台湾。至今,台湾彰化市有定光庙、淡水县有鄞山寺(也称定光寺)。

彰化定光庙位于现彰化市城内西北角,始建于清乾隆二十六年(1761),由永定士民、九路总兵张世英等倡建。正殿内有乾隆二十七年(1762)"西来花雨"、乾隆三十八年(1773)"济汀渡海"等六块古匾,还有道光十四年(1834)永定籍兄弟翰林巫宜福与巫宜禊题写的两幅楹联,一幅是"活百万生灵迹托鄞江留一梦 觑三千世界汗挥线地有全人"。另一幅是"古迹溯鄞江换骨脱身空色相乎圆光以外 佛恩施台岛灵签妙谛示吉凶于前定之光"。两次提到"鄞江"(汀江的别名),充分说明定光佛庙与汀州的密切关系。

淡水鄞山寺位于现新北市淡水区,始建于清道光三年(1823),由汀州永定人张鸣冈等捐建,永定金沙人罗可斌施田。寺内奉祀定光古佛,为现今台湾唯一保存完整的清代会馆。正殿金柱楹联"北海普神灵显是鄞江圣迹 东都崇祀典依然汀郡人民",表达了迁台客家人不忘大陆原乡之情。

二十世纪九十年代末,武平南安岩均庆寺门前地下出土了一块刻有"台湾府信善乐助建造仙佛楼重装菩萨碑"字样的石碑,刻碑时间为"大清雍正十一年岁次癸丑孟春",碑正反两面共刻有九百六十名台湾信男善女捐献银两的姓名和数量,足证两岸客家民众与定光古佛的久远渊源。2009年12月16日,均庆寺定光古佛金身在闽台两地巡游团护送下,首度巡游台湾,在彰化、苗栗、台北等地进行为期八天的巡游活动,接受台湾信众朝拜。

图 5-2 2010年定光佛台湾巡游(李国潮摄)

三、伏虎祖师信仰

伏虎禅师,俗姓叶,法名惠宽(？—962),汀州宁化县人,是五代南唐时期,最受汀州民众爱戴的佛教人物。《临汀志·仙佛》载其"幼通悟,善根夙植",在汀州开元寺出家,得业后"遍游诸方,悟旨而返",成为得道高僧。伏虎禅师生前有许多"善行义举":汀州境内"山谷深窈,虎豹出没为害"。在虎患严重之时,惠宽并不采取打杀或驱赶的办法,而"以解脱慈悲力,为之训伤柔服",既保护了老虎,又保护了客家先民生命财产的安全;惠宽大师驻锡平原山普护庵后,能顿锡出水,为行旅解决饮水难的问题。保大七年(949),汀州久旱无雨,惠宽应汀州吏民之请,及时祈雨救旱,"甘雨倾注""水流束薪乃已"。伏虎禅师圆寂后,又能经常"显灵"保护百姓,尤其是在绍定"群寇犯城"之际,与定光佛一起"多方保护,显大威力"。应汀州吏民申请,南宋绍兴、乾道、淳熙三朝皇帝予以四次敕封名号,伏虎禅师成为"威济灵应普惠妙显"大师,完成从"人"到"神明"的定格。南宋汀州郡守吕翼之将伏虎禅师与定光大师一起供奉在州城定光院,并称"二佛"。从宋代至今,伏虎禅师受到汀州百姓的尊崇爱戴,长汀县、宁化县、清流县、连城县等许多乡村举行祭祀活动。最隆重的,是每年九月十四,长汀县城营背街、水东街举行的伏虎庙会,这是影响闽粤赣三省边区的重要民俗活动。

定光、伏虎大师由人到神的经历启示人们：只要为百姓做好事、善事，百姓总会尊重，国家终会肯定。定光、伏虎大师为民除害的善行、爱民护民的精神是客家百姓学习的榜样。客家民系孕育和形成的唐宋时期，移民常要面对虎患、水旱、盗贼的危害，不仅需要勇气、毅力，更需要信仰的精神力量。

明代，定光、伏虎信仰发展为"三大祖师"信仰。从明朝开始，闽西客家人在定光、伏虎信仰基础上，加入观音信仰，形成观音、定光、伏虎三位一体组合而成的"三大祖师"信仰。观音的大慈大悲、救苦救难、送子护婴，定光、伏虎的降龙伏虎、保境安民、祈雨救旱，完美符合客家百姓的现实需求。因此，长汀、连城信众极多，每年正月十五前后举行恭迎"三大祖师"活动。

四、惭愧祖师信仰

惭愧祖师是梅州客家人的守护神，也是粤东客家地区香火最盛的乡土神明。惭愧祖师是人格神。康熙《程乡县志》载："唐惭愧祖师，名了拳。福建沙县人。"《福建通纪·福建高僧传》则记："了拳，永定人，初生左手拳曲，有僧抚之，书'了'字于掌中，指遂伸，因名了拳。八岁牧牛，枯坐石上，如老僧，以杖画地，牛不逸去。咸道间，修行广东阴那坑……称'惭愧祖师'。"潘了拳生于唐宪宗元和十二年（817），十七岁出家，云游广东大埔、梅州，在阴那山圣寿寺修行弘法。潘了拳在粤东弘扬佛法三十余年，为当地人民祈福禳灾，功德无量。唐懿宗咸通六年（865）九月二十五，俗寿四十九岁的潘了拳坐化之前，以自己未能"弘演法乘，自度度人"而"心甚愧之"，遂自号"惭愧"，人称"惭愧祖师"。惭愧祖师圆寂后，屡显神迹，百姓祈祷，无不应验。明洪武十八年（1385），监察御史梅鼎捐金扩大寺庙，将圣寿寺改名为"灵光寺"，成为"广东五大名寺"之一。因为惭愧祖师神灵能够"祈雨救灾、御敌弭寇、助佑学业、灵签降示"[①]，所以深受百姓爱戴，灵光寺历来香火鼎盛，成为粤东北地区广大香客的"心灵朝圣"之地。台湾南投中寮长安宫祖师公即为"惭愧祖师"，由永定下洋太平寨曾愧三从太平寨乐真寺分灵带去。

五、三山国王信仰

三山国王，是广东潮州人和客家人以及台湾广东籍客家人共同信奉的保护神。三山，指潮州揭西县（今属揭阳市）河婆镇北面的巾山、明山、独山。三山国王，唐代时为山川之神，属于自然崇拜。北宋时，由于潮州三山神"助力"宋太祖、宋太宗南征北伐有功，宋太宗封此三山神为"国王"，三山神遂由自然神转变成社会神。

---

① 周大鸣、黄平芳：《梅州地区惭愧祖师的神格形态——以阴那山为中心的考查》，《文化遗产》2012年第1期。

元代刘希孟《明贶庙记》载,"潮之三邑,梅惠二州,在在有祠,远近人士岁时走集,莫敢遑宁",说明三山国王是这一地域的保护神,受到粤东、粤东北百姓的崇奉。据不完全统计,已知的潮州客家地区有三山国王宫(庙)四十多座,梅州地区二十多座,惠州陆丰县两座①。每月初一十五,人们都要去三山国王庙上香、祭祀;农历正月或三山国王生日都要举行游神活动。

三山国王的信仰圈,最初为潮人与客家人所共同祭祀,其主要功能是保佑风调雨顺、平安吉利。明清时期,随着客家人向外播迁,三山国王信仰随之扩散,尤其台湾地区。据台湾民政主管部门1987年统计,全台二十二个县市中的十八个县市,有三山国王庙一百四十五座,仅宜兰县就有四十多座。三山国王庙在台湾常被视为客家人垦殖和聚居区的标志,从内陆神变成"客家人移垦台湾的守护神"。

定光古佛和三山国王是台湾客家地区最崇拜的民间神祇,也是闽西客家、粤东客家认同的文化符号,成为闽粤客家"同乡凝聚的纽带,团结斗争的旗帜,祖籍原乡的象征,日常生活的守护神"②。

第四节　自然崇拜与祖先神灵信仰

自然崇拜与祖先崇拜都是汉民族历史悠久的原始崇拜。远古时期,由于人们认识世界、改造世界的能力十分有限,人们总是认为"万物有灵""灵魂不死",不但有生命的动物、植物和人类有灵魂,那些高远莫测、运行不辍的日月星辰、风雨雷电也有灵魂。对浩瀚无垠的天空、生长万物的土地、维系生命的水源更是充满敬畏和感激,都把它们当做神明,试图与之交流,体现人们与大自然心灵沟通、和谐相处、天人合一的生存理念。自然崇拜和祖先神灵信仰是一切信仰的出发点,也是人类文明的发端。

一、自然崇拜

客家人生活在相对封闭的南方山区,身处群山环绕的小盆地中,到处是连绵不断的青山,要在这里生存发展,必然要与大自然和谐相处。客家人心目中,有许多对大自然的崇拜。

1. 天公崇拜

天公崇拜是客家地区普遍流行的习俗。客家人称天为"天公""天神""天老爷",是

---

① 黄子尧:《台湾客家与三山国王信仰——族群、历史与民俗文化变迁》,爱华出版社2005年版,第59页。
② 刘大可:《闽西客家人迁台与定光古佛信仰》,《台湾研究》2003年第1期。

至高无上的神明。客家人说"当天烧香""当天发誓",意味求老天保佑、老天作证。客家人发誓中最毒的就是"天打五雷轰",将被雷电击死视为极大的不祥。

天公崇拜的民俗活动,主要有正月初九"天公生日",正月十五"许天神"(向天神许愿),正月二十"天穿日"(纪念女娲补天拯救人类的纪念日),十月十五日"还天神"(秋收后向天神还愿)。客家人"拜天公"多在露天举行,在家门口、庭院、天井等处摆上供桌、香炉。客家人到庙堂拜神,到土地伯公庙,清明扫墓,都要先拜天公,才拜其他神灵。当然,汉民族结婚拜堂,也是"一拜天地,二拜高堂"。

2. 土地崇拜

土地神,客家人称"社公""福德正神",是人们对土地的崇拜而人格化。有些客家人还把土地神称为"土地公""土地爷",颇有人情色彩。社公管一方土地,每个村庄必然有一个社公庙(社坛),尽管这个社公庙很小,仅用三五块石板搭起来。土地神也是台湾客家人最亲近的神祇,台湾客家地区每个村庄的"福德宫"(土地庙)都做得很气派,成为村民集体祭祀土地神以及集会议事、休闲聊天的场所。

客家人的农耕生活与土地关系最为紧密,在拓垦和农耕时期,土地神最重要的功能是界定地标,看护土地和水源,保佑五谷丰登。

客家人还有与土地神崇拜相近的伯公崇拜。伯公是协助土地神守护一方、履行职责的"助手"。一个村庄,土地庙只有一个,土地神也只有一个,"伯公"却有许多,如庄头伯公、庄尾伯公、水尾伯公、榕树伯公、石头伯公、桥头伯公,成为社公管理整个村庄的得力助手。土地神与伯公的关系,类似于村主任与村民小组长的关系:村主任只一个,村民小组长可以许多个。

土地龙神,安奉在民居厅堂或祠堂神桌底下的土地神,象征屋舍背倚的龙脉,关系着家族风水。土地龙神的全称是"福德五方土地龙神"。在中堂神案桌下,接地气地放一块黄色大理石,竖一块木板写"福德五方土地龙神之位"。所谓"五方五土",即东南西北中、木火金水土。中为土,土生金,主财旺。虽然这是远古的易经观念,但倡导"土生金"有积极意义,尤其是在农业社会,重视土地,珍惜土地,一切财富来自土地,体现人们对土地的热爱与尊重。

3. 日月星辰、风雨雷电崇拜

客家和其他汉族地区一样,都有日月星辰、风雨雷电崇拜。客家人敬文昌星、魁星比较普遍。魁星,也作奎星,是十八星宿之一,民间认为其主管文运兴衰、决定读书人的前途。魁星是赤发蓝面恶鬼模样,立于鳌头之上,一脚向后跷起如大弯钩,一手捧斗,另一手执笔,用笔点定中试者的名字,这就是"魁星点斗,独占鳌头"的来历。客家人很敬畏雷神,称其为"雷公",听到雷响,就心生敬畏。客家人把人或物被雷电击毁视为不祥,警告做坏事的人就说"雷公会打哦",闻之者心戚戚然。

图 5-3　上杭蛟洋文昌阁（张永辉摄）

4. 植物崇拜

客家地区有年代久远、枝繁叶茂的大树，尤其在村头、村尾的古树是人们崇敬的对象。人们认为这些大树、古树能给人，给村庄带来吉祥，是保护神。客家村落中，水口的大树、祠堂后山的风水林都保护得很好。这种植物崇拜客观上有利于生态保护，应当传扬。

5. 动物崇拜

闽粤边山区的原住民是闽越族，蛇，本是闽越族人的图腾。许慎《说文解字》说"闽，东南越，蛇种"，指出闽越人信奉蛇为图腾的特点。客家人也有蛇崇拜传统，长汀的"蛇王宫"有千年历史。受楚人"信巫""好鬼"影响，客家人认为清明时节飞入家中的草蜢不能打（是祖先显灵），吃害虫的青蛙、到家里做窝的燕子都要保护。总之，只要不伤害人类的动物都不打。

客家人对自然的崇拜，是出于对大自然神秘力量的敬畏，实际上也是对人与自然关系的意味深长的理解：天能纳万象，地能载万物，人立天地间，天地人是和谐共生的整体。在崇拜天地的基础上，人力求达成与自然的和谐相处。

二、祖先神灵信仰

祖先神灵信仰是历史悠久、影响深远的民间信仰。"清明时节雨纷纷，路上行人欲断魂"，清明扫墓以祭祀祖先是中华民族的传统习俗。客家人的祖先崇拜，因其有特殊的移民文化特质而更加浓厚和独特。

祖先崇拜属于"人格神"崇拜。客家人根在中原，由于战乱迁居到人烟稀少的赣闽粤边山区后更加怀念先祖，他们自称为"客"，就表示不忘记祖籍地。他们以缔造姓氏的始祖、家族有功业者或是移民的开基祖为崇拜对象而长期祭祀，让晚辈以祖先为楷模，开拓进取，奋发图强，光宗耀祖，客观上成为族人的精神支柱。祖先祭拜是客家人凝聚宗族力量的方式，体现"根"的意识和慎终追远的思想。

客家人的祖先崇拜表现为对祖先牌位、坟墓的崇拜，对建祠堂、修族谱，对家训家教的重视与遵循。

(一)祖先牌位

客家民居的上厅(或大厅)都有安置祖先牌位(神位)，简单地贴一张写着某某堂号、某某姓氏历代一脉宗亲考妣神位和左昭右穆的红纸，叫"安家神"。每月初一十五烧香点烛，年节三牲供奉，祈求祖先保佑。重要节日(如正月)里则挂上祖宗三代头像或祖图进行祭拜。台湾客家人沿袭大陆原乡梅州风俗，拜祖先称"拜阿公婆"，主要时间为除夕、年初一、年初二、元宵、清明节、端午节、八月半。

(二)扫墓与二次葬

客家人的扫墓时间，遵循中原传统，一般也是在清明节期间。有的地方(如长汀县)在春节期间拜墓，去坟地上铲除杂草，也要供奉香烛。向活着的长辈拜年，向去世的先祖拜墓，体现浓厚的人情味。有的地方不在清明节扫墓，而是正月十五前后扫墓一次，在八月中秋节前后再扫墓一次。

客家人"贵生重死"，十分注意丧葬礼俗。客家人的丧葬礼俗遵循《周礼》，与中原汉族地区相似，不同之处在于"二次葬"。二次葬，又叫"捡骨葬"，就是在逝者安葬若干年后，挖开墓穴，将骸骨刷净晾干，然后从下到上依次装入特制的陶瓮(客家人称"金斗")，俗称"捡金"。有的在原地安葬，有的另择吉地安葬或存放，这是客家人的特殊习俗，其原因有三。一是原始社会中普遍存在二次葬习俗，从已有的考古证据看，关中地区的西安半坡文化遗址、中原地区郑洛仰韶文化遗址、山东半岛大汶口文化早期遗址和荆楚、百越等地区均有二次葬习俗。二是源自客家人的迁徙。客家历史上有过多次大迁徙，背离故土时不得不打开祖先坟墓拾起先人骨骸装入瓦罐，肩挑手提走上漫漫迁徙路，于是就有"负骸而行"的特殊现象，找到新的落脚地建立家园之后再入土为安。韩素音《客家人的起源及其迁徙经过》一文描写这种情形："客家人每移至新的定居点时，一定要带老人的骨骸，放在瓮里随身背着。过去在移住的时候，每家都到郊野发掘其先父的葬地，把他的骨骸盛在一个所谓的金缸里，由家中的男人携带，妇女则肩挑其他一切用品。"①在"湖广填四川"的移民潮中,闽粤客家人"凡是有条件的迁川移民,都会想尽办法,随身背负祖宗遗骸一同上路"②。谢桃坊也说:"客家人入蜀时,确实有将祖骨迁葬的。他们这样做是不忘根本的观念而形成的一种习俗。"③因此说,客家人的二次葬习俗,多数是对亲情的眷恋和祖先崇拜的情感流露。三是受南方原住民习俗的影响。南方百越地区气候温湿,虫蚁甚多,为保护好先人骨骸,古代南方原住民一直保持二次葬习俗。受此大环境影响,客家人即使不再迁徙,也相沿成俗。因"二次葬"与家族"风水"密切相关,所以,选址很重视,仪式很隆重。

(三)祠堂、族谱与家训

祠堂是中国传统文化的遗存,是一方"中国印"。祠堂的内涵,包含郡望、堂号、族谱、家训,更包含后裔子孙的"根"。祠堂是族人议事聚会的场所,也是家训教育的所在。家训楹联挂两边,进进出出念一遍,良好的家训对青少年有重要的教育作用。出生贴条,死后入祠,婚丧喜庆都在祠堂举行,所以,有人说祠堂是"乡愁陈列馆"。

1. 祠 堂

祖先崇拜源于宗族观念。客家人往往聚族而居,宗族观念特别浓厚。为了加强宗族管理,增强内部的团结和凝聚力,增强与其他姓氏宗族的竞争力,他们往往要建祠堂,修族谱,立家(族)训,所以,客家地区有很多姓氏宗祠。客家民居的土楼、围龙屋、九厅十八井民居的中心位置多用于布置祭祀祖先的祠堂,摆放祖先牌位。家族祠堂是家族议事、祭祀之处,也是族人办理喜事、丧事之所。每逢清明、端午、中元、中秋、冬至、除夕,族人都参与祭祖活动。同治《赣州府志》卷二十载,"诸邑大姓聚族而居,族有祠,祠有祭。祭或以二分,或以清明,或以冬至。长幼毕集,亲疏秩然,返本追远之意油然而生","兴邑重追远,聚族而居者必建祠堂,祀始迁祖及支祖"④。光绪《嘉应州志》卷八也载:"俗重宗支,凡大小姓莫不有祠。一村之中,聚族而居,必有家庙。"如连城培田的吴氏宗祠衍庆堂,长汀刘氏宗祠、河田宗祠一条街,上杭丘氏宗祠、李氏大宗祠。

上杭李氏大宗祠,位于上杭县稔田镇官田村,始建于清道光十六年(1836),李氏后裔为纪念其入闽始祖李火德公所建,被誉为"客家第一祠"。李火德于北宋时期随父亲李珠从江西石城举家迁居宁化石壁村。到南宋时,由于石壁村人多地少,李火德和哥哥木德迁居上杭丰朗村(今属稔田镇)。李火德为人直爽、讲道义,他的后裔遍布福建、

---

① 韩素英:《客家人的起源及其迁徙经过》,《闽粤客家人在四川》,广西教育出版社1997年版,第108页。
② 陈世松:《大迁徙:"湖广填四川"历史解读》,四川人民出版社2005年版,第220~243页。
③ 谢桃坊:《成都东山的客家人》,巴蜀书社2004年版,第55~56页。
④ (清)魏瀛修、鲁琪光纂:《赣州府志》,赣州地区志编纂委员会办公室1996年版,第742页。

广东、广西、江西、四川等十六个省市自治区和海外十三个国家,李火德被其后裔称为"稔田李氏一世祖""李氏闽粤大始祖""李氏入闽始祖"。外迁后裔所建之李氏宗祠,以广东最多,比较大的有梅州李氏大宗祠、紫金县义容"火德公松林分祠"、丰顺县"李氏宗祠"、汕头市"李氏宗祠"。每年春分前后,前往上杭稔田"李氏大宗祠"祭扫的李火德后裔络绎不绝,成为客家人祖先崇拜的典型案例。

祠堂必有郡望、堂号。"郡望"一词,是"郡"与"望"的合称。"郡"是行政区划,"望"是名门望族,"郡望"连用,即表示某一地域范围内的名门大族。同一姓氏的发祥祖地和郡望不同,会有若干个郡号。如李姓郡(望)号有陇西、赵郡、顿丘、渤海、中山、江夏、范阳、汉中、代北、鸡田、柳城等三十余个;王氏有太原、琅琊、京兆、元城、汲郡等地三十八个;张姓有清河、范阳、太原、京兆、南阳、中山、安定、河内等四十余个。堂号,是同一姓氏族人的共同徽号。以其姓氏的发祥祖地,或以其声名显赫的郡望所在,或以先世的嘉言懿行、祖上的功业勋绩作为堂号。如丘(邱)氏,发祥地是山东营丘(今山东淄博市东北旧临淄,姜太公封地),汉代时,丘穆一支在河南郡(今河南洛阳市东北)发展兴旺,取得辉煌成就,形成显赫的河南郡望,现今全世界丘(邱)氏族人大都认同河南为郡望或堂号。此外,丘(邱)姓的主要堂号还有"吴兴堂""扶风堂""敦睦堂""砚耕堂""思敬堂""忠实堂"。

台湾客家人的祠堂称"伙房"。依据风水概念与家庭伦理,"伙房"的配置以祖堂为中心,左右两侧按照辈分高低往外延伸。祠堂里供奉祖宗牌位与神位,神龛下方拜祭土地龙神,祖堂两侧有对联(栋对),上联记载祖先的功绩,下联记载这个家族迁徙的历史,门前有堂号对联,前方有天井或禾埕。

堂联是以楹联的形式对家族堂号的补充说明,亦称祠联,主要用于家族祠堂。内容可以是寻根追祖、表彰先贤,也可以是勉励后人,如林氏堂联"九龙新世第 十德旧名家"。"九龙、十德",指战国时期赵国宰相林皋,居住在九门(河北境内),生九子,皆有成就,父子皆有德。

看堂号,知源流。众多客家祠堂的堂号,说明客家源自中原。据有关资料显示,客家一百多个姓氏,其中,李、王、张、刘、陈、杨、黄、周、孙、胡、林、何、郭、罗、梁、宋、韩、唐、冯、程、袁、邓、许、傅、沈、曾、吕、苏、卢、蒋、蔡、丁、魏、叶、潘、戴、钟、范、方、姚、廖、熊、陆、孔、丘(邱)、江、汤、贺、赖、共、龚、文、蓝、温、韦、庄、涂、卜、詹、甘、阮、华、巫、雷、毛、侯、官等六十八个姓氏源于河南。比对源于河南的两百大姓名录,可见客家人与中州河南的血脉联系。

2. 家谱

家谱(族谱)也是历史的一部分。家之有谱,犹国之有史。宋明以来,中国有"乱世藏金,盛世修谱"之说。清代张澍《姓氏寻源》的序里也说:"参天之木,必有其根;怀山之水,必有其源;人之有祖,亦犹是焉。"梁启超充分肯定家谱重要性,他认为家谱是"国史取材之资",又说"我国乡乡家家皆有谱,实可谓史界瑰宝"。族谱记录一个姓氏宗族衍生、发展和迁徙的全过程,尤其是宗亲的衍派世系,还包括家训家教,是一部家族史的教科书。

客家人漂泊四方,认为自己根在中原,修谱、续谱、建祠堂是宗族的头等大事。即使子孙迁徙他乡,父母总在他们"骏马登程"之时分赠家谱,再三嘱咐"朝夕莫忘亲命语,晨昏须荐祖炉香",行走天涯海角也不要忘记祖宗。"寻根追源,敬宗尊祖,是中华民族的习俗,修撰家谱、族谱是较为普遍的风气,客家人尤其重视这一点"①。客家族谱中的家训,充分体现祖先崇拜。永定《陈留阮氏逸叟公裔族谱》中记载的阮氏家训第一条就是:"尊祖。水有源兮木有根,先生之德配乾坤;时严庙祀明昭穆,常指家乘示子孙。稍富即思修俎豆,至贫唯务力田园;夙兴夜寐期无忝,余庆恒归积善门。"《上杭丁氏佰六公家谱》中记载的丁氏家训也说:"上祖坟茔务:宜及期祭扫,每年定于清明前后,不可迟缓、怠忽、推前搪后,以遵祀祖之大典也。"张化孙家规直接就说:"慎丧祭,言慎终追远,宜尽诚敬。"客家人把尊祖、祭祀放在重要位置。培田一个村落,两千多户人口,就有二十一座宗祠。长汀河田有宗祠一条街,二十多座宗祠气象巍峨。这些宗祠,不但让子孙后代记住祖先,记住堂号、堂联,而且记住祖先的创业艰辛和对他们的教导。

客家族谱具有丰富的文化意义,它是家族历史、祖先崇拜的记载,也是后人研究客家历史与文化的重要途径。陈弦章的《民间信仰与客家社会》一书将谱牒的文化意义概括为:"寻根问祖之依据、祭祀礼仪之指南、研究史实之富矿、教化子孙之宝藏。"②上杭客家族谱馆收藏的闽、粤、赣客家族谱及相关文书契约、祖图等珍贵资料,共有117个姓氏,1600多部,1万余册,是大陆收藏客家族谱最多的公共图书馆。上杭客家族谱馆曾多次前往台湾进行客家族谱巡展,为台湾客家乡亲寻根谒祖、加强两岸人民血脉亲情做了许多有益工作。

3. 家 训

家训是家庭成员应遵守的道德准则。家规是家庭成员应遵守的行为规范。家风就是一个家庭或一个家族,在道德准则和行为规范方面长期形成的习惯、风尚。良好的家风是传统美德和民族精神的体现。

客家家训的文字记载,主要保存在家谱、族谱和楹联之中。2014年,永定洪坑庆成楼专门设立"客家家训馆",台湾国民党名誉主席吴伯雄为家训馆题词,成为客家家训教育基地。

---

① 李映发:《四川客家人的信仰与习俗》,《寻根》2009年第4期。
② 陈弦章:《民间信仰与客家社会》,九州出版社2018年版,第74～81页。

客家家训的主要内涵有三个方面：忠孝和睦、耕读传家、勤俭创业。

其一，忠孝和睦。客家家训特别提倡"忠孝"，注重家国情怀。在家庭与宗族邻里的关系上，提倡"和睦"相处，与传统的儒家思想一脉相承。如，刘氏家训"心术正而言行皆正，在朝爱国忠君，在家爱亲敬长"。永定区南江村经德堂的楹联"存忠孝心，行仁义事"。连城培田吴氏家训"敬祖宗、孝父母、和兄弟、序长幼、别男女、睦宗族"。

培田吴氏衍庆堂墙上的"孝"字与众不同、蕴含丰富："孝"字的右边，像是个抬头仰望、双手抱拳作揖的人；左边则像是尖嘴猴腮、拳打脚踢的猴子。寓意孝敬长辈就是人，对长辈拳打脚踢就不是人，是畜生。为人处世，修德为先；人生在世，忠孝为本。忠与孝是相辅相成的，为孝子方能做忠臣，爱家乡才能爱国家。客家祠堂的匾额常常是"祖德流芳"，重在一个德字。百善孝为先，因此，客家人注重敬奉先祖，孝顺父母，友爱兄弟，进而友爱乡邻，体恤孤寡。《论语》说"里仁为美"，意思是居住在仁爱的环境中才好。客家人常常聚族而居，因此"和谐、友善"十分重要。

其二，耕读传家。耕读传家是中华民族的优良传统，客家家训也强调耕种之余崇文重教。永定洪坑村福裕楼的楹联"几百年人家无非积善 第一等好事还是读书"，永定南江村经德堂楹联"第一等人忠臣孝子 只两件事耕田读书"。陈氏家训也写道："读书为重，次即农桑；取之有道，工贾何妨……"部分客家人迁居到台湾后，也延续大陆的传统家训，如，台湾屏东县南州乡戴氏谯国堂楹联"谯郡传家有耕有读 国风启后惟忠惟孝"。台湾屏东县内埔乡钟氏颍川堂的栋对"开创昭阳著公著德相传二十而世 寄基淡港言读言耕训笃万千有方"强调忠孝为人，耕读传家。

从这些家训和楹联看，客家文化与中华文化同根同源。客家人重视耕读传家，认为耕田是基础，发展靠读书。客家人居处山区，心怀朝廷，他们靠读书应试，走出山门为国效力。客家祠堂门口立着许多功名柱（石旗杆），标志着这个家族强大的文化实力。从永定湖坑林氏家庙旁边二十二根林立的功名柱可见客家人中的这些精神力量。

其三，勤俭创业。客家人提倡勤劳、生活俭朴，才能创业、守业。洪坑土楼林氏家训就有"勤俭是持家良法 廉洁是居官良法"，振成楼中厅楹联"振乃家声，好就孝悌一边做去 成些事业，端从勤俭两字得来"，承启楼大门楹联写道："承前祖德勤和俭 启后孙谋读与耕"。

总而言之，客家人要求子孙忠孝和睦、耕读传家、勤俭创业，体现中华优秀传统精神。2015年9月，王岐山考察永定土楼家训馆后称赞："客家家训体现真善美，没有一点假大空！"

（四）集体纪念的祖先崇拜

宁化石壁是南迁汉人入闽第一站，在客家民系形成过程中，是重要的落脚点和中转站。一百二十多个姓氏的客家族谱把宁化石壁尊为家族发祥地,把最早进入石壁定居的先祖奉为"入闽始祖"或"开基祖"。英国传教士和学者艮贝乐在《客家源流与迁移》一书中说:"岭东之客家,十有八九皆称其祖先系来自福建汀州府宁化县石壁村者。"[①]因此,宁化石壁不仅是地理概念,更是文化概念,是世界客家人一致认同的客家祖地。汀江是唯一流经闽粤两省的大河,从宋代开始,汀江就是沟通赣闽粤边客家地区的经济大动脉,也是"海上丝绸之路的重要延伸和组成部分"[②]。汀江,哺育了大河两岸的客家人,明清以后,许多优秀客家儿女又沿着汀江河下广东、过南洋,播衍世界各地。因此,汀江被世界客家人誉为"客家母亲河"。

1. 宁化石壁客家公祠祭祖

1995年,由祖籍广东梅州市大埔县,侨居马来西亚的太平绅士姚美良(1955—1999)、姚森良兄弟倡议发起的"客家公祠"建成。"客家公祠"位于宁化石壁村土楼山上,前瞰石壁盆地,后倚武夷山脉。公祠建筑仿古宫殿形式,飞檐斗拱,雕梁画栋,气势雄伟。公祠内,汇聚一百二十多个客家姓氏始祖牌位,供客家后裔祭祀朝拜。1995年11月28—29日,在新落成的客家公祠中举行第一届世界客属石壁祖地祭祖大典。来自马来西亚、新加坡、泰国、中国香港和中国台湾等8个国家与地区的客家社团,以及河南、陕西、广东、福建等地客家代表共计6万多人参加了首次祭祖大典。世界16个国家和地区的216个客属社团和个人、20个国内单位和个人发来贺电、贺信。此后,"世界客属石壁祖地祭祖大典"每年举办一届,并把每年公历10月定为"祭祖月"。2011年,"世界客属石壁祖地祭祖大典"成为国家级非物质文化遗产。

2. 公祭汀江客家母亲河

1995年,由马来西亚太平绅士姚美良捐资十五万人民币,长汀县政府投资八十万人民币修建的"客家母亲园"完工。"客家母亲园"位于长汀县城南五通桥边,占地一千五百平方米,状如一艘劈波斩浪驶向海洋的巨轮。立于船头的"客家母亲"塑像,是一个秀丽端庄的客家劳动妇女形象。第一届世界客属公祭客家母亲河大典于1995年11月29—31日举行,来自法国、加拿大、美国、南非、巴西、荷兰、毛里求斯、文莱、日本、新加坡、马来西亚、泰国、缅甸、斯里兰卡、越南等国家等地区的客家祭祖团,以及北京、河南、陕西、上海、广东、江西和福建的客家乡亲,共162个国家和地区,208个客属社团的5 000多人参加了这次活动。2011年11月,用地105亩,位于长汀县南寨梅林的"世界客家母亲缘广场"主体工程完工。新的"客家母亲"雕像,头戴凉笠,肩背孩子,右手持桨,左手拿一朵野花逗背上的孩子,展现着客家母亲的勤劳与慈爱。1995年至

---

① 刘善群:《宁化史稿》,福建教育出版社2014年版,第64页。
② 林开钦:《客家通史》,福建人民出版社2018年版,第332页。

今,长汀县每年举办一次世界客属公祭客家母亲河活动,吸引了众多海内外客家乡亲前来参与。

第五节　公王信仰与妈祖信仰

在客家地区,尤其是乡村,最常见的神明庙宇,除了土地庙、祠堂家庙,就是公王庙(或公王坛)和妈祖庙。俗话说"县有城隍,乡有公王"。无论城隍还是公王,都是人格化的神明,是管理和保护一方的神明。公王与土地神虽然职责相近,但土地神是自然崇拜产生的神,侧重保护土地风调雨顺,得以丰收;公王则侧重保护一方之人平安,消灾赐福,所以,每个乡村都有自己的"土地神"和"公王"。古代交通以水运为主,产生于闽南沿海的妈祖信仰也传入客家地区,几乎有河流的村庄水口都建有妈祖庙(或称天后宫)。妈祖的"职能"也由保佑"航运平安"扩大为保佑"出入平安""家人平安"。妈祖是女性神明,更受广大妇女的欢迎与喜爱。

一、"境主神"公王信仰

公王信仰,在粤东最盛,闽西次之,赣州偶见。公王,一般是当地百姓公认的、历史上为当地百姓做出杰出贡献的著名历史人物。公王庙,通常设于村落的水口,作为村落的守护神、福神、境主神(保境安民的神),"其功能和职守都是镇守斯土、捍患御灾、赐福求财、长驱厉疫"[①],护佑百姓四季安宁,事事顺意,百福降临。

1. 梅溪公王

梅溪公王,又称"梅溪圣王",是梅州客家乡村普遍奉祀的守护神。乾隆《嘉应州志》载,梅县有两座供奉梅溪圣王的梅溪宫,一座在丙村新墟角北,一座在松口下店村。光绪《嘉应州志》又载:"今梅县区松口松源江汇合大河处,东岸有金盘宫祀梅溪神。"梅江北岸梅江桥头也有梅溪宫。可见,梅州不少乡村都有梅溪公王的民间信仰。梅溪公王的人物原型是汉代的梅鋗。清康熙《程乡县志》载:"梅鋗,浈水人。汉初,从高祖,破秦有功,封于粤,即今程乡县地。故号其水曰梅源,溪曰梅溪,名其州曰梅州,皆以梅鋗得名也。至今各乡祀神有梅溪公王,意即其人。"[②]梅鋗封于粤的情形,清顺治《潮州府志》卷七载:"鋗以功最大,最先封台侯二千户,今梅州以鋗得名。"[③]

---

① 刘大可:《闽台客家地区的民主公王信仰》,《福州大学学报》2010年第5期。
② (清)刘广聪修纂:《程乡县志》(康熙版),李欣祥校释考,中华文化出版社2022年。
③ (清)吴颖纂修:《潮州府志》,广东人民出版社1996年,卷七。

2. 龙源公王

梅州松源镇有龙源宫,供奉龙源公王。龙源公王的原型,是宋代武平人钟友文、钟友武、钟友勇三兄弟。康熙《程乡县志》卷八《杂志·宫观》载:"龙源宫,载县东北二百里松源。其神姓钟,武平人。相传宋朝兄弟三人同助国,经敕封,乡人立祠祀之。一日,洪水飘三神像至松源,乡人即其地立宫,敕封龙源助国之神。祷雨祈福,无不立应,称灵赫云。"钟氏三兄弟的生平事迹,松源《丘氏族谱》载:"龙源公王系福建武平县象洞钟姓人也。其祖名尚,配妻郑氏,生山、岱兄弟,俱好施乡里,无衣食娶葬者皆仰为之。山配妻李氏,生友文、友武、友勇,即今龙源公王是也。岱配妻刘氏,生友盛。山公早卒,惟岱公殷勤育子侄读书,四人皆饱学秀士也。宋英宗治平四年(丁未岁)友文与友勇同登进士。宋神宗熙宁三年(庚戌岁)友武登进士,友盛己酉中武举人,后早卒。友文官御史,友武官大中丞,友勇官光禄寺监厨使司,赠山公为文林郎,赠岱公为崇义公,即今叔公太钟十二郎是也。山公、岱公之妻赠封大夫人。宋徽宗靖国三年著厥神威,共熄五凤楼之火,立功嘉丕。续因封助国公王。金人大举入寇,显圣协力助战,并败金房兵,进封王。"可见,龙源公王也是有功于国,受到朝廷敕封的神明。有意思的是,龙源公王本是武平象洞客家人供奉的神明,神像因洪水漂到梅州松源,这里的客家百姓也供奉它,相邻的蕉岭县百姓也信奉龙源公王,可见,在相邻的客家区域,公王信仰可以是相同的。

3. 东山福主民主公王

闽西地区的客家民主公王信仰主要分布在连城县和永定区,后又流传至漳州南靖县西部的客家地区。明清时期,随着客家人迁台,民主公王信仰也传播到台湾。在连城县,最著名的是姑田公王庙,又名溪边庵,始建年代不详,奉祀"东山福主民主公王"。传说公王原型是当地武举人赖明福,他生前组织乡民成立团练,建山寨,保民安居乐业,死后神灵仍保护民众,还保护了明正德皇帝朱厚照,因而受到敕封。清乾隆五十六年(1791),上堡赖成卯首倡扩建公王庙,于是"东山福主民主公王"成为姑田镇上堡、中堡、华垄百姓最信仰的神明。公王庙经历几次修建,如今占地近四亩,号称"客家公王第一庙"。每年正月十五举行"游公王"活动,由上堡的陈、赖、桑三姓组成"公爹会",规定一姓游一年,十分隆重热闹。

4. 骑虎公王、岳灵公王、奥杳公王

闽西永定区公王信仰很普遍,遍及每个村落。金丰黄龙坪村信奉"骑虎公王";湖雷乡信奉"岳灵公王";奥杳乡信奉"奥杳公王";湖坑镇洪坑村信奉"民主公王",每年举行"春福""秋福"的迎神活动;高头乡每年祭祀"民主公王"的季会就有五个。

5. 康太保刘汉公王

永定湖坑三年一次"做大福",远近闻名。时间是重阳节后农历九月十一至十六。相传,明朝末年瘟疫流行,乡民死亡甚多。一天,五个孩子在马额宫前的小河边又跳又唱,说是要请坎市的保生大帝九月十五出宫降疫,乡民要斋戒五日。乡民依计而行,果然瘟疫得以攘解。为报答保生大帝恩德,乡民于每年重阳节后敬神演戏,以谢神灵。后来逐渐演变为三年一次做大福。做大福期间,九月十一各村将公王送到供奉"康太保刘汉公王"的马额宫,所有村民斋戒五日。十五当天早上迎来保生大帝,上午开始,浩浩荡荡的迎神队伍将各村公王送到湖坑西片村中心坝大福场。大福场上摆满供桌供品,举行祭祀仪式。大福场边的戏台上演汉剧、木偶戏。中午开始人们方可吃荤,家家户户宴请亲朋好友。十六送神,做大福活动才告结束。

6. 三将公王信仰

三将公王庙,位于长汀县濯田镇同睦村,是五代时汀州刺史钟翱所建,公王原型是唐末汀州刺史钟全慕身边屡立战功的三位家将。同睦村《钟氏族谱》载:钟全慕率军入汀后,成为钟氏接公支系入闽始祖。唐昭宗年间,全慕时为刺史。在汀期间,率领军民披荆斩棘,开垦农田,兴修水利,修建州城,功勋卓著。其后,闽王王审知喜全慕骁勇有谋略,分汀命世守之。钟全慕在位期间,有陈、云、傅三位部将英勇善战,忠心耿耿,助其保境安民。后奉闽王之命,三位将军出征琉球,为国捐躯,全慕痛心疾首。为纪念亲如家人的三位将军,钟全慕在家特设三位将军神位,雕塑神像供家人世代奉祀。钟翱继祖父任汀州刺史之职后,为避战乱,毅然决定辞官隐匿,并于后唐同光四年(926),带领家小及"三将公王"神位沿江而下,隐居同睦深山,在村中建"三将公王庙"并立下规定,于每年农历四月初十至十二日,为全村纪念"三将公王"日。时至今日,香火不断。

7. 玲瑚公王信仰

"玲瑚公王",原作"蛤蝴公王",是长汀南部原住民的动物崇拜,因民间流传有"蛤蝴精"的故事。王审知入闽之后,留下部分随军士兵和家属在松毛岭南北的河源里各村庄,而他在闽统治期间,社会、经济得到一定发展,有着较好声誉。王审知去世之后,百姓为纪念他,把他尊奉为"抵御敌寇、避免战祸、佑民平安"的神祇。因此,闽西宁化县、清流县、长汀县、连城县等地都为王审知建庙祭祀,把他当做"福主""保护神"。长汀县城有"白马庙"(王审知爱骑白马、穿白甲、白袍,号称白马三郎),每年正月初十举行迎白马公王的民俗活动。

由于宋代以后汉人与汉文化占绝对优势,"河源十三坊"(即河源里十三个村庄)百姓于是将原住民的"蛤蝴公王"崇拜改造为"王审知崇拜"。因为王审知是"闽王",为表示恭敬就把"蛤蝴"二字的虫字旁改为"王"字旁,变成"玲瑚公王"。为进一步表达对王审知的崇拜,又把"公王"改成"公太",这就成为共同的祖先崇拜了。"河源十三坊"每年轮流举行"入公太"、祭祀"公太"。轮到"入公太"的村庄要做三件事:一是"参公太",二是"游公太",三是"承公太"。"玲瑚公王"信仰经历了变化发展的过程,反映了人们对"明主贤君"的崇拜与纪念。

8. 义民爷信仰

台湾客家信仰有三大主神,分别是三山国王、五谷神农和义民爷。其中"义民爷"信仰是台湾客家最为独特的,其源自清初的朱一贵事变和林爽文事变。

"朱一贵事变"发生在康熙六十年(1721)。朱一贵"自居明室之后",打着"反清复明"旗号,在台湾南部凤山起事。战乱发生,"干戈蹂躏,哀鸿遍野,继以风灾扫荡,疠疫连绵,民之憔悴极矣"①。屏东六堆客家人多来自广东梅州,部分来自汀州永定、武平、上杭,他们"语言声气相通,守望相助",共同保卫家园,抵抗乱兵侵扰。蓝鼎元随其兄蓝廷珍征讨,亲见客籍义民保乡卫国之效,因而一再上疏,力陈实施团练:"以为当今之时,宜急训练乡壮,联络村庄,以补兵防之所不周,家家户户无事皆农,有事皆兵,使盗贼无容身之地。"对于"义民"的性质及功能,雍正年间闽浙总督德沛说:"念各义民乃耕作之小民,自食其力,原与给饷之官兵有间,伊等能明大义,纠众随师,情实可嘉。"

乾隆五十一年(1786),林爽文在彰化大墩发动起义,接连攻克彰化、凤山、诸罗、竹堑等县城,林爽文自称"盟主大元帅",建号"顺天"。林爽文起义持续一年三个月之久,终因分裂不得人心,在清军镇压下失败。在平息动乱时期,苗栗附近客庄义勇军,戮力卫乡,与新竹粤民组成的义勇军会师,配合福康安的大队兵力,终于平定事乱。事后,台湾知府杨廷理奏请:"凡为义民,古来殉难者,宜建旌义祠以祀之。"乾隆即根据知府及福康安的奏请:"生者授位阶职衔,死者列入旌义之祀典。"

在朱一贵事变和林爽文事变中,参与保乡卫国的闽粤客家人被朝廷"褒忠"表彰为"义民",殉难的客家人被尊为"义民爷"。于是,"义民爷"成为台湾客家人新的"守护神",是台湾客家最特殊的本土信仰。台湾义民爷信仰,分为两个信仰中心:一是屏东县竹田乡西势村的"忠义祠";二是新竹县新埔镇枋寮里的"义民庙"。

二、女神信仰

历史上,女性在各行各业发挥了巨大作用,受到人们的尊重和敬爱。一些杰出女性去世后升格为"人格神",如莘七娘信仰,闽南、闽中一带的妈祖信仰、陈靖姑信仰,也传入客家地区,成为客家百姓的保护神。

1. 莘七娘信仰

宋时归化县(今明溪县)北郊建有莘氏夫人庙,祀莘七娘。旧传莘七娘是五代时人,从夫出征至归化去世。乡人立祠以祀,凡祈禳皆应。南宋端平(1234—1236)中封"惠利夫人",赐号"显应",故又称"显应庙"。南宋末,文天祥率部转战汀州经过归化显

---

① (清)丁曰健:《与吴观察论治台湾事宜书》,台湾银行经济研究室编:《台湾文献丛刊第17种》,台湾银行经济研究室1959年版,第54~55页。

应庙,感于莘七娘故事,题诗一首"百万貔貅扫彗芒,家山万里受封疆。男儿不展撑天手,惭愧明溪圣七娘",抒写了抗击元军,报效朝廷,无愧巾帼七娘的雄心壮志。清朝又加封莘七娘为"普佑夫人、灵应夫人",其影响扩大到宁化、清流、建宁、长汀、连城等地。1984年,明溪县重建"显应庙",占地面积7 500多平方米,建筑面积3 000多平方米。于每年六月十一的"夫人圣诞日"举行盛大庙会,称"六月会",有夫人出巡受祀、演戏酬神等民俗活动。2011年年底,"惠利夫人信俗"成为福建省第四批非物质文化遗产。

2. 妈祖信仰

妈祖,姓林,名默,莆田湄洲人。祖父林孚,官居福建总管。父林愿,宋初官都巡检。林默生于北宋建隆元年(960),成年后居家不嫁,能测风云,救急扶危,为民称颂,二十八岁去世。去世后化作神灵,常于海上显灵,让航海行船化险为夷。南宋朝廷赐封其为"灵惠夫人""灵惠妃",元代忽必烈赐封其为"护国明著天妃",康熙十九年(1680年)赐封其为"护国庇民妙灵昭应弘仁普济天妃圣母",康熙二十三年(1684年)又赐封其为"护国庇民妙应昭应普济天后"。到清朝嘉庆年间,"妈祖"的封号长达二十八个字,"天上圣母"和"天后"成为妈祖的尊称。

图 5-4　永定高陂镇西陂村天后宫(张永辉摄)

妈祖信仰最先兴起于福建莆田沿海一带。南宋宋理宗绍定年间(1228—1233),汀州知州李华及长汀县令宋慈开辟汀江航运,朝廷允准汀州、赣州食用潮盐。于是,赣州和汀州各县的大米、土纸、山货可从水上运输到梅州和潮汕沿海,潮汕的海盐、海产品以及日用百货可以运进来,因此,汀江韩江水上运输十分繁忙。六百里的汀江多有急流险滩,为航运安全,人们在汀江河畔修建许多妈祖庙,祈愿护海女神妈祖庇佑所有船只安全。于是,沿海的妈祖信仰进入内陆客家地区,成为汀江航运的"保护神"。汀州天后宫是闽西历史最久、规模最大的天后宫,位于长汀县城东大街朝天门外,始建于南宋绍定年间,原名"三圣妃宫"。宋《临汀志》载:"三圣妃宫在长汀县南富文坊……今州县吏运盐纲必祝祷焉。"现今,闽西供奉妈祖的庙宇还有三百多座,可谓是有河流的地方就有妈祖庙。永定区的天后宫,据道光十年县志记载就有十三座,其中,位于高陂镇西陂村的天后宫,建于明嘉靖二十一年(1542),造型奇特,是全国独树一帜的塔式建筑。2006年5月,永定西陂天后宫被国务院认定为第六批全国重点文物保护单位。

妈祖也是粤东地区信众最多,影响最为深广的信仰。作为妈祖文化载体的天后宫,遍布粤东各地,常年香火旺盛。而且在赣南客家地区,赣县、会昌、全南县、安远县、宁都县都有天后宫。2009年9月30日,妈祖信俗被联合国教科文组织认定为人类非物质文化遗产。妈祖祭典与黄帝祭典、孔子祭典并列为中华三大祭典。

2. 陈靖姑信仰

陈靖姑(767—791),俗称注生妈、送子娘娘、陈夫人、临水夫人、顺天圣母,是福建最有影响力的陆上女神,民间有"海上妈祖,陆上陈靖姑"的说法。陈靖姑与李三娘、林纱娘二人结拜,同修闾山道术,合称"三奶夫人"。

陈靖姑出生于福建福州,十三岁去闾山学道,十五岁学成归来,一生以保胎救产为己任,深受民众爱戴。传说陈靖姑神灵能治病、保胎、救产、送子,还能除妖扶危,因此信众甚多。唐会宗时,陈靖姑被封为"顺懿夫人";南宋淳熙年间,又被赐封为"慈靖夫人"。陈靖姑本是闽南、台湾一带最受尊奉的生育之神,主管妇女的怀孕、生产,是怀孕与不孕妇女的精神寄托,后来传入赣南、闽西,也成为客家妇女供奉的生育之神。清流县余朋乡东坑村建有"临水宫",赣南石城县朱坑唐台村的夫人山有"夫人庵",供奉"三奶夫人"。客家妇女生孩子前,家中老人会在产房窗口插香,祈求"临水夫人"保佑顺产。若顺利生产,则立即在门口放一挂小鞭炮。

另外,在梅州地区还有四姑、九姑、仙姑信仰,如蕉岭县新铺镇城南有清代建的"四姑宫";始兴县城东九姑山下有"九姑庙",若遇水灾、旱灾、瘟疫,烧香拜谒者尤多;紫金县白石山有"仙姑庙",供奉张三姑。这些女神信仰,充分体现古代妇女在社会生活中的重要作用,也是客家人尊重妇女的体现。

参考文献

1. 陈弦章:《民间信仰与客家社会》,九州出版社2018年版。
2. 张紫晨:《民俗学讲演集》,书目文献出版社1986年版。
3. 乌丙安:《中国民间信仰》,上海人民出版社1996年版。
4. 林晓平:《客家民间信仰与民俗文化》,中国社会科学出版社2012年版。

5. 张佑周等:《客家文化概论》,中国文联出版社 2002 年版。
6. 周大鸣、黄平芳:《梅州地区惭愧祖师的神格形态——以阴那山为中心的考查》,《文化遗产》2012 年第 1 期。
7. 刘大可:《闽西客家人迁台与定光古佛信仰》,《台湾研究》2003 年第 1 期。
8. 陈胜粦主编:《闽粤客家人在四川》,广西教育出版社 1997 年版。
9. 陈世松:《大迁徙:"湖广填四川"历史解读》,四川人民出版社 2005 年版.
10. 谢桃坊:《成都东山的客家人》,巴蜀书社 2004 年版.
11. 李映发:《四川客家人的信仰与习俗》,《寻根》2009 年第 4 期。
12. 林开钦:《客家通史》,福建人民出版社 2018 年版。
13. 刘大可:《闽台客家地区的民主公王信仰》,《福州大学学报》2010 年第 5 期。
14. 张佑周:《客家之子论客家》,四川民族出版社 2012 年版。

思考与练习:

1. 阅读下面碑文,修改其中表述不当之处。

姑田"客家公王"御封之来历

明正德年间帝微服访江南。至连城东山门姑田,日暮途穷,寓于村舍。是夜蛙蝈乱鸣,扰人不寐。帝恶之,嘱主人觅一蛙刎而微之。次晨蛙蝈尽毙于田间。由是,村中沸然,帝亦异之,捡一蛙以宣纸条扎其伤口,则蛙儿皆活蹦蹦然矣。至今,其蛙皆白颈故也。彼时,村中有恶少颇觉来人蹊跷,欲逮而讯之。帝慌矣,速遁而去。逃至东山客家公王庙,遂藏焉。公王知帝临,施法保护。恶少见公王显出本相,威严肃立,人无踪影,始扬长而去,帝方安然。或恐恶少继续追踪,乘夜赶路至东山境内一小山村,村头一茅舍中住母女俩。时帝已筋疲力尽,进屋便昏然猝倒,观其貌方颐阔脸,诚厚福之人也。当下急救之,帝苏甚是感激,母女询之,谎称京都商贾,遇盗劫掠穷追至此,感激之恩自当重报,遂解金龙玉带以谢。母女拒受。帝观其女容貌端庄,虽宫中美女如云,终不及村姑灵秀,欲聘之。母久有择婿之意,今见其人才貌,欣然允诺,帝遂以玉带为信。次晨,帝辞上路,戚然而别。

帝自遁之始,东山客家公王即暗中保驾,一路护送回京。登殿方显公王本相,拜求封号,帝念其功,遂封其"东山福主民主公王"。故姑田东山公王曾受御封,所祀公王算是钦命正宗神祇。公王庙内正厅两壁"威灵""显应"四字,是明正德皇帝朱厚照恩赐书成。

客家公王庙姑田文物管委会

2008 年晚秋

2. 什么叫"城隍文化"?

3. 介绍你家乡的一个民间信仰,分析它的来源及其当代意义。

4. 请上网查阅、抄写自己姓氏的家训,与客家家训相比有什么共同点?

5. 组织一次课程实践(现场教学、田野调查),到客家乡村或县城参观古民居、姓氏家庙、妈祖庙、名人故居等,每人写一份调研报告配两张照片。最后编辑成PDF文件保存留念。

6. 你会参加家庭的清明扫墓吗?你认为清明扫墓有什么意义?

第六章　客家人生礼俗与岁时节庆民俗

自十月怀胎,到百年终老,客家人一生中的每个阶段都有相应的人生礼俗,其中的许多礼俗都依《周礼·仪礼》"古法"而行。黄遵宪也说:"筚路桃弧辗转迁,南来远过一千年。方言足证中原韵,礼俗犹留三代前。"显然,这些礼俗是客家先民从中原悠久的历史文化中传承而来。有些礼俗又带有南迁落脚地赣闽粤边山区独特的痕迹,与其他汉族民系相比,显得同中有异,特色鲜明。

客家地区的岁时节庆民俗丰富多彩又别具一格。节庆意识、习惯及节庆活动是客家民俗的重要内容,也是客家山居生活与农耕文明的生动体现。2017年1月25日,中共中央办公厅、国务院办公厅印发的《关于实施中华优秀传统文化传承发展工程的意见》指出,要"实施中国传统节日振兴工程,丰富春节、元宵、清明、端午、七夕、中秋、重阳等传统节日文化内涵,形成新的节日习俗"。因此,我们要在认识和传承客家传统节庆民俗基础上,加以创新发展,丰富人民群众的节日文化生活。

第一节　客家诞生礼俗

诞生礼俗是人生礼俗的开端。"十月怀胎,一朝分娩",人的一生从此开始。客家诞生礼俗主要有催生、洗三朝、送姜酒、送草酒、做满月酒。

一、催　生

客家人"催生",在产前一个月的初三、十三、二十三进行。"三"与客家话"生"谐音。孕妇的母亲、姊妹来看望即将生产的孕妇,表示关切,希望顺利生产,以消除孕妇的紧张心理。带的东西主要有坐月子用的姜粉、糖、鸡蛋、芋子、粉干,还带小孩肚兜、裙子、披风、背带等。芋子,谐音"宜子",寓意更好生孩子。催生时,母亲给孕妇"做满碗",即荷包蛋煮米粉。吃米粉顺滑,寓意顺产、快生。

二、洗三朝

洗三朝,主要内容是给婴儿洗澡、取名,大多客家县有此风俗。婴儿出生三天后,要给婴儿洗澡。用茶姑、桃叶等熬水,木盆中放一个较大的圆形河卵石"做胆",表示将来大胆勇敢(此石一直放在婴儿床下,直到成年)。边给婴儿洗澡,边说吉祥祝福的话,如"碰水长,碰水大","洗浴先洗头,吃着不要愁","洗浴先洗背,人见人爱"。另准备一些煮熟的红蛋,分给围观的孩子吃,俗称"分孩毛蛋"。"洗三朝"一般由接生婆或婴儿的奶奶、姑嫂帮忙完成。到了中午有"三朝酒",宴请外婆及亲友。

三、送姜酒

长汀客家地区称此风俗为"报婆姐"。孩子生下来十天左右,女婿要正式向"婆姐"(外婆)报喜,带去的东西有:糖姜鸡、糖姜蛋(十三个或十六、十九个荷包蛋)、肉丸、红蛋、三牲(猪肉、鸡、鱼)、蜡烛、香,还要一只活鸡,叫"惹笼鸡"。女婿带去一只鸡,丈母娘送回一只鸡,表示生了一个还会再生一个。

四、送草酒

孩子生下来十五天后,娘家人要来女婿家看望女儿和外孙,带来的东西叫"草酒",即酒酿,产妇吃了下奶。还有送小孩的衣衫裤袜,银的手镯、脚镯,细面,鸡蛋等。

五、做满月酒

满月酒,一般在婴儿出生一个月后做,选一个农历逢九的日子,寓意长长久久、长命百岁。有的地方,算命先生选择合适的时间做满月酒。做满月酒当天,娘家人挑上礼物前来祝贺。满月酒一般在家举行,客家人的房子一般有上下厅,上厅摆两三桌,下厅可以摆好多桌。上厅天字壁左边是大桌(首席),依次坐着男方祖母的娘家男客、母亲的娘家男客、妻子娘家的男客(婴儿的外公、舅公、舅舅)——总之,"外家"的客人最大。由此看出客家妇女地位还是比较高的。

满月酒筵席比较丰盛,传统的菜肴有四盘、八碗、四点心。四点心是肉丸(珍珠丸)、细面、糖姜鸡、红蛋,还有一壶糖姜酒。红蛋一般不当场吃掉,每人三个或六个带回家。四盘是烧肝花、炸鱼条、脍山东白、时新青菜,寓意读书做官、年年有余、一清二白。八碗是豆腐丸、佘猪肉、白斩鸡、烧大块、笑包(或药薯)、炖豆腐角、鱼、甜汤。

满月酒中的"开斋"仪式很庄重。开斋前要办好全套物品,包括煮熟的公鸡、鲤鱼、猪肉、酒、葱五样。开斋主持人由婴儿的外祖父或舅公等辈分高有威望的长者担任。主持人先洗净手和脸,从婴儿父母手中接过婴儿,一过手即说:"贵人过手,左宜右有。"这时众宾客起立,主持人抱着婴儿作揖,一拜天地,二拜祖宗,三拜众宾客。接着说祝词:"天长地久,天高地厚。"或说:"见天高,见地长,经风雨,见世面。"然后敬神,敬祖宗(上香),请宾客坐下。然后主持人抱着婴儿正式开斋。

开斋时,主持人拿一双筷子,按次序在各样东西上沾一下,然后在婴儿嘴上点一点。每动用一样开斋物品,都要大声念一句吉祥、祝愿的话:吃鸡——(吃凤头)"头角峥嵘,独占鳌头";(吃凤翅)"平步青云,鹏程万里";(吃凤尾)"凤毛济美,光前裕后";(吃凤爪)"足踏四方,方方得利";吃鲤鱼——"鲤跳龙门,名扬四海";吃猪肉——"永享厚禄,五福俱全";喝酒——"禄享千钟,长长久久";吃葱——"中通外通,聪明智慧"。

开斋毕,主持人将婴儿交还主家,塞一个红包到婴儿手上说:"一手过一手,活到一百九十九。"这时,主人抱婴儿到各桌敬酒,众宾客纷纷起立拿出红包给婴儿作见面礼(客家人称之为"打见拜"),表示对婴儿的祝福,然后开席。整个过程洋溢着喜庆、祝福的气氛。

满月酒时还会举行"喊鹞婆"仪式。"喊鹞婆"就是喊老鹰,又称"开天门"。孩子初见天地,要练胆量。"喊鹞婆"仪式各地时间不一,有的在"三朝",有的满月后。仪式由村中同族长寿的长辈主持,一般是老婆婆。地点在大厅的天井或在大门口。主持人抱起婴儿向上抛三下,口喊"鹞婆、鹞婆",反复几次,以壮其胆。很多小孩围观,主家会给小孩分发印有福字的"鹞婆板"。然后,主持人戴着插有茶树枝的斗笠,抱着婴儿绕村一周,后面一群孩子跟着喊"鹞婆、鹞婆"。永定下洋一带还流传祝福语"鹞婆抛得高,明年做阿哥;鹞婆抛得低,明年带老弟"。长汀人把这种仪式叫"赶艾婆",也是赶老鹰的意思,在婴儿满月后,由一个小女孩戴着斗笠,背着婴儿去大门外"赶老鹰"。

"喊鹞婆"的意义,一是壮胆,不随便受惊吓;二是树立学习雄鹰精神的意识——强健体魄、鹏程万里。老鹰历来以勇猛强悍、搏击长空的形象出现在世人眼中。客家人生活在山区,深山密林、毒蛇猛兽,自然环境恶劣;也经常被土匪强盗骚扰,劳动十分艰苦,这些都需要客家人有强健的体魄。他们经常见到老鹰,自然就把它作为勇敢强悍的象征物,有的地方还传言老鹰是孩童的保护神。

六、做 灯

"做灯"是客家人诞生礼俗中最隆重的环节,时间一般在每年的正月初九至十五期间的晚上。此前一年里添丁的家庭都要参与举办做灯、出灯(巡游)仪式。不仅家里要挂起大花灯,还要送一个大花灯到祠堂,各家的花灯汇集后,大家抬着花灯,鼓乐鞭炮跟随,巡游街道一圈,再返回祠堂把花灯挂起来。

周岁左右婴儿晚上经常闹夜,就用一张红纸写上:"天皇皇、地皇皇,我家有个夜哭郎,过路君子念一念,保目静睡到天光。"念完把这张纸条贴在路边、村口。这种风俗,几乎每个客家县都有。前几年,武平县中堡乡罗助村村口也贴这种红纸条,只是个别字眼不一样:"天色黄兮地色黄,我家有个夜叫郎。过路同志念一遍,保目深睡到天光。"

七、怀孕与月子期间的禁忌

妇女怀孕和做月子期间,有许多禁忌,那是客家百姓长期生活经验的总结,今天仍可借鉴部分。随着时代变迁和科技进步,有些禁忌则应当扬弃。

1. 忌讳"喜冲喜"

怀孕本为"有喜",但民间却有"喜冲喜"的忌讳,诸如婚嫁迎娶、生日寿诞、孩子满月、祭祀祖先、建造新屋、乔迁新居等,孕妇皆不得出席或到场观看。

2. 忌讳"凶冲喜"

旧时民间将孕妇视为不洁的"四目人",身带邪气,因而处处设禁回避。例如:孕妇不能抚摸和抱别人的孩子,以免"惊吓"孩子,令孩子夜卧不宁,惊醒啼哭。行人路遇孕妇,得主动避让一侧,以免"四目人"冲犯自己。孕妇也不能参与或路遇办丧事的,免得"凶冲喜",冲犯胎神,影响胎儿的发育。

这些表面上的禁忌,实则为了保护孕妇的安全。如不要凑热闹,不要随便出门,防止碰撞、跌倒、用力,导致流产等情况。

3. 插草辟邪

月子房门楣,要插些茅草、葛藤、茉草和桃树枝条。民间认为,有它们把门护卫,妖怪鬼祟便会远而避之,可保产妇、婴儿安宁。

4. 消毒驱邪

月子期间一般忌讳外人探视。倘有外人需要入月子房,主人在产房门口燃起火堆外,还要燃起艾草条,用烟熏进入的人,以为消毒驱邪。家人外出归来,也要用烟火熏一熏,把从外边带回的邪气熏掉,方可进入产房。

5. 忌讳生冷饮食

坐月子期间,产妇要加强营养,忌讳吃生冷食品。原因一是生完孩子身体虚弱,元气大伤,需要恢复。二是要给婴儿喂奶,俗话说"一个人吃来二个人饱",奶水足,才能"母肥子壮"。三是产妇经常熬夜,晚上睡眠少,也要增强营养。所以产妇每天是三餐两点心。每天必吃糖姜米饭、糖姜蛋、糖姜鸡、细面、泡猪肝、泡猪腰、猪脚炖草药等。鸡要选用小母鸡,或者阉鸡。公鸡燥热,不下奶,一般不吃。萝卜、白菜、豆腐性凉,少吃,小孩容易拉稀。

6. 忌讳着凉感冒

月子期间,母婴的身体虚弱,抗病力差,产妇如果感冒容易传染给婴儿。因此,月子房要布置成"暗房",不能有风吹进来,产妇要头上包头巾,防风。坐月子头个星期只擦身,一周后才可洗澡。煮水时放些祛风清热解毒的草药,热水放温后洗。

八、客家取名习俗

客家人给孩子取名,也有大名、小名之分。

"大名"的取法有两条规则,一是按姓氏房派字辈排列。二是请算命先生排八字、看五行,根据金木水火土缺什么补什么来选字。如缺水,可以直接选一个"水"字,也可以考虑用"溪、河、江、海、涛、源"等带三点水偏旁的字。缺土,就选"土、坤、尧、遥"等。名字取好了,用红纸条写了贴在中厅正屏左侧:"喜报——祖上神龛座前——新丁取名某某祈佑长命富贵——某某得孙敬告。"还要写一份贴在祠堂上,叫做"到祠堂上丁"。

"小名",又叫三朝名、奶名,所谓"三朝安名喊到老"。小名多由祖母、母亲或外婆所取。客家人喜欢用叠音字作孩子小名,如"健健、亮亮、超超"。或在名字前后加上"阿""妹"等字,男孩子喜欢加"阿"字,如"阿贵、阿勇、阿土";女孩则加一个"妹"字,如"莲妹、喜妹、宝妹"。父母希望生一个儿子,就把生的第一个女孩名叫"招弟妹、招娣、来娣"等;也可以用排行命名,如"大郎、二郎、三郎"。如客家李氏开基祖李火德的三个儿子,按长次取名为"三一郎、三二郎、三三郎"。

此外,闽西客家还有些奇特的取名习俗,如孩子不好带、很娇气,就取个很"贱"的名字,名字叫得越贱越好带,比如叫"狗屎佬、看牛妹、猪屎客、四狗、牛牯、叫花子、叫花妹"。如果孩子体弱多病,就契观音菩萨为母,名字叫"观音子、观水妹、观生妹、观水生"。还有契植物为母的,取名"樟树生、荷树佬、糖梨嫲"。

第二节 客家婚嫁礼俗

古人说"执子之手,与子偕老",现代人也说,找一个相爱的人一起慢慢变老是人生"最浪漫的故事"。了解客家婚嫁礼俗,汲取其中有益的观念和精神,有利于我们认识爱情的真谛和生命本质。

什么叫"婚"? 由于古人婚礼的"亲迎"是在黄昏进行,这时太阳将要下山,月亮就要出来,含有"阳往阴来"的意思,因而《礼记·昏义》中写作"昏"。东汉许慎《说文解字》:"婚,妇家也。《礼》:娶妇以昏时,妇人阴也,故曰婚。从女从昏,昏亦声。"

什么是"姻"?《说文解字》载:"姻,婿家也。女之所因,故曰姻。""姻"代表"席子",引申为凭靠之意,意思是女方到了婿家,就有依靠了。

婚姻乃人生大事,自古皆然。《礼记·昏义》,"昏礼者,礼之本也","男女有别,而后夫妇有义;夫妇有义,而后父子有亲;父子有亲,而后君臣有政",把夫妇之道看成人伦之始、礼教的根本。

一、客家人的婚嫁特点

客家传统婚俗,保留了许多中国古代中原文化的习俗,反映了客家人严谨的婚姻观念和对美好生活的追求。

1. 男娶女嫁

客家人的婚姻观念,以传统《周礼》的"父母之命、媒妁之言"为主。即使是青年人互相看中,也要请媒人在双方家长间传递信息,才算正式谈婚论嫁。婚姻形式以男娶女嫁的"聘娶婚"为主。男子以财物作聘礼而娶妻,女子因男方"合礼"(符合礼仪)而出嫁。它是中国婚姻形式中最广泛、最持久、最正宗的婚配方式。

2. 重视传宗接代

客家人极为重视宗族观念,重男轻女思想比较严重,尤其以没有子嗣为忧,上杭李氏开基祖李火德娶妻生子的故事就是典型。倘若只生女儿,即使以招赘方式,也要实现传宗接代延续香火的目的。

3. 男女地位平等

在山区农耕环境中,客家女子都要参加生产劳动,她们不缠小脚,都是"天足"。年长的妇女还要担负管理全家的重任,充分发挥才干,把家庭管理得井井有条、蒸蒸日上。表面上男人当家,实则妇女管理全家日常生活,客家妇女一向勤劳贤淑,民谚所言"田头地尾,锅头灶尾,针头线尾,家头教尾",说的就是客家妇女不论耕种、家务、女红,还是子女教育,都样样精通,男人只在大事情上做主,客家妇女在家庭中的地位比较高。朱德是四川仪陇的客家人,其《回忆我的母亲》一文就真实反映旧时客家妇女生活状态。

4. 同姓不联姻

聚族而居,青年男女难免会产生感情,但客家人认为三代血亲不能结婚,没有《红楼梦》中宝玉宝钗"姨表结亲"亲上加亲的观念,严格禁止宗族内同姓联姻。

二、客家婚嫁礼俗

客家人的婚嫁礼俗,遵守古代婚姻礼仪——"六礼"。这一娶亲程式,周代即已确立,最早见于《礼记·昏义》:"昏礼者,将合二姓之好,上以事宗庙而下以继后世也,故君子重之。是以昏礼纳采、问名、纳吉、纳徵、请期、亲迎。"所谓"纳采",《仪礼·士昏礼》:"昏礼,下达纳采。用雁。""问名",就是:"宾执雁,请问名;主人许,宾入授。"男方遣媒人到女家询问女方姓名和生辰八字,取回庚贴后,卜吉合八字。"纳吉",就是告诉女方家,八字相合,也要行奠雁礼。郑玄注:"归卜于庙,得吉兆,复使使者往告,婚姻之事于是定。""纳徵",《礼记·昏义》孔颖达疏:"纳徵者,纳聘财也。徵,成也。先纳聘财而后婚成。"纳徵礼不再用雁,多用绢帛首饰。"请期",即男家用红笺将过礼日、迎娶日等有关事项一一写明,由媒人或亲自送到女家,与女方家长商议婚礼事宜。"亲迎",又称迎亲,新郎披红戴花,乘马或坐轿到女家亲迎新娘,傧相赞引拜其岳父母以及诸亲。岳家为新郎加双花披红,先归;新娘由其兄长等用锦衾裹抱至轿内,女家亲属伴送,吹吹打打"送亲",新郎在家迎候。上述这些礼仪多是唐宋时期的中原古风。

客家先民多是唐宋时期南迁进入赣闽粤边的中原汉人,对中原传统有着根深蒂固的情结;在南方山区扎根之后,婚姻大事上,仍然依从"古礼",只一些方面因地制宜,有所不同。客家婚礼的上述的六礼仪式大致为:

1. 讲 亲

男方看中女方姑娘后,让父母请媒人开始说合。媒人正式向女方介绍男方;女方姑姐来探人家,了解男方的家庭和经济情况。

2. 送庚帖

女方满意后将女子的生辰八字送给男方,叫"送庚帖";男方把庚帖放在家庙三天后,若无异常事件发生,即请算命先生合八字。

3. 送 定

八字相合,男方则派人送衣服、银镯、红包到女家。女方收下,这门亲事就算定下了。然后写婚约,内容要写明彩礼与嫁妆。男方备办盛宴,相当于订婚酒。

4. 报日子

所谓"报日子",即男方择定"斗床"和接亲的日期后,告知女方。在结婚前的一个月,男方要将聘金送给女方。传统的客家婚礼习俗对聘金的尾数要求是以"九"结尾,图其谐音"久"的吉利,意为两人从此天长地久。女方在男方"斗床"的时候,要送柚子和木炭到男家,含有生贵子和暖新房之意,俗称"探子探孙"。有些地区则要求男方做"大肉圆"(用地瓜粉做成)送给女方,分赠亲朋好友,以示双方已经结缘。

5. 盘嫁妆

按传统习俗,女方会有一定数量的妆奁(嫁妆)送到男方家,嫁妆是女方母亲给女儿"压箱底"的好东西,如银圆、首饰,显示女方的富有、大方。

6. 接亲、送亲

接亲、送亲都在深夜子时或丑时,因为晚上迎亲不易遇"邪",不太能碰上出殡、怀孕妇女,一说取"暗里投光",越走越光明之意。新娘出门前要哭嫁,所谓"新娘不哭,娘家无福"。哭嫁有两种形式,一是有韵无辞,即哭声抑扬顿挫,富有旋律;二是有韵有辞,哭诉在娘家的种种幸福,哭诉父母亲对自己的好、兄弟对自己的亲,诉说不忍出嫁的种种原因。如果姑娘平时会唱山歌,或者出嫁前有学习练习过,就更声情并茂、令人动容。新娘出门前要沐浴,换上大红嫁衣,然后上花轿。陪伴在花轿旁的是一位很有"福气"(夫妻和谐,有子有孙)的伯娓(伯母)。

送亲队伍前头是灯笼或马灯,有人提着"带路鸡""种子鸡",有人"拖青"(油茶树枝或柏树枝),有吹鼓手,花轿在中间,后面是送亲接亲的人。

吉时入门,鼓乐鞭炮相迎。新娘进大门前要"过火盆"(烧桃枝或杉树枝的火堆)。跨进门槛时,由厨子杀一只公鸡,叫"拦门鸡"。一些地方的风俗还让新娘进大门后踏着米筛到大厅。

拜堂仪式后,送入新房。新人床上洒满红枣、花生、桂圆、糖果,寓意早生贵子。然后两人共吃一大碗面条、鸡蛋和一整只鸡。

三、客家婚嫁礼俗的独特之处

与汉族其他民系的婚礼相比较,客家人的婚礼有一些独特之处。如迎亲、送亲一般在深夜子时或丑时进行,送亲队伍头尾要点灯(寓意添丁),随行携带"种子鸡""拖青"(柏树枝寓意百子千孙)。新娘出门时脚不能沾地,过米筛或让兄弟背着上花轿(干干净净出门,不带走娘家财气,重新创业)。母亲泼水关门(嫁出去的女儿泼出去的水,一心一意在夫家)。新娘入门时,新郎踢轿门,"牵新人"要撑红伞(福气相伴),跨火盆(驱邪,也寓意从此兴旺红火),割拦门鸡(表示吉利)。送入新房后,夫妻同吃面碗鸡(表示有福同享有难同当,也表示长寿吉利),这些都是对婚姻本质的最好诠释。

旧时的客家婚俗中,也有童养媳、等郎妹、隔山娶亲等陋俗、恶俗,给客家女子带来许多痛苦。这是封建社会的贫困落后造成的婚姻不自由现象。现在,随着社会进步、经济发展、法制健全,这些陋习早被时代淘汰,此不再一一赘述。

第三节 客家春节民俗

春节由上古时代的岁首祈年祭祀演变而来,以阖家团圆、新春贺岁为中心,开展丰富多彩的热闹喜庆活动。

百节年为首,春节一直是汉族民间最隆重的传统节日。崇尚传统的客家,"过年"更有一番热闹气氛和浓郁的亲情氛围。客家地区的春节分成三个阶段:腊月二十四或二十五至年三十,为春节前的准备和过年阶段;正月初一至初五,为春节的拜年阶段;初六至十五,为春节民俗活动的高潮阶段。

一、春节前的准备和过年阶段

客家人常说"年三夜四",是说到年底已经很迟了,不要做农活了,要做过年的准备了。古制,官员腊月二十三,百姓二十四送灶君。因此,很多客家地区腊月二十四"入年假"(又称"入年界"),许多农村地区则是腊月二十五才正式"入年假"。春节(年初一)前和过年要做哪些事呢?

1. 送迎灶君

客家人在厨房的墙上都会贴灶君(又称"灶王爷")神像。灶君一般身穿鲜艳的五彩长袍,蓄长须,戴官帽,端坐太师椅。腊月二十四晚上,客家百姓家家户户在灶君像前供瓜糖,点香烛,烧纸钱,让灶君"上天言好事,下界保平安"。然后将贴了一年的灶君像焚化。腊月二十八那天,灶君在天庭汇报完毕,家家户户做糕粄,在除夕吃年夜饭之前贴新灶君神像以迎灶君返回,和全家一同"过年"。有的地方则是初五或初六接灶君返回。

2. 大扫除

妇女们要把家里里外外打扫卫生,门板桌凳洗刷干净。男人们要剃头,采办年货,购买鸡鸭鱼肉、苹果橘子、茶点、香烛鞭炮等等。

3. 祭 祖

入年假后,厅堂挂起祖宗像,人们开始上供品、烧香烛。

4. 做各种糕粄

许多家庭要蒸年糕,炸年糕,炸"灯盏糕",还要炸豆腐、花生、黄豆,蒸豆腐丸。这些活都很累人,很花时间,天气又冷,但全家老老少少都累并快乐着。

5. 送 年

亲友间互赠年礼。有的地方是父母亲给出嫁后女儿"送年",表示关心、爱护;有的地方是出嫁的女儿给父母亲"送年",表示关切、敬老之意。过去"送年"一般要送一只公鸡、一壶老酒、几斤猪肉,再送些年货给父母和其他至亲。现在生活水平提高了,大家用来送年的东西也就各有千秋。

6. 杀年猪

俗话说"有钱冇钱,㓥猪过年",杀猪过年,在客家算是一件大事、喜事、热闹事。早晨杀完猪后,主人家把煮好的猪血、豆腐,大碗大碗地给左邻右舍送去。猪肉一半拿到市场上出售,一半留着自家过年。猪头、猪尾、猪前腿留着过年祭祀用,五花肉拿来做腊肉,灌香肠,做烧大块,也会给亲戚长辈家每家送个两三斤。第二天中午,请家族老人、亲朋好友、左邻右舍"吃猪血"(像北方的"杀猪菜")。因此说,一家杀猪,全村热闹。

7. 过年

大年三十的主要事情,一是贴春联、贴门神和上红,表示红红火火、喜气洋洋过大年。所谓"上红",就是给桌椅、米缸、水缸、盘篮簸箕、谷仓、猪栏牛栏鸡塒都贴上红纸条,有的写"五谷丰登",有的写"六畜兴旺"等福言福语。二是蒸岁饭、敬神、祭祖。家庭主妇用饭甑蒸好够全家吃三天的米饭,在正厅祖宗像前"上岁饭"。中午前要摆上供品,开始敬神、祭祖。三是大人小孩洗澡,换上新衣服。梅州的风俗是洗柚叶澡,当天采来柚子叶煮水洗澡。四是全家吃年夜饭。开饭前大圆桌上要多放几副碗筷,先给祖先敬酒。吃年夜饭,象征吉祥、美好寓意的菜品必须有,如:鱼丸、肉丸(象征团团圆圆)、鸡(寓意吉祥如意)、鱼(寓意年年有余),还有年糕,俗话说"糖糕炮煅,挣的纸票大大喇"。五是"守岁",年夜饭后合家围着炭火盆聊天、吃瓜果、谈谈新年计划。"年"传说是古代的猛兽,但它怕火、怕响、怕红。因此,晚上小孩可以玩鞭炮、放焰火;门前、大厅、灶间须通宵点灯,也称"点岁火",一夜通明,意味来年吉祥平安、万事亨通。长辈给子孙赠送的压岁钱,则是大人们事先用红线绳缠好并系成一个小套环,然后套在年幼孩子的颈项上,叫"挂颈"。

因为台湾客家人多来自大陆原乡粤东,所以年俗与广东梅州相似。除夕之夜,大家欢聚一起"打边炉",吃火锅。年夜饭中,要吃鱼丸、肉丸、挥丸和鸡肉,还有韭菜、汤圆、年糕,特别是吃乌龟豆沙年糕(寓意长寿)、咸味的萝卜年糕(寓意步步高升)。

二、春节拜年阶段

正月年初一至年初五是拜年阶段。

1. 年初一

子时开大门、放鞭炮、焚香、拜祖宗像,年轻人向家中长辈拜年。林宝树《年初一》载清代客家人"拜了新年就出门","神坛社庙都去拜,祖公堂上贺新年。无事之时好着棋,围棋象棋有赢输。戒别纸牌切莫打,送了钱财惹是非"。年初一早上一般吃素食(喝米茶,配芹菜、年糕、灯盏糕、炸花生等),有俗话说"年初一食斋,当过一年食斋"。上午登高,既锻炼身体,又寄予新的一年生活事业步步高升的期许。

2. 年初二

出嫁的女儿"转外家"(回娘家)。要特别带几个"鸡臂"(鸡腿)孝敬老人,除此之外还有鞭炮、香烛。新女婿若是第一年回岳父家拜年,则同亲族的人要请客,不醉不让归,有的甚至要喝上几天酒。

3. 年初三

俗称"送穷日",不能出门拜年,家家清扫垃圾。公共活动则有演汉剧、木偶戏,表演龙灯、香灯、舞狮、打新年鼓、彩船灯等。

4. 年初四

人们继续走亲访友拜年和参加各项民间文艺活动。因黄河流域的河南、河北等地有初四拜墓祭祖的习俗,长汀客家人也会在初一至初五期间到郊区拜墓,这可能也是从中原带来的习俗。

5. 年初五

俗称"开小正",上午放鞭炮迎接诸神下凡,勤劳的人这天便开始做小农活,商人店铺开张。

三、初六至正月十五民俗活动阶段

正月期间,赣南、闽西和粤东客家地区都有许多特色民俗活动。

1. 上犹九狮拜象

在江西上犹县,每年正月初二至元宵节期间都有表演"九狮拜象"的民俗活动。九狮拜象一般由九狮、一龙、一象、一麒麟、一牌灯和一座锣鼓彩亭组成。表演形式有开厅、暖厅、全村团龙、参圩。九狮拜象是一门综合性艺术,它融音乐、绘画、舞蹈等多种艺术于一体,表演队伍一般由数十人乃至百余人组成。舞蹈表演欢快喜庆,音乐优美奔放,体现了人们对太平吉祥生活的向往。2010年,"上犹九狮拜象"被认定为江西省第三批省级非物质文化遗产(传统舞蹈)项目。

2. 坎市打新婚

打新婚是永定区坎市人纪念先祖、祈求人丁兴旺的民俗活动,在众多客家风俗活动中实属罕见。每年正月十一,永定区坎市镇人如潮,灯似海,欢声炮声连万家,数千观众聚集在卢氏宗祠观赏独特的客家传统婚俗"打新婚"。活动开始,"酒醉公"在林婆太坟前叩头作揖并兜了一个小圈之后,绕过祭坛来到跪在祭坛前的主祭新郎官身旁,举起"面槌",不由分说地就从左肩到右肩把他滚"打"起来,而且口中念念有词"早(左)生贵子""又(右)生贵子",接着又从他的脊梁自上而下滚"打"一遍,口念"双生贵子"(双胞胎)。旁边看热闹的后生(年轻人),个个捧腹大笑。每年有三五十个一年内结婚的新郎官,虽然"漏网"了好些,也够"酒醉公"打得气喘吁吁了,到处洋溢着浓浓的亲情和祥和的气氛。

3. 童坊闹春田

长汀县童坊镇每年正月十二至十四,都会举行"闹春田"的客家民俗活动。"闹春田"又称"甩泥巴""走春泥",有客家"乡村狂欢节"之称。相传"闹春田"活动起源于明代,已有数百年历史。村中男青年四人一组抬着上百斤重的关公神像在泥田里奔跑、角力,气氛狂野、热烈,以"人勤春早"祈愿风调雨顺、五谷丰登,饱含农民对土地深沉的爱,体现了客家地区农耕社会的特点。

4. 姑田游大龙

龙,是中华民族的象征。客家人秉承中原文化传统,有着浓厚的"龙"情结。每年正月十五元宵节,连城县姑田客家人都要举行隆重的"游大龙"民俗活动。姑田游大龙活动始于明代,至今已有四百多年历史,意在祈求风调雨顺、五谷丰登。姑田镇华家和江家两个家族轮流主持每年的"游大龙"。大龙选用竹篾和当地著名的"姑田宣纸"为材料,其中最重要的龙头及龙尾由当年主办家族承担制作,制作的龙头高两米,直径八十厘米,龙口大张,含一直径七十厘米的大红龙珠,气度不凡,大有吞云吐雾、威震山河之势。其余同村每家须至少制作一节竹编纸糊龙身,尺寸一般高二米四,长四米二,一节节龙身相接而成大龙。十六上午在公王庙烧大龙(升天),饮龙酒。

2011年2月6日的姑田游大龙,大龙有348节(含头、尾),1 500米长。经世界吉尼斯总部认证官程东及其团队的认真检验,确定有效长度为791.5米,打破了台湾在2011年创造的最长游行花车原记录,创下吉尼斯世界新纪录,被誉为"天下第一龙"。

图 6-1　姑田游大龙(刘艳晖摄)

5. 埔寨元宵烧龙

中国是龙的故乡,客家人对龙文化也情有独钟。每年元宵,广东丰顺县埔寨都要举行热烈壮观的"烧龙"活动。埔寨五个自然村,每村出一条"火龙"。当天晚上八点左右,三十多个赤膊短裤的彪形大汉擎一条头高五米,身长二十多米,色彩斑斓,全身装满火箭、烟花、爆竹的"火龙",先后从本村祠堂大厅出发,前往中心广场。"火龙"经过的大街、小巷,每家每户门前都燃放鞭炮迎送,以谢"火龙"带来吉祥如意。"火龙"到达广场后,绕场三圈后便点燃"火龙"。随着一阵阵轰隆的爆响,一串串火箭、烟花,从不同角度飞向夜空,长龙舞动着,犹如茫茫雾海上空有一条金色巨龙在腾跃、奋搏,蔚为壮观。

6. 罗坊走古事

连城县罗坊镇客家人每年正月十五举办大型民俗竞技活动"走古事",被誉为"山区的狂欢节"。当地七大房族各出一棚古事。每棚古事挑选体壮胆大的十岁左右男童两名,按戏曲装扮,化妆脸谱,身着戏袍,前头的扮主角"天官",后头的扮护卫的武将。其他主角则分别扮演明君贤臣李世民、薛仁贵、刘邦、杨六郎、杨宗保、刘备、孔明、周瑜、甘宁等古代人物。正月十五上午,村民抬着"古事",以"天官"领路,其他"古事"跟随,后有菩萨轿、万民宝伞、彩旗、十番乐队,一路鸣铳前往广场中心,沿途家家门口摆香烛迎接。正午二时许竞赛正式开始,三声铳响,"古事"棚从云龙桥河滩蜂拥下水,逆水而走。此时,河两岸、桥上下挤满观众,场面十分壮观。除"天官"一棚不能超越外,后棚超过前棚,视为吉利,于是抬夫拼力而为,不顾天寒水深,河石苔滑,跌倒了再爬起,情绪异常高昂,形成走"古事"高潮,抵达终点方告结束。

7. 梅州金山庙会

梅州金山元宵庙会历史悠久,自2016年开始,梅江区人民政府将金山庙会改造升级为"千年嘉应情、诗画梅江梦"系列之梅江区客家风情文化旅游节暨金山庙会活动。在梅州文化公园广场的主会场,有龙狮表演、文艺演出、武术表演、象棋比赛;民俗文化美食街有汤圆、煎圆、手工猪肉丸、炸荞粄、盐焗食品供游客品尝;在八角亭则有来自民间的吹奏艺术"闹八音"展演;主街道有花车巡游、客家服饰秀、舞龙舞狮巡游等丰富多彩的非遗项目。许多民俗活动在农村,而梅江区这项活动在城市,不仅提炼出客家元素,展示非遗项目,而且多点联动、融入时代新元素,充分展示了客家文化新面貌,丰富了人民群众的节日文化内涵。

四、春节禁忌

正月乃新年伊始,人们总希望有个好"彩头",有个好心情,因此春节禁忌也就更多。

1. 忌离散之嫌

腊月二十四或二十五"入年假"后至大年初一,忌在别人家过夜,否则有家人离散之嫌。

2. 忌正月初一吃请

正月初一忌在别人家吃饭,因为怕一年到头"罗吃不得",要吃别人的。

3. 忌年初三走亲戚

初一、初二不能扫地,初三则家家户户打扫卫生,把垃圾直接送到河边、地头,称"送穷日"。这个习俗相传起源于梅州刘阿秀与吴知福的民间故事。这天也忌走亲戚,妇女也不能回娘家,怕在路上遇上"穷鬼"或把"穷鬼"带到亲戚家。

4. 忌欠债还钱

正月初一忌干重活、脏活,怕预示一年到头都要干重活累活。忌打碎器物、忌欠债还钱,怕一年到头都要欠债。

5. 忌损丁破财之嫌

初一到初五,忌打钉、劈柴,有损丁、破财之嫌。

6. 忌粗言秽语

正月里忌说粗言秽语和不吉利的字眼,如"病、死、穷、苦、无"等。父母不能打骂小孩。逢人都要说"新年好、恭喜发财"。

7. 忌办丧事

入年假至初五,忌办丧事,也忌报丧,即使有死人也只能用冰块冷冻,过初五以后才办理丧事。

8. 忌初七祭祀

正月初七是"人日",忌祭祀,尤其不能上山扫墓怕沾上阴气,有损阳气。

9. 忌理发砍柴

入年假至正月十五期间,忌理发,尤其忌剃光头,寓"断发",理发在入年假之前要完成;忌上山砍柴,有断财路之嫌。

第四节 其他岁时节庆特色民俗活动

除春节之外,一年之中还有许多重要节日,比如清明、端午、七夕、中秋、重阳。客家人这些日子里的节庆活动与其他汉族民系的没有太大差别,这里主要按季节分类介绍客家的特色之处。

一、春季特色民俗

一年之计在于春,春天是播种希望的季节。春季(农历一至三月)民俗活动主要有四种:

1. 立春民俗活动

客家地区以农业为主,立春时节各地都有"鞭春牛"的民俗活动,这是客家人"牛崇拜"的古俗遗风。如连城新泉一带乡村在立春前后三天"犁春牛",巡游队伍有犁牛队、渔樵耕读方阵、锣鼓队、吉利匾灯队、烛光灯队,表达对新一年风调雨顺、五谷丰登的期望。

2. 春社民俗活动

我国周代就有"春祈秋报"的礼制,春祈,就是在"社日"祭祀土地神以及相关的神农炎帝等神明。黄钊《石窟一徵·礼俗》记述粤东梅州地区社日习俗:乡人共同出资杀猪祭社分肉,名曰"社肉"。又以祭社肉汤在社树下煮粥分食,谓之"食社粥"。社树多为榕树,俗民席地而坐,食酒吃肉喝粥,太阳西斜社散,老少相随而去,风俗十分淳朴[①]。

3. 北团游大粽

每年农历二月十三至十五,连城县北团镇上江村都要举行"游大粽"民俗活动。从农历二月初六开始,村民就着手准备做大粽,他们用上万片粽叶缝制粽衣,用一百二十斤糯米制成一米六高竹笋形状的大粽,随后下锅蒸煮三天三夜。蒸熟之后裹上金箔纸,贴上吉祥纸花。大粽有公粽、母粽之分,分别用红纸写上"福""寿"二字,另包上数百粒拇指大小的"子孙粽"(小粽子),挂在大粽尖端。农历二月十三至十五,每天在祭祀土地神、祖先和神农炎帝之后,抬出巡游各自然村,还配上神铳、彩旗、古事方阵、锣鼓队。北团镇游大粽场面宏大,村民不论男女老少全员参与,充分表现客家人重视农业、崇拜祖先、热情好客、勤劳淳朴的民风和民系性格。2018年,"北团游大粽"被认定为龙岩市第六批市级非物质文化遗产。

4. 台湾桐花祭

每年四月中旬至五月中旬油桐花盛开的时节,台湾客家地区中的苗栗、新竹、土城、新北、彰化等地先后举行"桐花祭"。活动内容有:祭祀天地、盛装巡游、歌舞表演、客家故事、客家文创交易等等。届时可以欣赏盛开的油桐花,推动乡村旅游、促进文化产业的发展。由此,桐花成为著名的客家意象。

---

① 曾令存等:《客家文化概论》,北京大学出版社2017年版,第106页。

二、夏季特色民俗

夏天湿热,重在防虫防病。夏季(农历四至六月)主要民俗活动有以下四种:

1. 四月八"药王诞日"

梅州乡间采史君子、鸡屎藤、艾叶和黄果树皮等和米舂成粉,做成药粄祭祀药王爷。

2. 端午节"烧汤沐浴"

端午节家家户户门挂菖蒲、艾叶、葛藤、桃枝,吃粽子,点雄黄,龙舟竞渡纪念屈原,还要采摘各种香草煮水洗澡,俗称"洗药把水",以保健康。小孩子还要挂香囊、彩蛋、鸡公子等。

3. 小桑村"等公王"

民国三十二年(1943)以前,每年农历四月三十(小月四月二十九)至五月初四,梅县车水镇小桑村都要举行"等公王"送瘟神民俗活动。小桑村有三个公王祠庙——明主公王、出巡公王、射猎公王。三个公王都没有神像,只有替身——香炉。一年一度的公王出巡活动,由"公王会"组织安排,活动相当隆重。出巡前举行仪式,诵读出巡祭文;出巡时,有持彩旗、锣鼓以及刀、斧、戟等兵器的仪仗队,所到之处,沿途百姓燃放鞭炮、隆重迎接;进祖屋后,人们拜祭公王,祈求平安幸福、事业发达。此项活动近年来时间改在正月初二至初六举行,2015年被梅州市人民政府认定为市级非物质文化遗产。

4. 六月六"伯公生日""尝新节"

客家人认为六月六是土地伯公的生日,梅州地区的人们多为土地伯公庆生,以祈丰收。《石窟一徵·礼俗》载:"无论城市乡村有伯公坛者,皆彩棚悬灯,管弦声沸,百里相闻。城中尤为繁盛,相赛陈设。"这里说的就是祭祀土地伯公的盛况。

六月六又是"尝新节",或称"食新"。"食新"起源于畲族,为客家人所传承。节前,主妇们到田间摘新谷,舂出喷香的白米。节日早晨,各家主妇蒸好新米饭,煮好鲜鱼,邀请年老客人,带着儿童来到田间,祭祀祖先,然后全家聚餐,以此预祝五谷丰登。

三、秋季特色民俗

秋天是丰收和感恩的季节。秋季(农历七至九月)主要民俗活动有以下五种:

1. 松源"扛龙源公王"

每年立秋至农历九月底,梅县松源等地有"扛龙源公王"的民俗活动。各姓村落轮流"做秋"过月半,寓"秋报"感恩之意。

2. 中元节祭祖

民俗称七月半为"鬼节",有七月半"祖先归家"之说,家家户户都进行隆重的祭祖活动。善良的客家人还在郊外设立义冢厉坛,以祭祀孤魂野鬼。

3. "竹篙火龙节"

传说中的火龙能够战胜瘟神,战胜妖魔,因此客家人崇拜火龙。民间谚语说:"火龙虎进村,生子生孙;火龙虎进屋,发财做屋;火龙虎进灶前,老年转少年","火龙在,瘟魔除;火龙旺,子孙兴;火龙游,兆丰年"。每年八月中秋节期间,江西赣州宁都县南岭村都要举行一项独特的大型传统民俗文化表演——"竹篙火龙节"。活动于八月初一拉开序幕,至八月十五日中秋之夜达到高潮,主要内容是祭祀火龙神。竹篙火龙用一根根长毛竹组成,毛竹上半段横扎一层层竹片,每层竹片又扎着许多火把,这些火把全用山茶油、菜油等浸泡过,以易燃烧,扎好后的毛竹成飞龙状。巡游时,火龙队伍后面有乐队,锣鼓唢呐齐鸣,和着不停的鞭炮声,气氛既庄重,又热烈,表达了人们希望战胜病魔的愿望以及对祖先的缅怀。

4. 九月十四"迎伏虎"庙会

每年农历九月十四,汀州府城会举行迎奉伏虎禅师的庙会。会期三至十天,不仅通宵达旦举行各种民间文艺演出,家家户户还宰鸭做菜招待宾客,俗称"九月十四,鸭子嘀嘀"。伏虎禅师(叶慧宽)是晚唐五代时人,善于降服老虎,又能祷雨救旱、消弭战乱,是客家人的保护神。九月十四早上,人们从彭坊平原山广福院接伏虎禅师神像,巡游州城一天,接受全城信众祭拜。不但汀州所属各县百姓提前赶来观看,相邻的赣南瑞金、会昌等县百姓也会过来。后来,庙会逐渐演变成赣闽粤三省物资交流大会,各地商贩都汇集到长汀县城,吃的、穿的、用的、玩的,还有"做把戏"的,无所不有,大街小巷人山人海,水泄不通。2017年1月,伏虎禅师信俗被认定为福建省第五批省级非物质文化遗产代表性项目。

5. "扛金盘宫公王"

在梅县松口铜琶村,八月半,谢、饶、傅氏宗族会举办"扛金盘宫公王"的民俗活动。民间认为金盘宫公王会保佑百姓平安、出行一帆风顺,所以扛公王巡游,演木偶戏,人神共娱。

四、冬季特色民俗

十月纳禾稼,秋收冬藏。冬季(农历十至十二月)民俗活动主要有以下五种:

1. "十月朝"

十月初一,上杭、长汀的一些乡村有做"十月朝"的民俗活动。百姓做米糕,抬五谷大仙巡游,演木偶戏、汉剧以庆祝丰收。

2. 盂兰盆盛会

十月初六至十五，龙岩适中百姓举行"盂兰盆盛会"，祭祀"正顺王谢安"。各村办"佛寮""牌楼""行台"，进行"恭迎正顺王"大巡游，还有各种民间表演。

3. 田完节

田完节，又称"糍粑节"。十月十三，上杭农村家家户户打糍粑庆祝丰收。

4. 十月半

十月半，又称"下元节""完冬节"。长汀城乡百姓做米粿、芋子包、豆腐，晚上演汉剧、木偶戏以庆丰年。

5. 冬至节

客家有"冬至大如年"的说法。客家地区都有冬至祭祖的传统习俗。赣南客家冬至在祠堂举行隆重祭祖仪式，家家扫墓挂纸。咸丰《兴宁县志·风俗》也载："冬至，祭家庙。"长汀城乡有冬至酿"冬酒"习俗。各地冬至进补观念也很普遍，粤东客家民间喜欢用酒炖大块羊肉，佐以药材；赣南客家人则吃酒酿汤圆，俗称"冬至不挪圆，老公鬼不赚钱"。

各地的客家民俗活动还有很多，不胜枚举。通过这些民俗活动，密切了人与人之间的关系，扩大了物资交流，传承了客家文化，让善良、仁爱、团结、拼搏、爱国、爱乡的思想和精神更加深入人心，极大丰富了客家百姓节日文化生活，也成为当代人眷恋故乡、挥之不去的乡愁。所以，习近平总书记在2013年就说，要"让居民望得见山，看得见水，记得住乡愁"。传承发展中华优秀传统文化，就要大力弘扬有利于促进社会和谐、鼓励人们向上向善的思想和文化内容。

五、客家民俗活动的特点及其意义

客家民俗有悠久的历史和鲜明的特点，它能通过集体活动潜移默化地影响人们，起到倡导文化认同、内化伦理规范、增进社会团结的柔性治理作用。以非物质文化遗产保护为基础，将传统民俗常态化融入精神文明建设之中，实现文化与产业的共生共融共促，有利于文化与经济的共同发展。民俗活动是文化的形式，既丰富人们的生活，又增强民族凝聚力，有物质生活价值、精神生活价值和社会生活价值。

1. 传承不断

许多民俗活动历史悠久，客家信俗与民俗活动经常结合在一起，如定光、伏虎从宋代开始就被百姓奉为"二佛"，妈祖信俗也于南宋时传入汀州，与其相关的民俗活动从那时传承至今，已历一千多年。"三太祖师"信俗也是从明代开始的，至今四百多年时间。就客家婚俗中深夜"接亲"的习俗来说，那是传承远古中原的抢亲遗风，农耕活动中的神农信仰更是历史悠久。因此，从这些传承的民俗活动中可以寻觅得客家民系的开拓史、奋斗史和思想史。同时,民间庙会往往是娱神娱人相结合的文化大餐,是客家民俗与民间文艺活动的大展演。通过年复一年的活动,民俗得以延续,文化得以传承,这也是客家文化历经千年而不衰的重要原因。

2. 集体活动多

客家民俗活动都是集体活动,男女老少积极参加,远近亲友应邀观看,有广泛的群众参与性。长汀县"九月十四伏虎祖师庙会",汀州各县百姓都会聚集前来,江西瑞金、广东梅县大埔的客家百姓也欣然赴会,后来发展为赣闽粤物资交流大会。人们之所以纪念定光、伏虎祖师,庙会之所以这么隆重,是敬佩他们降龙伏虎为民除害的勇敢精神、祷雨救旱佑民平安的仁爱思想,这种仁爱思想和勇敢精神已成为客家民众共同的社会心理。妈祖信俗活动、许真君信俗活动、惭愧祖师信俗活动等。这些大型民俗活动无疑有融洽民众关系、和谐社会的作用,与当今讲仁爱、重民本、尚和合、求大同的核心理念相一致。

3. 仪式感强

大型民俗活动都有一些古朴仪式,比如世界客属石壁祖地祭祖大典、世界客属公祭客家母亲河大典,都有念祭文、盥手上香、献花篮等仪式,参加祭奠人员也有衣着服饰方面的要求;武平十月半的"上刀山,下火海"民俗表演,仪式中带有神秘的巫术色彩;人们参与祭祀"天公""社神"时也虔诚有加。这些古韵犹存的仪式虽然与"万物有灵"的原始观念有关,但体现尊崇祖先、尊重自然、天人合一的朴素思想。通过庄重的仪式感,这种朴素思想在人们心目中又得到进一步强化。

4. 实用性强

民俗活动与民间信仰一样,带有强烈的实用功利色彩。山居稻作是客家民系的生产生活特点,春耕前后,客家人要举行"犁春牛""闹春田""打石公""春社""游大粽""保苗节"等活动,人们抬出神农、土地进行膜拜,祈愿一年"风调雨顺、五谷丰登",目的十分明确。这些特色民俗活动,体现客家人吃苦耐劳的精神,也透露客家人对土地的深厚感情。从今天大量媒体对活动的报道来看,足以体现全社会对农业、农村、农民的重视与关切。从活动效果来说,这些民俗活动的举行,能够丰富乡村文化内涵,带动乡村经济发展,乡村文化旅游成为热门产业。

5. 可持续发展

民俗活动一经形成,就会长期以固定形式传承下来。随着时代变化、社会进步,民俗活动的内容和形式也会在传承过程中发生"自发的""渐进的"变化。比如客家地区的妈祖信俗活动,古代汀江航运时,妈祖护佑航运安全,信众主要是航运工人和商贩。近代以来,迅捷的公路铁路运输取代航运,但妈祖信俗并未消失,人们自发转而祷祝全家平安、出行顺利、事业顺遂,人们甚至逐渐把观音救苦救难、送子保赤的功能也集中到妈祖身上,信众范围更加广泛。2022年8月,长汀县汀州天后宫捐资四百万元,为长汀一中修建"博爱楼"学生公寓。因此,我们应当充分把握民俗活动发展性的特点,主动作为,革故鼎新、与时俱进、移风易俗,在民俗活动中引导人们大力弘扬自强不息、敬业乐群、扶危济困、见义勇为、孝老爱亲等中华传统美德,大力弘扬有利于促进社会和谐、鼓励人们向上向善的思想内容,丰富民俗活动的文化内涵。

2017年1月,中共中央办公厅、国务院办公厅印发《关于实施中华优秀传统文化传承发展工程的意见》指出,文化是民族的血脉,是人民的精神家园。文化自信是更基本、更深层、更持久的力量。在五千多年文明发展中孕育的中华优秀传统文化,积淀着中华民族最深沉的精神追求,代表着中华民族独特的精神标识,是中华民族生生不息、发展壮大的丰厚滋养,是中国特色社会主义植根的文化沃土,是当代中国发展的突出优势,对延续和发展中华文明、促进人类文明进步,发挥着重要作用。正确对待客家民俗活动,有利于我们加强文化建设,推动乡村振兴,促进社会和谐发展。

参考文献

1. 曾令存等:《客家文化概论》,北京大学出版社2017年版。
2. 钟文典总主编:《广东客家》,广西师范大学出版社2011年版。
3. 陈弦章:《民间信仰与客家社会》,九州出版社2018年版。

思考与练习

1. 客家地区为什么特别信仰土地、伯公和五谷神农?列举一两种表现。
2. 请介绍一项你家乡的民俗活动,分析其中文化与经济的意义。
3. 请分析自己的名字,取名的方法是什么?表达了父母什么期望?
4. 节庆期间,许多客家乡村举行特色民俗活动,吸引众多游客和摄影爱好者,成为村庄的"金字招牌"。如长汀县童坊镇举河村的"闹春田",连城县姑田镇的"游大龙",永定区的"做大福",龙南市里仁镇的"香火龙",梅州市梅江区的"金山庙会"。请查阅网络相关报道,谈谈民俗活动对乡村文化和经济发展的意义。

第七章 客家山歌与民间文学艺术

客家山歌伴随客家民系的形成而出现,是客家文化中璀璨的明珠。客家的童谣、神话、民间故事、寓言、笑话滋养了一代又一代客家儿女。客家地方戏剧是客家文学艺术的精华,极富特色,深受民众喜爱。这些宝贵的非物质文化遗产,值得珍惜和保护。

第一节 客家山歌

客家山歌是最受客家民众喜爱的艺术形式,它是"扎根在客家地区,在山间野外抒发内心情感,为广大客家群众所喜闻乐唱的一种短小的歌唱艺能"①。与客家人根在

图 7-1 永台妇女客家山歌比赛(张永辉摄)

---

① 王耀华:《客家艺能文化》,福建教育出版社 1995 年版,第 61 页。

中原一样,《诗经》、楚辞以及汉乐府民歌是客家山歌的远源。客家先民曾在江淮之间生活过一段时间,再来到赣闽粤三省交界的山区定居,因此,唐诗、吴声歌曲和畲族民歌成为客家山歌的近源。

客家山歌流行于客家地区,用客家方言演唱;句式上,多为七言四句,俗称"四句板",一般是"二二三"结构,"一二四"句押韵;歌词多为出口成章的即兴之作,字词不固定;歌唱者多为女性,也有男女对歌形式;内容上,既反映客家人的生产劳动,也歌唱爱情,还起劝谕教化的作用;艺术上,继承并发展了传统民歌赋比兴艺术,使用夸张渲染、谐音双关等多种表现手法;曲调上,有的高昂绵长,有的平稳流畅,有的低沉忧郁,调式以羽调式为主,落音是"2、1、1、6",也常用徵调式,落音是"1、6、6、5",多用衬字、装饰音和拖音。山歌受客家民众喜爱,与其具有很强的思想性和艺术性有关。2006 年 5 月,"梅州客家山歌"被认定为国家首批非物质文化遗产。

一、客家山歌的形成原因

客家山歌的生成,有其文学渊源,也有山区地理特点和文化生活需要。

1. 客家山歌的文学渊源

客家山歌的文学渊源有远源和近源。以《诗经》十五国风和汉乐府民歌为代表的现实主义诗歌传统,以《楚辞》为代表的浪漫主义传统,在唐宋时期已经根深蒂固地存在于中原汉人心中,客家山歌明显继承了有千年文化底蕴的诗骚传统。唐诗、吴声歌曲、畲族山歌是客家山歌的近源。中唐时期就有模仿民歌创作的文人"竹枝词"诗歌,比如刘禹锡的《竹枝词》九首,其中的二、九为:

山桃红花满上头,蜀江春水拍山流。
花红易衰似郎意,水流无限似侬愁。

山上层层桃李花,云间烟火是人家。
银钏金钗来负水,长刀短笠去烧畲。

整组诗由刘禹锡作于唐穆宗长庆二年(822)担任夔州刺史时。他学习屈原作《九歌》精神,采用当地巴渝(今重庆一带)民歌曲谱制作成文人诗歌。这九首诗(在唐代,诗也是歌词)形式上都是七言四句,二二三句式,一二四句押韵。在艺术上,《竹枝词》其二是首情歌,明显采用"比兴"手法,其九则采用"赋"的写法吟咏劳动生活。其九中描写的人物:住在高山上,妇女佩戴"银钏金钗",男子"长刀短笠",男女都要劳动,过着"烧畲"的刀耕火种生活。这些劳动生活特征跟隋唐时期生活在闽粤山区的畲族不是很相似吗？关键是，中唐时这些在民歌基础上创作出的诗歌受到人民喜爱，流行甚广，必然在南迁汉人心中留下深刻印象，他们来到赣闽粤边山区接触畲族山歌之后，怎能不自然而然地建立联系？

六朝吴声歌曲是城市民歌，形式上主要是五言，间或穿插七言，内容上主要是抒写爱情，艺术上更多是谐音双关。如《子夜歌（其一）》和《读曲歌（其二）》：

始欲识郎时，两心望如一。理丝入残机，何悟不成匹。

打杀长鸣鸡，弹去乌白鸟。愿得连冥不复曙，一年都一晓。

第一首中"丝""匹"为双关语，谐音思念之"思"，匹配之"匹"；第二首则是直抒胸臆，颇有汉乐府《上邪》之风。所以，黄遵宪在《人境庐诗草·山歌》序中明确指出，粤东"土俗好为歌"，"男女赠答，颇有《子夜》《读曲》遗义"。朱自清在为《粤东之风》作序时也指出客家山歌"谐音双关语极多"，"这两种都是六朝吴声歌曲的风格"。

畲族男女都爱唱歌，其传统山歌都用七言四句形式，即兴创作，随口而唱，质朴无华。南迁汉人在与畲族百姓"杂处"，共同劳动生活，必然发生文化碰撞，因此，汉畲山歌互相借鉴互相影响就在所难免。

2. 特殊的地理环境

赣闽粤边客家地区"开门见山"，山间河谷空旷无人，野兽出没。因此，唱歌既给自己壮胆，又减轻劳累，山区环境也提供了无拘无束放声歌唱的大舞台。

3. 文化生活的需要

南迁汉人从平原来到山区，从城市来到农村，一样需要文化生活。于是，他们学习畲族百姓一边劳动一边唱山歌的做法以愉悦身心，融洽感情。

客家人爱唱山歌，这既是精神生活的需要，也是追求生活品质的需要。下面两首山歌就是他们山歌生活的写照：

出门三步就唱歌，叔婆哇妹嘴咁多。
老妹唱歌解愁急，蛮是唱来引情郎。

上了岭子下了窝，肩头挑担嘴唱歌。
叔婆哇妹介快乐，布娘唱歌天下多。

黄遵宪十分推崇客家山歌，他在《山歌题记》中说："十五国风妙绝古今，正以妇人女子矢口而成，使学士大夫操笔为之，反不能尔。以人籁易为，天籁难学也。余离家日久,乡音渐忘。辑录此歌谣,往往搜索枯肠,半日不成一字。因念彼冈头溪尾,肩挑一担,竟日往复,歌声不歇者,何其才之大也!"他明确表达了对客家妇女山歌才华的钦佩,代表了文人重视民歌的倾向。

二、客家山歌的内容及其表现艺术

山歌是劳动生活的反映,也是内心情感的表达。表现艺术方面,客家山歌继承和发展了赋比兴艺术手法,用月令的民歌形式,运用夸张、渲染与烘托手法,也用谐音双关来表现。

1. 用赋的写法,反映生产劳动

春种夏耘,秋收冬藏,翻山越岭,作田挨担,艰辛的劳动生活是客家山歌的重要内容,如《三月莳田》歌:

> 三月莳田行对行,阿哥莳田妹脱秧。
> 阿哥莳田望割谷,老妹恋哥望情长。
>
> 口唱山歌脚不停,歌声飞入半天云。
> 心雄唔怕天作孽,丰收全靠火样情。

2. 用月令形式,赋的写法,倾诉苦情,揭露剥削

没有土地的农民沦为长工、佃户,遭受地主的剥削压迫,山歌唱出被剥削者的艰辛与苦情。如《看牛歌》:

> 正月看牛雨霏霏,牛须柴哩挂蓑衣。
> 割得草来牛又走,牵得牛来无伴归。
>
> 二月看牛雨涟涟,牛嫲带子跌落别人田。
> 别人看见拳头打,东家看见扣工钱。
>
> 三月看牛三月三,看牛倈子包割青。
> 割得青来牛又走,看得牛来割有青。
>
> 四月看牛日子长,看牛倈子包割芒。
> 手指割烂血淋淋,又疾又饿实难当。
>
> 五月看牛五月节,爹娭喊倨转去过头节。
> 东家吩咐要看牛,想起屋下目汁堕堕跌。
>
> 六月看牛割早禾,割唧一箩又一箩。

拿起饭勺张饭食,东家就喊唔敢装该多。

七月看牛七月半,看牛倈子好难当。
日哩三餐冇食饱,暗晡蚊子咬到天大光。

八月看牛八月社,看牛倈子窜灶下。
东家喊俚快出去,屋前屋后扫净来。

九月看牛过重阳,东家刣猪喜洋洋。
喊俚一人田哩做,转来只食骨头汤。

十月看牛是立冬,番薯芋子正收冬。
东家吩咐多挑点,挑得重来行唔动。

十一月看牛雪皑皑,身上冇袄脚冇鞋。
多谢隔壁三伯娓,分俚一双烂布鞋。

十二月看牛又一年,拿起算盘算工钱。
算来算去冇一个,要倒找东家三吊钱。

3. 用比喻、比兴手法以及夸张、渲染与烘托艺术,抒发爱情

爱情山歌是客家山歌中情感最丰富,形象最生动,数量最多的部分。它揭示男女对美好幸福生活的向往和追求,既有对爱情挫折的倾诉,也有对婚姻不幸的哀叹,如《入山看见藤缠树》《红米煮粥满锅红》《桐子开花球打球》。

入山看见藤缠树,出山看见树缠藤。
树死藤生缠到死,树生藤死死也缠。

红米煮粥满锅红,老妹恋郎唔怕穷。
风吹雨打唔怕苦,两人见了笑融融。

桐子开花球打球,介好情意难得有。
介好情意难得见,两人行到铁树开花水倒流。

也用谐音、双关手法,隐晦地表达内心情感,如《碟子种花园分浅》:

碟子种花园分浅,扁担烧火炭无圆。
哑子食到单只筷,心想成双口难言。

又如叙事诗《糖郎歌》，叙述了一对青年男女追求自主爱情的动人故事：

糖郎住在汀州府，十里名声九里香。
初一拌糖初二卖，初三拌糖走他乡。
头上戴起黄藤笠，栗木扁担五尺长。
黄藤糖箩竹丝耳，肩挑糠箩走忙忙。
大喊三声"做生意"，细喊三声"卖糖郎"。
大姐出来拿糖食，二姐出来拿糖尝。
三姐出来微微笑，只看人意唔看糖。
"三姐要糖自家拿，只管吃来只管尝。"
"唔敢吃来唔敢尝，糖郎亏本何人当？"
"问你卖糖住哪里？""随路卖来随路忙。"
三姐吩咐卖糖郎，"卖了拌糖早回转。
东边楼下有闲屋，西边楼下有闲床。"
糖郎一听心欢喜，挑起拌糖走他方。
上村卖糖用大秤，下村卖糖用斗量。
还有三斤未卖了，送给山中看牛郎。
一担糖箩丢落海，驮根扁担走得忙。
大喊三声"借屋住"，细喊三声"借张床"。
大姐出来对郎说，"俺冇闲屋又冇床。"
二姐出来对郎说，"俺家住女唔住男"。
三姐出来微微笑，喊郎坐倒莫心慌。
铜盆打水郎洗脚，绣花鞋子调一双。
三年鸡公宰郎食，三年老酒拿郎尝。
"唔敢食来唔敢尝，爷娘打骂何人当？"
"喊你尝来你就尝，爷娘打骂三姐当。"
双手点起松光火，两人细细来商量。
郎有情来姐有意，三姐跟郎转家乡。
日头一出照高楼，唔见三姐爬起床。
打开房门看一看，只见空被盖空床。
爷娘跟问隔壁姐，"昨晡住个卖糖郎。
卖糖郎子人才好，恐怕三姐自招郎。"

> 爷娘吩咐大哥赶,一赶赶到大河畔。
> 借问河中钓鱼叔,"可见娇姐带娇郎?"
> "今晡钓鱼来得迟,未见娇姐带娇郎。"
> 二阵赶来三阵忙,一赶赶到大山场。
> 借问山中看牛叔,"可见娇姐带娇郎?"
> "今晡看牛来得迟,未见娇姐带娇郎。"
> 三阵赶来四阵忙,一赶赶到大街坊。
> 大街坊上都借问,口干舌燥想茶汤。
> 进得店来见三姐,三姐身旁坐糖郎。
> 手拿黄藤打三姐,再拿铁尺打糖郎。
> 三姐喊哥:"唔要打,打出人命何人当?"
> 三只乌鸦头上叫,知府老爷过街坊。
> 糖郎三姐当街跪,大喊老爷来相帮。
> 知府问明情和由,当场断佢配成双。
> 三姐糖郎来拜谢,金童玉女转家乡。

《看牛歌》真实反映了客家民众遭受剥削压迫的生存状况,《糖郎歌》反映了客家男女追求自主自由爱情的理想和愿望,艺术上达到纯熟境界,堪称"客家民歌双璧"。

4. 劝谕教化的山歌

客家山歌还对生活中的懒怠、浪费、酗酒、赌博等不良现象予以劝导、教育。如《草鞋烂掉不敢声》《劝郎出门要顾家》:

> 草鞋烂掉不敢声,家中贫苦不敢懒。
> 日日起来勤奋做,苦果也会变甜柑。
>
> 劝郎出门要顾家,莫拿钱财去乱花。
> 赚钱可比针挑土,用钱可比水推沙。

5. 送郎渡台与过番

清初至清中叶,清政府招垦台湾,海禁开放,许多闽粤客家人前往台湾或东南亚创业发展。民国十三年(1924)修纂的永定中川《胡氏族谱》载:康熙年间,胡姓开基祖万七郎公所传第十七至二十五代渡台者有两百零九人。永定高头乡江氏各房族谱所载,康熙后期数十年间,江氏族人赴台者达四百六十人之多。张化孙公、李火德公后裔在上杭、永定、武平和广东镇平、大埔等地渡台者更是不计其数。台湾"招垦"之外,客家百姓前往南洋一带从事采矿、割胶、垦殖或者经商的也很多。招垦和过番不能带家属,于是发生许多悲欢离合的故事,客家山歌就有不少反映这种情形。如竹板歌《阿哥出门去南洋》:

> 阿哥出门往南洋,漂洋过海出外乡。
> 哥哥身体爱保重,保重身体得安康。
> 人争口气佛争香。
>
> 阿哥出门往南洋,一路行程去远方。
> 亲哥到达南洋后,书信赶快寄回乡。
> 免得老妹挂心肠。
>
> 阿哥出门往南洋,两人情分爱久长。
> 堂上双亲倕孝顺,家庭内外妹担当。
> 亲哥在外莫思量。
>
> 阿哥出门往南洋,妹有言语嘱亲郎。
> 亲哥挣钱爱寄转,家中还有老爷娘。
> 离乡背井望春光。
>
> 阿哥出门往南洋,妹有言语问亲郎。
> 亲郎何时动身转,妹在码头等亲郎。
> 合家团圆喜洋洋。

"竹板歌",又称五句板,都是七言句子,二二三句式,一二四五句押韵。由于边唱歌边打竹板,间或以"夹""敲""摇""锯"等动作,使竹板发出"的""确""吱—呀"等有节奏、和谐的音响,烘染演唱气氛和效果。这首竹板歌写妻子送丈夫"过番",从临行前的叮嘱,到丈夫返回、合家团圆的期盼,叙事完整,层次分明,语言质朴,感情动人。

6. 红色山歌

红军在赣闽粤边建立革命根据地,客家民众踊跃参军参战。邓子恢十分重视革命山歌的作用,领导改编创制了许多山歌,被称为"山歌部长",客家山歌成为宣传革命思想的有效方式。许多妇女唱着山歌送郎当红军,用山歌表达对革命成功的期盼。如《风吹竹叶响叮当》:

> 风吹竹叶响叮当噢,旧年红军涂坊上噢。

朱德打得汀州破噢,打得敌人一扫光噢。

　　风吹竹叶响叮当噢,自动报名上前方噢。

　　前方打倒反动派噢,缴了几多机关枪噢。

又如《苏区干部好作风》,这是一首脍炙人口的兴国山歌:

　　(哎呀来)苏区干部是好作风,自带干粮去办公。

　　　　日着草鞋分田地,夜打灯笼访贫农。

　　(哎呀来)苏区干部是好作风,真心实意为群众。

　　　　柴米油盐都想到,问寒问暖情意重。

　　(哎呀来)苏区干部是好作风,毛委员亲手培养成。

　　　　领导群众闹革命,艰苦奋斗人称颂。

　　客家民歌的历史作用不可低估。从民歌的自身发展来看,它继承和发扬我国《诗经》十五国风、楚辞以及汉乐府民歌的优秀传统,兼收并蓄吴声歌曲、畲族山歌的文学养分,因此,它对中原文化的南方传播以及历代客家文人的成长都有积极作用。从传播的途径来看,客家民歌在平民百姓中口耳相传,不拘男女老幼,遍布城市乡村,既丰富了客家民众的文化生活,又提高了百姓的文化素养,从这个角度来说,其传播也是文化的普及与推广。随着客家人迁徙到台湾和东南亚以及世界各地,客家民歌传播更远,影响更为广泛。据相关资料统计,当前一千多万海外客家华侨分散居住在世界八十多个国家和地区,客家民歌也因此具有世界意义。从民歌的内容来说,反对压迫剥削,争取自由平等,憧憬美好生活,是客家人心灵历史的投射,也是他们不畏艰难、勇于开拓的精神力量。从民俗学的角度来看,客家民歌是客家民俗风情的缩影,可资以观察客家人的劳动、生活习惯,爱情表达,人际关系和移民历史等方面的细节。

　　在当代,客家山歌仍然是客家民众喜闻乐见的歌唱形式。1957年,广东梅县设立首个专门演出客家山歌剧的专业剧团,六十多年来推出许多优秀剧目,广受群众好评,获得广东省和文化部的许多奖项。2006年5月,梅州客家山歌经国务院批准成为第一批国家级非物质文化遗产。2014年,电视连续剧《长征》热播,根据赣南民歌改编的电视剧主题曲和片尾曲《十送红军》的传唱,再次激起全国人民对客家山歌的兴趣和关注。地方政府和社会民众也大力加强客家文化生态保护,文艺工作者创作和改编的山歌影视传唱作品越来越多,客家山歌进校园、进景区、进社区、进网络,极大丰富了人民的文化生活。

第二节　客家童谣与民间故事

客家人于孩提时代就接触了文化教育,常通过传唱童谣和聆听民间故事来进行。客家妇女尤其重视孩子的早期教育,劳动之余就在月光下、禾坪上摇着蒲扇教孩子唱童谣,讲故事,这能起到寓教于乐,开发智力的作用。

一、客家童谣

童谣,又称童子谣、孺子歌,原属民间文学,《左传》中就有"卜偃引童谣"的记载。随着社会文明的进步,儿歌成为儿童文学的重要样式。"儿歌"这一名称在我国的正式使用,是在"五四"以后歌谣运动大发展时期。

《礼记·本论》说"童谣乃有声母乳,其入人也深,其化人也深",把童谣比成"有声母乳",意为深入人心,能起到深刻的教化作用。梅县籍晚清爱国诗人黄遵宪有《拜曾祖母李太夫人墓》诗,深情回忆曾祖母教他学童谣的情形:"牙牙初学语,教诵《月光光》。一读一背诵,清新如炙簧。"印尼客家华侨熊德龙在母亲弥留之际为其唱童谣《月光光,秀才郎》,母亲竟然苏醒过来,熊德龙说一句,母亲答一句,念到"鹧鸪喳喳,挑水淋蔗",母亲含笑而逝。

梅州市原市委宣传部副部长、客家文化研究专家胡希张认为:客家童谣可用于对幼儿进行文化启蒙教育,包括语言、知识、品德、情感等的启蒙;在汉族各民系中,客家童谣特别丰富,类型多,押韵,朗朗上口,悦耳动听,思维跳跃,想像奇特;客家人从牙牙学语时就开始听童谣,念童谣,客家童谣是客家人成为客家人的重要文化基因。

童谣形式短小、节奏鲜明、形象生动、明白晓畅、朗朗上口、易记易诵,其传唱是儿童重要的娱乐活动。客家童谣的表现手法主要有拟人、顶针、比喻、夸张、反复、联想,其中运用较多的是拟人、顶针。

客家童谣,根据其功用,大致可分为三类:游戏儿歌、教诲儿歌、训练语言能力的绕口令。

(一)游戏童谣

几个孩子一起做游戏,一边唱童谣,可以增添无限乐趣。如《砻谷嗦嗦》:

砻谷嗦嗦,碓米落锅。前锅煮粥,后锅焖肉。有冇分倨吃?冇冇冇,稀里哗啦打烂你的锅头嘟。

再如《数字歌》：

一一一，松树尾巴一管笔；

二二二，两子亲家打巴掌；

三三三，脱掉棉袄换单衫；

四四四，两子亲家打斗四；

五五五，五月十五好嫁女；

六六六，河背村庄火烧屋；

七七七，天公落水深过膝；

八八八，穷苦人家兜粥钵；

九九九，两子亲家食老酒；

十十十，糍粑打来软习习。

又如《排排坐》：

排排坐，唱山歌。爷打鼓子倕打锣，甥舅灶背炒田螺。
田螺壳，刺到家官脚，家官呀呀呀，甥舅笑哈哈。

（二）训练语言能力的绕口令

绕口令有句子短、押韵、易理解、好记忆的特点，是孩子们喜欢的语言游戏，也是寓教于乐的好形式。

如教育孩子热爱读书的《月光光，秀才郎》：

月光光，秀才郎。骑白马，过莲塘。莲塘背，种韭菜。韭菜黄，跳上床。床有杆，跌落坑。坑圳头，看黄牛。黄牛叫，好喂猫。猫头鸡，好喂鸡。鸡入岽，好唱戏。唱戏唱得好，虱嫲变跳蚤。跳蚤跳一工，虱嫲变鸡公。鸡公打目睡，天龙走得脱。天龙走忙忙，撞到海龙王。龙王做生日，猪肉豆腐大大粒。

又如让孩子了解社会生活的《鸡公子，啄尾巴》：

鸡公子，啄尾巴，啄到婆婆树兜下。婆婆出来看鸡子，姐姐出来拗桃花。桃花开，李花开，张郎打鼓李郎吹，吹到姐姐心哩化化开。

(三)教诲童谣

让儿童从小拥有正确的人生观、价值观,也是童谣传唱的功能。如培养廉洁观念的《月光光,随水上》:

月光光,随水上,船来等,轿来扛,扛去汀州府里做清官。清官出来接小姐,小姐出来帮清官。清官暗,跌落坑;清官清,得人心。清官好,好宝宝,宝宝长大做清官。

再如教儿童正确看待吃苦与享福的《月光华华,点火烧茶》:

月光华华,点火烧茶。茶一杯,酒一杯,嘀嘀嗒嗒讨新婢。讨的新婢矮栋栋,做的饭子香喷喷。讨的新婢高喃喃,挑担谷子好清闲。讨个新婢笑嘻嘻,三餐唔食肚唔饥。讨个新婢嘴嘟嘟,欢喜食甜也吃苦。食得苦,唔怕苦。唔怕苦,脱得苦。脱得苦,有福享。有福享,要回想。

又如教人文明礼貌的《大月光,细月光》:

大月光,细月光,两只狗子爬砻糠。爬到两块猪肉皮,食一粒,留一粒,留来天光请大姨。

童谣就是生活的田园诗,就是民俗的风情画。客家人从牙牙学语时就听童谣,念童谣,于潜移默化中接受客家文化。梅州市原市民间文艺家协会主席、词作家陈昌环就认为,以儿童为对象的客家童谣,较之以成人为对象的客家山歌,其艺术价值并不逊色,而在客家人的成长过程中,童谣起的作用比山歌还要大。

二、客家民间故事

客家民间文学一般包括神话、传说、生活故事、寓言、笑话,是客家民间口头文学的主要组成部分。它用丰富多彩的口头语言讲述历史和人物故事,塑造鲜活的人物形象,展现客家历史文化和生活状态,是客家人孩提时代的文化大餐、难忘的记忆。民间故事也从侧面反映客家地区的人文历史、乡风民俗以及百姓的是非爱憎。

(一)神话、传说

神话、传说,因为故事时间比较久远,客家人称之为"讲古"。神话传说内容神奇,想象丰富,情节比较曲折。

1. 风景名胜故事

风景名胜都有许多神奇的传说,给秀丽山川增加丰富的文化内涵。如《冠豸山由来的传说》,解说连城冠豸山丹霞地貌的来历:

古代,有个名叫杨建平的"半仙",有一根赶山鞭,赶山石如驱羊群,能移山填海。这一日,他正赶着武夷山一列山石,经过连城地面,要到闽江去堵水口。何以要堵闽江口?据说福建出不了天子,是因为闽江缺口,走漏风水,如能堵上让风水回环八闽,则可出天子。杨半仙赶山石去堵闽江口,想得天子之福。正行间,有一人来报:他的母亲已经仙逝,要他赶紧回家料理丧事。他想,家中还有兄弟,母亲已死,回家无济于事,还是赶山要紧。因此他回答说"众家丧,我就不回去了",依然扬鞭前行。

过了一阵,又一人来报:"你的老婆得急病,命在旦夕,叫你速速回家见上一面。"他听后大吃一惊,忍不住洒落泪水说:"妻呀!这真叫我割断肝肠啊!"便将赶山鞭插在石上,打住走动的山石,就急匆匆回家。

回到家中一看,只见母亲、妻子安然无恙,方知受骗。待他回头来再拿起赶山鞭赶山石时,鞭子已失去神力,怎么也赶不动山石了。

原来二位报信人都是他师父变化的,要试一试杨建平的心地,见他只要老婆不要母亲,没有德行,就废去了他的仙术,让他恢复为凡夫俗子。因此,这一列山石也就长久地留在连城县东郊,在一望平川上拔地而起。这座山因像莲花,人们便叫它"莲峰山"。以后因这座山头又像古代法官的帽子——獬豸冠,山势巍峨雄壮,活像一个正直无私的法官,所以给它改名为"冠豸山"。①

2. 名人传说故事

名人都有非凡的人生经历、高超的事业成就,关于他们的传说也就非常多。如《〈水鸭图〉的故事》讲述闽西著名画家、扬州八怪之一黄慎绘画水平高超、不阿附权贵的故事。

黄慎从小爱画画,因为家穷,幼年便帮助母亲操持家务,放牧看牛。好学的黄慎每天一边看牛,一边在地上画画。画山画水,画龙画虎,画鸡画鸭……

村里一位老人,见这孩童画的画很有样子,画什么像什么,十分怜惜他的才能,送了些银两给他。黄慎用这钱买来纸张笔墨,日日夜夜在家里作画,一幅又一幅地画个没完,常常连饭也忘记了吃。

---

① 苏振旺、何志溪:《闽西民间故事选》,华夏出版社2009年版,第279页。

黄慎画好一幅《水鸭图》。母亲见了又喜又忧地说："慎儿，你整天这样画呀画的，有什么用？端午节快到了，家里吃什么呀！"黄慎指了指《水鸭图》，风趣地说："这画上的鸭子就够吃的了。"停了半晌又说："阿姆，你把这画拿到墟上去卖就是了。"母亲不信，怕人笑话，不敢拿去卖。

黄慎只好托一位邻居带上这幅画，到镇上去换真鸭子。邻居找到一位卖鸭人说："老叔，我这画上的两只鸭子换你两只活鸭，好不？"

"纸鸭换活鸭？新鲜！"卖鸭人觉得好笑，但一摊开细看，就爱上了画上的鸭子，那神态就像活的一样，于是心甘情愿达成了交易。邻居又按黄慎的交代，对卖鸭人说："以后如果你要钱急用，可以拿去当铺典当。"

不久，卖鸭人果真把画送到宁化城里典当，店老板看了画，高兴得嘴也合不拢，忙问："这画多少钱买来的？"卖鸭人说："两只活鸭换来的。"

店老板说："好！我付你四只鸭子的钱。"

"好！好！"卖鸭人可高兴了。

老板把这幅《水鸭图》挂在店堂上，不时招来许多看客，大家都啧啧称赞，店堂也更热闹了。

有一天，县太爷经过当铺门口，看见许多人围观一幅画，也凑过去，一看，是两只栩栩如生的水鸭子，把县太爷喜得搔头摸耳，不肯离去，当即问老板要多少银子。

店老板心想捞钱的机会来了，但在县官面前不敢直说，伸出两个指头比了比。县太爷以为是廿两银子，高兴地说："值得，值得，好，给。"

汀州知府王大人到县里巡视，在县官那里看到了这幅《水鸭图》，也爱不释手，又不好直言白拿，问县官要多少银子。县太爷心想，府大爷要画，本应奉送才是，只可惜自己花了廿两银子，那就半送半卖吧，于是伸出一个指头比了比。知府大人果断地说："行！一百两就一百两，这画我要了！"

最终，黄慎的《水鸭图》落到哪里，价值多少，那就不得而知了。

据说后来知府千方百计寻访到黄慎，想请他作几幅画，却未能如愿。他哪里知道，黄慎从小就有个坏脾气，不屑为那些官老爷效劳。[①]

（二）生活故事

生活故事来自普通百姓的奇闻逸事，犹如"街谈巷议，道听途说"的小说，来自社会生活，有其真实性，又有虚构成分，往往能够引人入胜，从中了解人情世故、民俗风情。

---

① 杨宏海、叶小华：《客家艺韵》，华南理工大学出版社2006年，第26页。

《"无有钵"的故事》讲述农民周宗贵从"无"到"有",由穷变富的故事,说明生态保护带来巨大回馈,很有哲理意味。其中一节:

有一天,他看到有个农民提着一串青蛙在街上叫卖。青蛙被绳子系得肚子发胀,甚是可怜。他就以平时积攒的一吊钱将青蛙买了下来,提回到自己经常挑水洗菜的河里放生了。第二天早上,周宗贵去洗菜时,看见一群青蛙推着一个缺了口的破火笼钵给他。他把它推回河中,青蛙又把它推到他的面前,推了几次都这样。他心生奇怪,于是想了想,就捡回去当喂狗的碗钵。当天夜里,他把剩饭倒在火笼钵里喂狗,直到只剩几粒饭了。可第二天他去喂狗时,忽然发现火笼钵里的饭满满的。后来又试了几次都一样,才知道这就是传说中神奇的"无有钵"。他便高兴地用银圆去试,结果他发了财,买地,造房子,讨老婆,人丁、家业都兴旺发达起来……①

(三)寓言故事

寓言就是用比喻性的故事来寄托意味深长的道理,给人以启示。客家寓言也常常在动植物故事中寄予教育启迪。如《鸡的脸为什么是红的》就讲述分清是非,不能一概而论的道理:

自从黄鼠狼假借给鸡拜年,捕走了一只大公鸡后,就流传下一句格言:黄鼠狼给鸡拜年——不安好心。

鸡特别铭记着这句格言。从那以后,它处处格外小心。久而久之,竟对所有朋友都起疑心了。

鸭来给鸡拜年,鸡说:"这鸭肯定不安好心!"鸭讨了个没趣,只得长叹一口气走了。

鹅来给鸡拜年,鸡也同样说鹅"不安好心"。使鹅也尝了个没滋没味,也只得垂头丧气地走了。

接着,狗啊、猪啊、兔啊,都来给鸡拜年,也都被当做"不安好心",同样遭到冷遇。

渐渐地朋友们就和鸡疏远了,鸡终于孤立起来。

黄鼠狼得到这个消息之后,喜出望外。大胆地安排了一个夜劫鸡舍的计划。

在一个墨黑的夜里,黄鼠狼包围鸡舍。因为鸡不信任朋友,所以大家都和鸡住得远远的,谁也没发觉鸡舍被黄鼠狼包围了。

---

① 何志溪、肖干南:《闽西民风概览》,鹭江出版社2012年版,第257页。

等到第二天,一舍鸡大部遇难。侥幸逃出来的后悔莫及,一见到这些朋友,脸便发红。从此鸡的脸就变得红红的了,它们再也不随便胡说别人"不安好心"了。①

(四) 笑 话

笑话往往一事一篇,幽默诙谐,塑造的人物生动活泼,所作所为异乎寻常令人发笑,让读者从中领悟一些道理。笑话《谷壳路》通过讲述幽默风趣的傻丈夫祝寿故事,说明不能教条主义的哲理:

岳父做寿的日子到了,夫妻俩要去祝寿。可是妻子不愿和傻丈夫同行,但又担心傻丈夫记不得去岳父家的路,就说:"我要早一天去帮忙做事,你后面自己来,我会沿途撒谷壳,沿着有谷壳的路走,便不会走错。"妻子一路走一路撒谷壳,到了娘家门口布袋里还剩一些谷壳,就顺手倒进池塘里。第二天,傻丈夫上路,沿着有谷壳的路走啊走,突然谷壳没了,抬头一看,一个高大的门楼,好像是岳父的家。正要抬脚进去,可又停住了:这门里没谷壳啊,怎么能进去呢?傻丈夫正没主意时,看到门口的池塘里,一片谷壳在水面漂浮,他犹豫了:"怎么,岳父的家会在水里?"但转念一想:"妻子分明交代要往有谷壳的路走啊,妻子的话绝对不会错的。"于是,他一纵身,跳进池塘。

第三节 客家地方戏

流行于客家地区的地方戏,主要有采茶戏、客家木偶戏、客家汉剧和客家山歌剧。这些民众喜闻乐见的"大戏",丰富了人民群众的文艺生活,传承着客家戏剧艺术。

一、采茶戏

客家采茶戏,发源于明代江西安远县九龙山一带,主要流行于赣南各县市以及闽西的长汀、连城、武平。赣南采茶戏俗称"茶灯戏""灯子戏",有"客家艺术一枝花"的美誉。2006年5月,"赣南采茶戏"成为首批国家级非物质文化遗产。

采茶戏的角色有小生、小旦、小丑、老生、老旦、花旦、彩旦、大花,俗称"八头角"。道具主要是花帕、彩伞,还有扇子、板凳、棍子、花鼓等。

---

① 苏振旺、何志溪:《闽西民间故事选》,华夏出版社2009年版,第338页。

采茶戏乐曲,以茶歌、小调音乐为主。常以戏名为曲调名,如《才郎搭店》《才郎别店》《十买十带》《王氏劝夫》。

采茶戏的板式有紧板、慢板、导板、散板、诉板、哭板、平板等,常以曲牌连缀和板式连接的手法来表现人物感情的起伏变化。所用乐器有胡琴、二胡、三弦、笛子、唢呐、鼓、板、大锣、小锣、大钹、小钹等。

采茶戏传统剧目有一百多个,大戏剧目如《赵玉林》《青龙山》《三家福》《割肉记》《卖花记》《九龙杯》《车公传》《才郎搭店》《胡家传》。小戏剧目如《十买十卖》《双福船》《王氏劝夫》《看相》《卖杂货》《化斋》。

二、客家木偶戏

闽西提线木偶戏,旧称"傀儡戏"。明初传入闽西上杭,至今有六百多年的历史。2005年,"闽西上杭傀儡戏"成为福建省第一批非物质文化遗产代表项目。2011年,水竹洋"田公会"活动以"田公元帅信俗"身份成为福建省第四批非物质文化遗产。

图7-2 闽西客家木偶戏(张永辉摄)

1. 闽西木偶戏的起源

关于闽西木偶戏的起源有两种说法:一是据木偶艺人相传,明朝初年,上杭白砂樟坑的赖发奎,塘丰的温发明、李法佐、李法佑等人,在温州学到木偶戏,回到上杭,组建了第一个木偶戏班。另一说法,是上杭白砂水竹洋的梁姓开基祖梁缘春,于明朝初年自浙江杭州于潜县(其弟梁缘弼时任于潜县县令)学回高腔木偶戏,请回木偶戏神"田公祖师"香火供奉。总之,上杭白砂是闽西高腔木偶戏的发源地,白砂水竹洋的"田公堂"成为木偶艺人"朝圣"之处。

历史上,上杭木偶戏班曾多达108个,逐渐流传至连城、永定、长汀、龙岩、宁化,乃至广东及台湾一些县市。1954年,由上杭邱必书、连城徐传华为首组成的闽西木偶队参加福建省木偶戏汇演,随后又被抽调参加华东木偶汇演,其剧目《大名府》荣获"一等奖"及"特种艺术奖"。1955年,参加由文化部主办的全国"木偶戏皮影戏观摩演出会",在中南海怀仁堂向朱德元帅和周恩来总理等中央领导人进行汇报演出。1956年,徐传华还率领"中国木偶艺术表演团"到东欧国家访问并进行交流演出。1955—1963年,上杭文化部门组织,陆续抽调梁祥礼、邱必书、袁宜立、曾耀芳、龚步阶、郭文华、蓝振芹、龚汉昌等傀儡戏老艺人至文化馆口述传统剧目,共记录整理出传统剧目一千多个。

清初武平文人林宝树(1673—1734)所编《一年使用杂字》(又称《年初一》),描述闽西客家民俗,其中写到"有行香火提傀儡,赛过良愿香山戏。华光菩萨并观音,三位夫人随人许",说的就是冬天农事结束后,为感谢田神(神农炎帝),上演《香山传》(又称《观音传》)《华光传》《夫人传》三部傀儡戏。可见,迎神唱戏已成为闽西客家地区的民俗。

2. 木偶戏的特点与亮点

闽西提线木偶戏,最初是以高腔为主演出的傀儡戏,称"高腔班",人数三人,俗称"三角班"。无弦乐伴奏,只一人操作打击乐,两人操作木偶。演出时,一人领唱,两人帮腔,全班木偶共十八个。所谓高腔,源于江西省弋阳县,其特点是表演质朴、曲词通俗、唱腔高亢激越、一人唱而众人和,只用金鼓击节,没有管弦乐伴奏。

到清末,闽西汉剧大为发展,部分高腔班就改唱皮黄腔,发展出以闽西汉剧音乐为主的"乱弹班"。"乱弹傀儡戏"用皮黄腔演唱,有专门的乐队,木偶增加到二十四个,称"二十四诸天",木偶身高也由一尺多增加到三尺多,戏班人数为六七人及以上,木偶戏的艺术性和观赏性提高了。乱弹傀儡戏流行于闽西、粤东和赣南一带,主要剧目有《八戒闹庄》《收三徒》《山漫金山》《火焰山》《画里娇妻》《张才与腊梅》《龙凤旗》《马前泼水》《三打白骨精》《借雨降妖记》。

连城县木偶艺术中心李明卿的"木偶书法"堪称世界一绝,2000年获得吉尼斯证书。2014年,在河南举行的全国木偶戏汇演中,李明卿的《木偶拉琴·贵妃醉酒》获得金奖,其中的"木偶拉琴"让世人叹为观止。上杭县艺术中心木偶戏表演队的杖头木偶戏《降妖》获得银奖。这些都是表演艺人不断创新的成果,也为闽西木偶戏的重新崛起增添了信心。

3. 木偶戏经典之作《大名府》赏析

《大名府》,又称《智取大名府》,是闽西乱弹傀儡戏的经典之作。剧本取材于施耐庵小说《水浒传》第六十回《吴用智赚玉麒麟 张顺夜闹金沙渡》至六十五回《时迁怒烧翠云楼 吴用智取大名府》。全剧十一场,讲述卢俊义被逼上梁山的故事。其中"过

图 7-3　木偶表演《过关》（张永辉摄）

关"这场戏,演绎梁山好汉趁正月十五闹花灯之日扮演舞蛇人过关混进城中,劫了死牢,解救卢俊义返回梁山的故事。

舞蛇人:过关！

公(公差):你是干什么的？

舞蛇人:我是舞青龙的。

公:什么？舞青龙的？什么样的青龙我都没有见过,舞给我看看好吗？

舞蛇人:好,你要看青龙,我叫它出来。青龙哥出来,青龙哥出来呀！出来了……

公:你想死啊,老爷的命给你开玩笑！

舞蛇人:不敢不敢,我耍蛇给老爷压压惊吧。

公:那好吧,你耍得好放你过关。

舞蛇人:那好,耍起来呀。唱《十字歌》。

主(主唱):一字一排来条龙——

配(配唱):百姓真苦情。

主:二字排来隔条河——

配:天灾兵祸多,妻离子散苦难当哎嘿呦。

主:三字排来分长短——

配:官家害百姓。

主:四字排来四四方——

配：豺狼四路挡，官逼民反上山岗哎嘿呦。

主：五字排来盘龙髻——

配：饿殍躺满地。

主：六字排来三点一横长——

配：生路在何方？三山聚义除奸党哎嘿呦。

主：七字弯弯从左转——

配：长夜盼天明。

主：八字峨眉两边排——

配：黑夜苦难当，何日重振锦乾坤。

主：九字金钩梁上挂——

配：黑夜自有边。

主：十字一直一横长——

配：星宿闪光芒，旭日东升天放光哎嘿呦。

公：喂！你要完了没有？

舞蛇人：完了完了。

公：完了快进城，快进城！

这一节，弄蛇人主唱《十字歌》，其他演员配合着伴唱，既浓厚了舞台演唱气氛，又突出戏剧主题——天灾兵乱、官家残害百姓、豺狼当道，以至官逼民反。这场戏，充分发挥了木偶戏的提线手法和表演技能，各行当表演逼真、生动，体现了闽西木偶戏的高超技艺。

三、客家汉剧

客家汉剧主要流行于广东、福建和江西三省客家地区，远及我国台湾以至东南亚的印尼、新加坡、泰国、菲律宾等华侨聚居地区，深受海内外人士喜爱，曾被周恩来总理誉为"南国牡丹"。2006年5月，闽西汉剧被认定为首批国家级非物质文化遗产。

1. 渊源

汉剧于雍正、乾隆年间传入闽西，至今已有近三百年历史。闽西汉剧与湖南祁剧（清末又称楚南戏）、江西东河戏有着较为密切的渊源。早在乾隆元年（1736），湖南"新喜堂"戏班（祁剧）已到宁化县坊田乡演出。自此开始，许多楚南戏班在闽西活动，促使西皮、二黄声腔在闽西流行，不断吸收融汇当地木偶戏、流行的鼓吹、十番及后来逐步传入的饶平戏、潮剧等民间乐曲的艺术养料，逐步形成具有独特风格的闽西汉剧这个地方剧种。抗战前，闽西、粤东人称之为"外江戏"（清朝时期从湖北、安徽、湖南等省传

图 7-4 闽西汉剧脸谱（张永辉摄）

进来的皮黄剧种），20世纪30年代初更名为"汉剧"，60年代初，才改称"闽西汉剧""广东汉剧"。

2. 音乐唱腔

闽西汉剧的音乐，称乱弹，属皮黄系统，即西皮（湖北的楚调，源于湖北黄陂，又称"北路"）和二黄（源于湖北黄陂、黄冈地区，又称"南路"）为主，吸取部分高腔（江西弋阳腔）、吹腔（发源于甘肃陇东，以笛子伴奏，故称）、佛曲和当地的民间音乐，形成独特的，有别于其他皮黄腔音乐的闽西汉剧音乐。闽西汉剧音乐又分为唱腔音乐、场景音乐两大类。唱腔中的唱词，主要有二二三式的七字句和三三四式的十字句。有严格的上韵、下韵（即平仄声）之分。演唱时，小生、花旦用假嗓，以体现年轻；大花用炸嗓，体现强悍粗犷；红净用真假嗓结合，体现刚正不阿；其余用真嗓。场景音乐，文场是弦管乐，乐器主要是头弦、月琴和小三弦，称"三大件"。武场是打击乐，乐器主要是头弦、提胡、大锣。唱腔和道白的语言，是闽西、粤东方言的中州韵"土官话"。

3. 角色

主要有小生（又分文小生、武小生、娃娃生、文武生）、旦（花旦、武旦、老旦、青衣、乌衣）、老生（正生、武老生、白须老生）、丑（武丑、老丑、童丑、官袍丑、方巾丑、短衣丑）、净（红净、大花、二花）。

4. 剧目

闽西汉剧剧目有八百多个，反映的时代，上至商周秦汉，下至近现代。题材涉及历史故事、民间传说、演义传奇、神话传说、元明杂剧和现代剧。内容多为反映爱国精神、忠奸斗争、善恶冲突以及爱情、伦理道德。从剧目来源可分为三大类：一是传统剧目，如《兰继子》《大闹开封府》《红书宝剑》《打洞结拜》《广东案》《百里奚》《二进宫》等两百多个；二是自其他剧种移植来的，如《十五贯》《春草闯堂》《逼上梁山》；三是新创作或新改编的，古装戏如《触逆鳞》《史碑鉴》《春娘曲》，现代戏如《陈客嬷》《鬼恋》《打赌成亲》《月到中秋》《胡文虎》《擂皮子七七》《俏俏嫂》。①

图 7-5 汉剧《春草闯堂》（张永辉摄）

5. 闽西汉剧《三娘教子》赏析

《三娘教子》是折子戏，改编自明末清初戏曲家李渔《无声戏》中的一出。剧情叙述薛家三娘王春娥丈夫薛子路前往镇江贸易，不幸身亡，薛妻正房张氏、二房刘氏改嫁，留下三娘王春娥抚养刘氏的儿子薛倚哥。一日，王春娥督促他的学业，不懂事的薛倚哥却顶撞她、说她不是亲娘：

---

① 曾耀东、傅德露、高晓斌：《闽西客家大典》，海风出版社 2011 年版，第 211～212 页。

王春娥：这个……（唱二黄慢板）

　　千看万看夫君面，谁是谁非当面言。
　　娘为儿头上少遮盖，娘为儿身上少衣穿。
　　三更半夜儿不睡，抱儿看月到天明。
　　左边抱来右边湿，一夜无睡到天明。
　　娘问儿茶饭谁人理？娘问儿衣破谁人缝？
　　娘问儿头上顶着是什么？不知那老薛保为着何人？
　　说着说着心火起，不由为娘痛上心。
　　手持家法将儿打（科）

薛　保：（接唱二黄三板）

　　薛保上前忙阻拦，要打就把老奴打。
　　你打在东人痛在老奴心。

王春娥：（唱二黄三板）

　　老薛保都有主仆义，难道我春娥没有母子情？
　　（上前扶起老薛保）
　　儿啊，从今后用心攻读长成人！

薛　保：上前叩见母亲——

薛倚哥：母亲请上，孩儿一拜！

王春娥：不用——

薛倚哥：（唱二黄三板）

　　母亲请上受一拜，千拜万拜都应该。

王春娥：（唱二黄三板）

　　但愿我儿早高中。

薛　保：（唱）小东人手折丹桂又何难！

王春娥：儿啊，随我来——

薛保、薛倚哥：三娘／母亲——

王春娥：（唱）望我儿勤攻读青云直上——

薛　保：（唱）不负那王三娘教子之功。[①]

三娘苦口婆心教育儿子的一出戏，感动了千万观众，成为客家民众克服艰难困苦培养孩子读书成长的榜样和精神力量。

---

① 刘佳柳、何志溪：《闽西汉剧传统剧目选》，中国文史出版社2017年版，第301页。

四、客家山歌剧

客家山歌剧是以客家话作为舞台语言,以客家山歌、小调、杂曲为音乐基本曲调的新兴地方戏曲剧种。从新中国成立之后形成至今,客家山歌剧已发展了六十多年,主要流行于广东、江西、福建以及广西等客家人聚居地区和东南亚等客家华人地区。粤东梅州市是客家山歌剧流行最广、表演团体最多的地区。

(一)客家山歌剧的形成与发展

明清以来,粤东梅州地区客家山歌极为兴盛,素有"山歌之乡"的美称。新中国成立之后,群众性山歌演唱活动迅速发展,文艺工作者将山歌搬上舞台,表演形式有独唱、对唱、小组唱、表演唱,这是客家山歌发展的一次飞跃。在舞台演唱客家山歌的基础上,文艺工作者进一步创作出有简单人物形象和情节的山歌剧演出,这是客家山歌发展的第二次飞跃。1951年,粤东兴(宁)梅(县)军分区宣传队以客家山歌为基础,编演了动员群众参军的小戏《一对好夫妻》,正式以山歌剧命名,演出之后获得军区汇演奖项,地方报纸上也开始用"山歌剧"称之,标志着客家山歌剧的正式形成。

1957年,第一个专门演出客家山歌剧的专业剧团"梅县民间艺术团"成立。由米柯(原名陈美豪)编曲,梅县石书乡俱乐部首演的独幕山歌剧《巧相逢》,成为梅州山歌剧初期的代表作。1993年出版的《中国戏曲志·广东卷》将客家山歌剧正式归入戏曲范畴。

客家山歌剧的发展大致经历三个时期:

1. 初创形成期(1957年前)

客家山歌剧草创之初,正值新中国成立不久,因此多以独幕剧形式表演时事,热情歌颂新生的中国,鼓励群众参加社会主义革命和建设。代表剧目有《夸老公》《夫妻识字》《一对好夫妻》《巧相逢》。主要演员有熊莉梅、张振坤、饶稚兰、蓝小田、胡电明。

2. 发展成熟期(1958—2001)

专业剧团成立之后,在专业演员以及编剧、导演、编曲、舞美等工作人员的共同努力下,剧目更加丰富,剧情更加丰满,更受群众欢迎。代表剧目有《唱夫归》《挽水西流》《彩虹》《相思豆》《漂流的新娘花》《啼笑冤家》《山寨红灯笼》《风雨桃花》。主要演员有钟秋环、田莉梅、郑钢坚、宋小平、赵文有、徐秋菊、邹燕、童爱娜、王映楼、杨谊、胡莞维、陈庆艳。

3. 繁荣与精品期(2002年至今)

2002年,客家山歌剧《等郎妹》在梅州首演成功,引起巨大轰动,该剧于2003年10

月参加第八届中国戏剧节获"曹禺戏剧奖"(剧目奖);同年12月又入选广东省第五届精神文明建设"五个一工程";2006年还获得广东省文学艺术界最高奖"鲁迅文艺奖"。从此,客家山歌剧进入繁荣与精品时代。代表剧目《等郎妹》(2002年)、《山魂》(2002年)、《桃花雨》(2008年)、《合家福》(2011年)、《客魂·家风》(2014年)等大型客家山歌剧,也分别在广东省第八至十二届艺术节上获一等奖,创造了地方小剧种在省级艺术节上"五连金"(奖)的奇迹。《桃花雨》于2010年文化部举办的第九届中国艺术节荣获第十三届文华优秀剧目奖,这是客家山歌剧第一次获得中国戏剧节最高政府奖项。《合家福》获得2013年广东省"鲁迅文艺奖"。小剧种做出"大文章",创造了业内同行竞相评说的"山歌剧现象"。

(二)客家山歌剧的剧种特色

客家山歌剧是地方特色小剧种,只有六十多年的发展历史。之所以受观众喜爱,屡屡获奖,是因为有鲜明的特色:

1. 舞台语言使用客家话

山歌剧的舞台语言使用客家话,是其客家地方特色的鲜明标签。由于客家话与普通话比较接近,即使不懂客家话的人也能听懂大半,因此也受非客家地区的观众欢迎。

2. 戏剧歌曲、音乐使用客家山歌、小调

客家山歌歌词类似传统诗歌的七言绝句,音乐和唱腔使用客家地区的山歌、小调等民间歌曲和音乐素材,多是原生态引用或稍加改编,没有固定的唱腔和板式,唱词可以根据情感需要增加衬字,比较自由,因此,宛若天籁般的山歌音韵普遍受到观众喜爱。

3. 更富现代性和可塑性

传统的昆曲、京剧、汉剧等,由于形成时间历史悠久,表演程式化、角色固定化、唱腔板式化,虽然形式优美,但毕竟自由度不高,现代性不强。相比之下客家山歌剧在表现上没有任何束缚,接近生活,更接地气。

龙岩山歌剧团是客家地区山歌剧的劲旅。1955年9月,在当时的龙岩县人民政府及有关部门主导下,龙岩县山歌戏实验剧团正式成立。剧团初创时,以温七九等十二位民间艺人和新文艺工作者为主。当时设备简陋,仅有十二根扁担、一堂锣鼓、两盏汽灯、六套服装,他们就这样起家。1957年进入龙岩山歌剧团,现为省级非物质文化遗产项目传承人的黄淑霞说,20世纪60年代是龙岩山歌戏发展最鼎盛的时期,导演、编剧、作曲、演员等阵容都很齐全,不仅在龙岩地区演出,也到广东等地区巡演。当时,剧团自己写剧本,很有龙岩特色,轰动整个福建,甚至准备进京演出。1992年,龙岩山歌戏《山妹桥》参加"全国天下第一团优秀剧目展演",龙岩山歌剧团荣获"天下第一团"称号。大型山歌剧《故人》参加福建省专业剧团会演后,获得高度评价,荣获多项大奖。

《茶花娶新娘》等独幕山歌剧还被拍成电视剧,广获好评。龙岩山歌戏从现实生活中撷取题材,如《双喜临门》《生路》,还创作演出一些题材厚重的大戏,如《陈客嫲》《故人》。2018年,由王保卫编剧,龙岩山歌戏传习中心(原龙岩山歌剧团)排演的大型红色题材山歌戏《羊角花》参加江西省举办的2018年"茶香中国"首届全国采茶戏汇演,获得一片赞誉,成为2018年度福建省舞台艺术精品工程重点项目。2019年,龙岩山歌戏入选福建省第六批省级非物质文化遗产代表性项目。

《羊角花》(第一幕)

【这是一个令人难忘的红色年代。

【幕后伴唱:日头落坡血绒绒,月光出山屋空空。

　　　　　　客山客水雾重重,羊角花开点点红。

【伴唱声中显现,南方一个漫山遍野开着一种红红羊角花的地方。红军和白军刚刚结束了一场生死大战。落山的太阳血红血红,好像刚从血水里捞出来一样。山崖上,遍地是被炮火震得七零八落的羊角花,花瓣儿痛苦地洒满荒坡,远远望去漫山遍野是战争中死去的白匪及红军战士。乡亲们正救治受伤的亲人们。

【画外音:出嫁了!

【顿时鞭炮锣鼓唢呐齐鸣。

【一声高亢而悲凉的山歌飘来:

哎呀嘞——

锣鼓鞭炮震天响,花轿抬来新嫁娘。

哭天哭地轿儿上,只因违心嫁错郎。

【喜乐起,远处山道上现接新娘的队伍。

【众男女青年簇拥着羊角儿坐轿上。

【男青中走出甲。

(喊)上坡喽!

【众男青作抬轿舞。

(唱)抬花轿来送新娘,欢欢喜喜入洞房。

　　　掀盖头来脱嫁妆,美满姻缘万年长。

【众女青走出甲。

(呼)下坡嘞!

【众女青作护轿舞。

(唱)不甘不愿上花轿,苦水满腹问谁要?

　　　心爱男人不能嫁,这样婚事谁想挑。

【歌声中,众人随轿上坡下坡。

【哀怨的树叶声起,凄厉苍凉。

【羊角儿扯下盖头,聆听。

羊角儿(悲呼):水根哥,是你吗?

(唱)

多么熟悉的音,

多么伤心的调。

声声泣血耳畔飘,

曲曲把人心窝撩。

水根哥呀你可知?

角儿今日嫁人了? 花轿摆,花轿摇,

抬着角儿入地牢。

我恨鞭炮啸,

我恨锣鼓敲。

从今后呀,

我是断线风筝任飘摇。

水根哥:角儿,角儿……

(唱)喊声角儿你莫嫁,哥还盼你结亲家。

莫忘枫树之下连心愿,莫忘你我誓言走天涯。

【轿中的角儿泪眼盈眶。

羊角儿(痛苦难抑):是水根哥!(掀帘冲出轿外)

水根(不顾众人拦阻,欲上前):角儿,角儿!

众(阻挡):使不得,使不得啊!

(唱)莫下轿,莫下轿,不到婆家莫下轿。

半路下轿破彩头,家道衰败会萧条。

【羊角儿,水根突破众人拦阻,抱在了一起。

【众人见状,无奈地摇头叹息,回避。

水根哥:角儿,你为什么要嫁,为什么?

羊角儿:(哭着)水根哥,别怨我,我也是没有办法啊!

(唱)莫怪我啊好阿哥,角儿也是无奈何。

家中无米断炊烟,角儿换谷来下锅。

水根哥:(哭着)角儿,你说过要等我,你不该嫁,不该嫁人啊!

(唱)角儿角儿你糊涂,卖身换粮无前途。

你家有难哥愿帮,做牛做马来相扶。

羊角儿:哥,晚了!一切都晚了!

(唱)阿哥你莫气,阿哥你莫急。

木已成舟悔已晚,妹子已是他人妻。

待到来年花开时,连个新妹做夫妻。

水根哥(唱):阿妹说话太轻巧,好比吃棵灯芯草。

青梅竹马同年妹,哪能说抛就抛了。

媒婆:时辰不早,你们该说的也说了,就此分手吧,起轿!

众:起轿啦!

水根哥(痛苦地):不!不!!不!!!

羊角儿(泣声):水根哥,你走吧!忘了我,来世我们再做夫妻。

水根哥(紧紧抓住角儿):不,你跟我走。

羊角儿(摇头):水根哥,生米煮成了熟饭,我们不能违反祖制,你……你走吧!

【众人拖开水根。

水根哥(大声地):你嫁人,我就去当红军,我要推翻这不合理的祖制!

羊角儿(慌):不,不要,你会被打死的!

水根哥(坚定地):打不死,我还回来找你。

【众人合力将羊角儿架上轿。

【水根眼睁睁地看着羊角儿上轿却无力阻拦,痛苦中摸出一片树叶,用力地吹出一曲悲凉的调。调声凄厉,动人心魄。

【霎时周围一片静寂,众人呆呆地听着,如木雕一般。

水根(吼山歌):哎嗨哟,咿呀嗨

阿哥有情妹有情,却遇山高水又深。

山高谁能帮开路,水深哪有撑船人。

羊角儿(捂嘴,无声地哭泣):水根哥……

【雷阿姆怒气冲冲地上。

雷阿姆:哎呀呀,你们这短命鬼,快起轿,快起轿呀……误了时辰,也不怕遭报应!

众(齐喊):起轿啰!

【众人起轿。

【幕后合唱:

大花轿,挂红花,轿里姑娘刚十八。

爹不要,娘嫌她,嫁入婆家泪哗哗。

【灯暗。

客家山歌、童谣、客家采茶戏、山歌剧、汉剧、木偶戏以及客家十番音乐等民间文艺都是宝贵的非物质文化遗产。非物质文化遗产的生态保护,不仅需要国家和地方政府高度重视和积极引导,全社会也应当积极参与悉心呵护。龙岩市积极推进非遗进校园,全市八十五所中小学校开设非遗课程,组织编纂了《武平客家童谣精粹》《客家土楼营造技艺》《四堡雕版印刷技艺》等非遗校本教材。2021年11月,龙岩市举办以"说客家话 道桑梓情"为主题的第三届海峡两岸青少年客家话演讲比赛,来自龙岩五个客家县(区)和台湾桃园市的近百名客家青少年参加,两岸选手通过客家民俗、故事童谣、方言朗诵、山歌快板等表现形式,将客家方言的魅力展现得淋漓尽致。同年12月,龙岩市举办"青春向党"首届青少年十番音乐展演暨研讨会,全市推选十三支队伍参加展演,展示了闽西客家十番音乐风采和传承人对弘扬客家十番音乐的热情和责任担当,社会反响很好。

参考文献

1. 曾耀东、傅德露、高晓斌:《闽西客家大典》,海风出版社2011年版。
2. 苏振旺、何志溪:《闽西民间故事选》,华夏出版社2009年版。
3. 王耀华:《客家艺能文化》,福建教育出版社1995年版。
4. 兰寿春:《福建客家文学发展史》,厦门大学出版社2019年版。

思考与练习

1. 记识客家山歌的主要表现艺术,学会唱一首客家山歌、童谣。
2. 请收集、整理自己家乡的民歌、童谣和民间故事。
3. 讨论电视连续剧《长征》插曲《十送红军》对民歌改编的意义。
4. 讨论《羊角花》剧本(第一幕)塑造的羊角儿、水根哥形象。
5. "武平客家童谣"于2022年被认定为龙岩市第八批非物质文化遗产,武平县第二实验幼儿园将客家童谣进校园,进教材,进课堂,受到师生的欢迎和社会赞誉。请你谈谈,在幼儿园、小学开设童谣课程有什么意义?

第八章　客家文人的文学创作与书画艺术

客家文学是客家文化的重要组成部分,既包含民间文学,也包含文人创作,是客家文化与汉民族文化血脉相连的重要表现。客家人耕读传家、崇文重教,涌现出许多著名文人、书画家,为客家文学艺术的繁荣发展提供人才保障。本章简略介绍宋代以来不同历史时期的客家文人创作与书画艺术。

第一节　宋代客家文人诗词创作

唐末宋初与两宋之交是中原汉人大量进入赣闽粤边地区的两个时期,也是客家地区经历大发展的机遇期。从文化发展角度说,宋代临汀郡有进士168人,赣南更多达234人。在客家民系形成的两宋时期,客家地区涌现众多文人、进士,为国家贡献人才,为家乡树立榜样,以耕读传家、崇文重教为代表的中原文化已成为客家地区的主导文化,客家民系也能够与中原文化接轨,跟上时代前进的步伐。

一、北宋客家文人的诗词创作

唐宋诗词、散文成就辉煌,是我国文学史上的高光时刻,涌现出"李杜""韩柳""元白"等一大批诗人,涌现出柳永、李清照、"苏辛"等著名词人,还涌现出"唐宋八大家"等散文家。赣闽粤边虽然地处山区,远在中原文化的边沿,但中华文明的曙光已经照耀着这片蛮荒之地,催生出客家文化并出现一批早期客家文人。

1. 郑文宝——宋初负有盛名的诗人

郑文宝(953—1013),字仲贤,汀州宁化县客家人。宋太平兴国八年(983)进士,工篆书,诗文俱优,有《郑文宝集》三十卷。《苕溪渔隐丛话前集》卷二四引蔡宽夫《诗话》云:"大抵仲贤情致深婉,比当时辈流,能不专使事,而尤长于绝句。如'一夜西风旅雁秋,背身调镞索征裘。关山落尽黄榆叶,驻马谁家唱《石州》'。又'江云薄薄日斜晖,江馆萧条独掩扉。梁燕不知人事改,雨中犹作一双飞'。若此等类,须在王摩诘伯仲之间,刘禹锡、杜牧之不足多也。"

郑文宝的诗还深得晏殊、欧阳修等著名诗家的赞赏。郑文宝的《题缑氏山》:"秋阴漠漠秋云轻,缑氏山头月正明。帝子西飞仙驭远,不知何处夜吹笙。"《临汀志·进士题名》载:"晏元献公(晏殊)守洛,过而见之,取乐天语书其后曰:'此书在在处处有神物护持。'"欧阳修《六一诗话》中称郑文宝《题绿野堂》"水暖凫鹭行哺子,溪深桃李卧开花"两句"最为警绝""人谓不减王维、杜甫也"。

钱钟书《宋诗选注》说郑文宝是"宋初一位负有盛名的诗人",也是福建客家第一个登上全国诗坛的文人。杨澜《汀南廑存集》自序称:"闽有诗人,自唐欧阳行周始;汀有诗人,自宋郑仲贤始。"

与郑文宝同时代的汀州客家诗人,还有长汀人吴简言、梁颀、王宗哲等。吴简言,字若讷,少年聪颖,"年十二有俊声"。北宋端拱二年(989)进士,不久又擢茂异科,授秘书省著作佐郎。曾奉诏招抚西南少数民族,以功迁祠部郎中。乾隆版《汀州府志》将吴简言列入宋代"文苑传",载其"有俊才",有《若讷存稿》传世。他的怀古诗《题巫山神女庙》被刻于巫峡神女庙内的石碑上,成为北宋诗坛的知名之作。梁颀、王宗哲也是北宋年间进士,有不少诗歌传世。尤其是王宗哲,其弟明哲、宣哲也先后中进士,人称"一门三进士"。可见北宋时期汀州地区文化氛围非常浓厚,读书科举风气与中原地区不相上下。

2. 曾几——一门四进士

宋代赣南得中原风气之先,进士人数和文学成就都比汀州、梅州要好。以诗文名世的文学之士,首先要数曾几。曾几(1084—1166),字吉甫,号茶山居士,江西赣县人。其兄曾开、曾弼、曾懋均为进士出身,诗文兼擅,号称"曾家四学士"。曾几历任江西、浙西提刑,秘书少监,礼部侍郎,谥号文清,有《经说》二十卷,文集三十卷,诗歌九百余首。《四库全书》收有《茶山集》八卷。代表作为《苏秀道中,自七月二十五日夜大雨三日,秋苗以苏,喜而有作》:

> 一夕骄阳转作霖,梦回凉冷润衣襟。
> 不愁屋漏床床湿,且喜溪流岸岸深。
> 千里稻花应秀色,五更桐叶最佳音。
> 无田似我犹欣舞,何况田间望岁心。

这是一首旋律轻快、情致酣畅的喜雨诗,表达诗人深挚的爱民之心。中间两联对仗自然,气韵流畅,抒写久旱遇雨的异常欣喜,心中期盼农民丰收的愿景。

3. 陈世卿——祖孙三进士

陈世卿(953—1016),字光远,号豸山,南剑州沙县贡川(今属永安市)人,祖籍河南颍川郡(今河南许昌市)。宋雍熙二年(985)进士,历任福建转运使、两浙路转运使、荆湖北路转运使等职,官至秘书少监,知广州,赐金紫。去世后,宰相王安石为其撰写墓志铭。其子陈偁(1015—1086),宋天圣八年(1030),年仅十六岁就高中特奏名进士,二十岁时袭父荫补太庙斋郎,后历任罗源县令,知惠州、开封、泉州、尉州等职,以朝议大夫致仕。陈世卿父子写了许多歌咏家乡山水的诗歌。大中祥符年间(1008—1016),陈世卿在荆湖北路转运使任上,因母亲病逝而回乡守孝。光阴荏苒,三年之后,朝廷催促其回京听用。陈世卿对家乡留恋不舍,临别之际,亲友在思古堂为其饯行。陈世卿作《思古堂》诗云:

思古堂前酒一樽,共谈时事出孤村。
临期上马无他嘱,务买诗书教子孙。

思古堂,在今三明市永安市贡川西郊(五代、宋时属沙县)。这首饯别诗嘱咐亲友"务买诗书教子孙",体现宋代客家人重视教育、耕读传家的思想。

4. 陈瓘——硬骨铮铮的词人

陈瓘(1057—1124),字莹中,号了斋,南剑州沙县固发冲(今永安市贡川)人。陈瓘是陈世卿裔孙、陈偁之子,于神宗元丰二年(1079)中进士甲科第三名,徽宗时,官至左正言,迁右司谏。由于蔡京等人忌恨,陈瓘以党籍除名,遭不断流徙,但陈瓘与奸臣坚决斗争,毫不屈服。陈瓘一生著述甚丰,《宋史》卷二百八《艺文志》著录有《陈瓘集》四十卷等。

《全宋词》收陈瓘词二十一首。陈瓘词纯为士大夫之词,言情说理,写景状物不涉闺情花柳。陈瓘一生屡受打击,漂泊异乡,因此,他的词多蕴含浓厚的思乡情绪和人生感慨。如著名的【卜算子】:

身如一叶舟,万事潮头起。水涨船高一任伊,来往洪涛里。　潮落又潮生,今古长如此。后夜开尊独酌时,月满人千里。

上阕用比喻写立身处世,固然耐人寻味;下阕却很深情,"月满人千里"成为思念远方亲友的千古名句。陈瓘还有一些词纯为写景,注意字词的锤炼,生动形象,富有情致,不涉理路,为后人称道。如【青玉案】:

碧空黯淡彤云绕,渐枕上、风声峭。明透纱窗天欲晓。珠帘才卷,美人惊报,一夜青山老。　使君留客金樽倒,正千里琼瑶未经扫。欺压梅花春信早。十分农事,满城和气,管取明年好。

上阕描写大雪降临的景象,从"彤云绕"到"风声峭",再到"青山老",写出下雪的整个过程。"美人"的"惊报",既充满生活情趣,又从侧面写出冬雪之大。下阕由瑞雪兆丰年,预言明年更加美好。整首词充满喜悦温馨,是写景词中的佳作。王世贞《词苑丛谈》云:"'隙月窥人小',又'天涯一点青山',又'一夜青山老',俱妙在押字。"

二、南宋文人的诗词创作

南北宋之交是社会大动荡时期,邓肃的创作与文人风骨是其优秀代表。到了南宋安宁时期,邹应龙、曾原一的诗文创作很有生活气息,颇有名气。

1. 邓肃——笃励名节之士

邓肃(1091—1132),字志宏,自号栟榈居士,沙县八都邓敦人。邓肃诗文创作丰富,有《栟榈集》十六卷传世。《全宋诗》收录邓肃诗歌一百八十二题,二百七十五首。邓肃的诗歌以靖康元年(1126)为界分为前后两个时期。前期主要是山水诗和酬答次韵之诗,风格以雄浑俊逸、自然天真为主。后期主要是反映家国动乱、感时伤事的叙事诗和咏怀诗,风格一变为悲壮沉郁、激昂慷慨。《四库全书总目》提要(卷一百五十七集部别集类十)评邓肃:"大节与杜甫略相似。其《靖康迎驾行》《后迎驾行》等篇,亦颇近甫《奉先》诸作。在南北宋间,可谓笃励名节之士。"《靖康迎驾行》作于建炎元年(1127)正月二十,诗人记叙了金兵南下,攻陷汴京,勒索金银,掳走钦宗,臣民盼望钦宗回朝的情景。诗的后半部分对此有详细描述:

> 虏人慕得犹贪利,千乘载金未满意。
> 钗钿那为六宫留,大索民居几卷地。
> 六龙再为苍生出,身磨虎牙恬不恤。
> 重城突兀万胡奴,杳隔銮舆今十日。
> 南门赤子日骈阗,争掬香膏自顶然。
> 怨气为云泪为雨,漫漫白昼无青天。
> 太王事狄空金帛,坐使卜年逾八百。
> 天听端在民心耳,苍苍谁云九万隔。
> 会看春风拥赭黄,万民歌呼喜欲狂。
> 天宇无尘瞻北极,旄头落地化顽石。

《全宋词》收录邓肃词四十五首。王鹏运刻《宋元三十一家词》将【瑞鹧鸪】收入词中,共得四十六首。邓肃词的创作,以靖康元年(1126)为界分为前后两个时期。前期词承袭北宋婉约词风,主要表现离别相思情感,风格清丽柔婉,如【生查子】:

执手两潸然,情急都无语。去马更匆匆,一息迷回顾。　　孤馆得村醪,一醉空离绪。酒醒却无人,帘外三更雨。

又如【江城子】:

酒阑携手过回廊,夜初凉,月如霜。笑问木樨,何日吐天香。待插一枝归斗帐,和云雨,孅襄王。　　如今满目雨新黄,绕高堂,自芬芳。不见堂中,携手旧鸳鸯。已对秋光成感慨,更夜永,漏声长。

邓肃的词善于用事,语言质直。这些描写离别的词巧妙地化用柳永【雨铃霖】、苏轼【江城子】中的词句,令人读起来既熟悉又新鲜,起到推陈出新的效果。

邓肃的词也有情景交融、语言明丽的特点。如【长相思令】三首:

一重山,两重山,山远天高烟水寒。相思枫叶丹。　　菊花开,菊花残,雁已西飞人未还。一帘风月闲。

一重溪,两重溪,溪转山回路欲迷。朱阑出翠微。　　梅花飞,雪花飞,醉卧幽亭不掩扉。冷香寻梦归。

红花飞,白花飞,郎与春风同别离。春归郎不归。　　雨霏霏,雪霏霏,又是黄昏独掩扉。孤灯隔翠帷。

靖康之变后,邓肃经历了北宋灭亡、出使金营、张邦昌僭位及高宗称帝建立南宋等一系列重大事件,词的题材和风格都发生变化。他后期的词以国家时事为题材,表达自己忧国伤时的情感,风格一变为悲壮沉郁。如【瑞鹧鸪】:

北书一纸惨天容,花柳春风不敢浓。未学宣尼歌凤德,姑从阮籍哭途穷。　　此身已落千山外,旧事回思一梦中。何日中兴烦吉甫,洗开阴翳放晴空。

"北书一纸",即指金人立张邦昌为皇帝的册文。据王兆鹏《两宋词人丛考·邓肃年谱》,本词作于高宗建炎元年(1127)三月,张邦昌称帝,邓肃尚被扣留在金兵营中。这首词沉郁顿挫,抒写诗人对国事日非的悲愤,期盼朝廷重用贤才以实现中兴。

2. 邹应龙

南宋时福建客家著名文人,还有闽北泰宁的邹应龙。泰宁在宋代科举中曾取得过

"一门四进士,隔河两状元"的辉煌成绩,"两状元"指北宋的叶祖洽、南宋的邹应龙。邹应龙(1173—1245),又名应隆,字景初,南宋庆元二年(1196)进士,钦点状元,官至礼部尚书、端明殿大学士、签书枢密院事、权参知政事,为南宋名臣,诗词亦佳,谥"文靖",封开国公。邹应龙的诗歌题材比较丰富,山水、怀古、咏物都有佳作。《莲池书院爱莲诗》十首是其代表作,堪与周敦颐散文《爱莲说》媲美。邹应龙的词作语言质朴,想象丰富,他为祖母、母亲祝寿的词情深意浓又富生活气息,如【卜算子】(寿母):

满二望三时,春景方明媚。又见蟠桃结子来,王母初筵启。　　无数桂林山,不尽漓江水。总入今朝祝寿杯,永保千千岁。

上阕以神话故事入诗,下阕即景抒情,融情入景,形象表达了孝敬母亲的丰富情感,历来为人称道。

3. 曾原一

宋代赣南著名诗人有南宋江湖诗派作家曾原一。曾原一,生卒年不详,字子实,赣州宁都人。绍定年间中举,与戴复古发起组织"江湖吟社"。他的诗多描写农村风光及农家日常生活,诗作清新明快,有陆游田园诗遗风,在当时颇有诗名,有《苍山诗集》《选诗衍义》传世。其祖父曾兴宗,字光祖,南宋庆元五年(1199)特奏名进士,授广东肇庆推官。曾兴宗师事朱熹,推崇理学。庆元初年禁伪学,受朱熹牵连罢官后,曾兴宗返乡讲学授徒,有《唯庵文集》行世。

第二节　明代客家文人的创作

明代是客家民系的发展时期,明朝建立后,社会趋于稳定,民生复苏,文化建设也从元朝的荒凉走向新的辉煌。据《赣州府志》所附《艺文志·书目》,明代赣南有82位作者的131部集子,其中大多数是纯文学的诗集、文集。《汀州府志·文苑》载明代著述有72家,集子133种。明代文人中,不乏在全国有影响者,如宁化人张显宗,洪武二十四年(1391)进士,皇帝特赐状元,官至交趾布政使,著有《忠义录》《警愚录》和《遗集(二卷)》;沙县人陈山,洪武二十七年(1394)进士,官至户部尚书、谨身殿大学士,明成祖时参与编修《永乐大典》,任总裁官;又如兴国人吕复,以文学见长,由宋濂、刘基推举,征为国子典膳,参与修撰《元史》,修成之后,以功迁太常寺典薄、太常寺丞、中奉大夫、太常卿,著有《采史目录》《北游集》《金陵稿》等。

一、明初的文人创作

明初统治者采取与民休息的政策,经济发展,民生复苏,客家地区的经济、文化也得到一定程度的恢复。明初一百多年间,受"台阁体"诗风影响,客家地区的文人创作,也呈现这种歌功颂德、雍容典雅的文风。

1. 张显宗——明初福建客家第一个状元

张显宗(1363—1409),字名远,宁化石壁人。明洪武二十四年(1391)进士,殿试取选第二名,皇帝特赐状元。历任翰林院编修、太常寺丞、监理国子监学事、工部侍郎、交趾布政使。《八闽通志·人物》载其:"操心诚笃,处事公正。在交趾时,民怀其德,建祠祀之。性尤聪敏,读书过眼成诵。"著有《忠义录》《警愚录》等。

张显宗是明初福建客家第一个状元,其成功客观上鼓舞了更多客家子弟读书进仕。现存张显宗较早的诗是《题清风秀才岭》:

> 层层曲曲复超超,万壑松风响翠涛。
> 绕足青云平古磴,蒙头红日照英豪。
> 乱峰斜度飞鸿急,孤店聊安过客劳。
> 不是圣朝兴举子,等闲谁识秀才高。

清风秀才岭,在宁化县通往江西石城北上的路上。此诗约作于明洪武二十一年(1388)中岁贡之后,张显宗赴南京国子监就学路上。诗歌抒发了理想实现的喜悦与自信,这是科举时代文人心态的真实反映。

张显宗出仕之后,对家乡亲人的思念常常萦绕心头,所以创作出《对月遣怀》:

> 闲看苍穹白玉团,瑶台镜挂碧云端。
> 人情苦乐知多少,月色光辉总一般。
> 供职无才愁岁晚,思亲有泪几时干。
> 三千里外家音远,独对金樽强自宽。

客家人重视读书科举,考上状元自是光宗耀祖,但远离亲人的思乡之痛只有自己知道,正是"人情苦乐知多少""思亲有泪几时干",其孝思、情思溢于言表。诗中"几时"一词,颇有"家音"色彩,客家人读来特别亲切!

2. 赖世隆——别具"台阁体"诗风

赖世隆(1402—?),清流县人,宣德五年(1430)进士,官翰林院编修,有《玉堂遗稿》存世。清流县城一面依山,三面傍水,清溪环绕,小城内外,山水名胜星罗棋布。赖世隆在京任翰林院编修期间,与杨士奇、杨荣、杨溥等台阁大臣诗歌唱和。当时,以"三杨"为代表的一批馆阁大臣正倡导"颂圣德,歌太平",追求平正典雅的诗风。他们曾以赖世隆早年在清流城北求学的读书庄为题作诗唱和,杨士奇《咏读书庄》云:"清流城北读书庄,旧隐诗书岁月长。玉署归来春昼永,松门流水落花香。"杨溥亦作《题赖编修清流读书庄十首》:"清流水冷落花红,布谷飞鸟晓雨中。因忆吾农与稼事,几回展卷读豳风。"二杨对他赞赏颇多。赖世隆作有许多赞美家乡山水的诗歌,如《三港清流》:

众流合处水平沙,浅碧粼粼望眼赊。
夹岸桃花迷远近,傍桥梅影见横斜。
四时鱼美多渔钓,百里滩连少客槎。
最是夜深堪玩处,千家灯火映溪涯。

这首诗歌明显受"台阁体"诗风影响,字里行间总有雍容典雅之气,但他这些山水诗于典雅中多了一份清新,在华丽中显得更为自然。

二、明初歌咏家乡美景的"八景诗""十景诗"

受"台阁体"诗风影响,作"八景诗""十景诗"以歌咏家乡山水之美,成为明代文人的普遍爱好。其一方面是迎合明代统治者歌功颂德、粉饰太平的需要,另一方面是躲避文字狱的好方法,当然,也体现文人热爱家乡的情感。

1. 邓文铿与《大湖八景诗》

邓文铿(1360—1427),字德声,沙县眉山村人,明洪武十八年(1385)进士,官至刑部主事、佥都御史、武昌知府、德安知府、苑马寺卿。《永安县志》载其"风裁独持,不畏强御",是个不畏权势、疾恶如仇的正直官吏。致仕回乡之后,邓文铿作有《大湖八景诗》。大湖,在眉山村旁约十里。这里湖光潋滟、石洞幽深,春天桃花争艳,冬天梅开山岭,虽然地处幽僻,却风景独好。邓文铿以诗人的眼光发现大湖之美,创作出《大湖八景诗》,大湖也因此山灵有幸,名声在外,游人纷至沓来。

《大湖八景诗》之一《高隐雪晴》:

茅屋青山隐者家,田园随分度年华。
回头又是三秋历,触目俄看六出花。
有客观梅研易象,何人仗节在龙沙。
朝晴喜出黄棉袄,冷暖林泉亦可夸。

此诗作于宣德元年(1426)诗人致仕之后,写自己隐居茅屋青山,过着清贫的田园生活,描绘了在深秋里看雪、观梅,在暖阳中仗节而行的高隐形象。

2. 陈山与《沙阳八景诗》

陈山(1362—1434),字伯高,又字汝静,沙县人。洪武二十六年(1393)中乡试,次年进士。永乐初年,陈山应召参与编修《永乐大典》,书成,擢吏科给事中。宣德二年(1427),明宣宗任命陈山为户部尚书兼谨身殿大学士,诏领文学士,日侍文华殿,充《两朝实录》总裁官,深得宣宗爱重。

陈山在家乡期间作有《沙阳八景诗》,其中有《十里平流》:

> 源远难寻委,平看十里新。
> 月来清见骨,风度碧生鳞。
> 树色中流断,鸡声两岸匀。
> 梁溪相识后,潋滟更精神。

诗歌描绘沙溪水的清澈、宁静,首联"新"字为全诗定下基调,中间两联具体描写清新明静的画面,尾联融入人文历史内涵,以拟人写法,赞美"十里平流"水光潋滟,更显精神;作者用月景来写水清,用微风吹澜来写水流平缓,用两岸的鸡声相闻来以动衬静,其中还缅怀了宋代爱国名将李纲在沙县的诗歌创作,山水之美、文化渊源、对家乡深沉厚重的爱皆体现得很好。

3. 马驯与《鄞江八景诗》

马驯(1421—1496),字德良,长汀四堡(今属连城县)人。明正统九年(1444)举人,次年连捷进士,授户部主事。后历官户部郎中,四川参政,四川右布政使、左布政使,都察院右副都御史,巡抚湖广。致仕返汀之后,买山郡东,名其书房"皆山堂",日与故旧交游,徜徉山水名胜,诗酒题咏不辍。马驯在汀期间作有《鄞江八景诗》《扶风十景诗》。《汀州府志》(艺文)中还保存他部分记、疏、策、揭帖。

汀州自唐宋以来就是州郡路府的所在地,文人歌咏汀州山水名胜的诗歌很多,但成系列的则以马驯的八景诗为最早。其八景诗用古风写成,四句一换韵,平仄相间,写景抒情相结合,如《龙山白云》:

> 郡城有山何蜿蜒,恍若神物蟠其间。
> 白云暧叇笼穷巅,依依约约相盘旋。
> 云兮何日从龙去,大沛甘霖雨如注。
> 直须一解枯槁容,山下苍生正延伫。

八景诗问世之后,鄞江八景之名便确定下来。上述一景之外,其他七景是:苍玉古洞、宝珠晴岚、云骧风月、通济瀑布、霹雳丹灶、拜相青山、朝斗烟霞。此后,汀州文人的题咏更是络绎不绝。

三、明中后期的文人创作

以李梦阳、李攀龙为代表的"前后七子"活动于明中叶,他们大力提倡文学复古思想,提出"文必秦汉,诗必盛唐";王慎中、归有光等人则提倡学习唐宋古文,以弥补"前后七子"的缺陷。受其影响,客家文人的创作思想发生变化,也取得一些成就。

1. 叶元玉——诗学"前七子"而不泥

叶元玉,生卒年不详,字廷玺,号古崖,清流县人。成化十七年(1481)进士,历任户部侍郎、广东潮州知府等职,有《古崖集》传世。叶元玉进入官场的时代,正是弘治(1488—1505)、正德(1506—1521)间以李梦阳、何景明为代表的"前七子"文学复古时期。弘治间,叶元玉与李梦阳同在户部任职,他们"团亭把手议政事,西斋剪烛论诗文。割鸡呼酒对山月,挝鼓放舟看水云"(《舟中寄李献吉》),建立了深厚的友谊。在以复古为革新的诗歌改革问题上,叶元玉完全支持诗歌向盛唐学习的主张,其诗歌也很有盛唐的雄阔气象,如《灞涌岩》:

满天风雨龙归洞,入座笙歌鸟隔林。
骏马神鹰无觅处,一声鸡犬在云深。

又如《九龙行》:

峡口初过第一龙,禹门吕梁高更雄。
船从天上直坠地,回头白雪翻晴空。

但是,叶元玉并不片面提倡诗学盛唐,还广泛学习宋代苏轼、王安石、陆游清奇疏朗的风格。如他的《东华翠嶂》"直跻绝顶三千仞,俯视平原几万家。流水竟朝东海去,长安不受片云遮",读之令人联想到王安石的《登飞来峰》"不畏浮云遮望眼,只缘身在最高处"。又如他的《重游东华》"山色层层翠欲流,乘风独上万峰头。花当二月已如此,人过十年才一游",杨澜《汀南僅存集》评其诗:"古崖七律婉转清便,风格俱近放翁,此首尤疏宕,行余溶漾,如珠走盘。"明末清流进士李于坚推崇叶元玉诗集《古崖集》为"有用之学"。取得这些成就与其能够全面撷取唐宋诗歌精华是分不开的。

与叶元玉同时代的诗人,还有李坚。李坚,生卒年不详,字贞夫,长汀人。弘治十八年(1505)进士,授行人,官至户部郎中,与叶元玉诗文唱和,有《讷庵诗集》传世。《汀州府志·文苑》载李坚:"为人博洽英敏,雄词丽句,人竞宝之。"

2. 裴应章——诗学"后七子"而画意盎然

裴应章(1536—1609),字元暗,号澹泉,清流县人。隆庆二年(1568)进士。任太仆寺少卿时,裴应章奉旨出使辽国。他目睹辽国政治清明、上下谦让、百姓安定、军队训练有素,似有觊觎中原之心。回朝后,即呈奏《防辽表》,提出囤甲砺兵、修明政治、爱护百姓、防备辽国入侵的主张,获得朝廷嘉纳。他还奉命赴郧阳平叛,兵不血刃而凯旋,以平乱功擢户部侍郎。万历三十四年(1606),任吏部尚书,与宰相张居正同朝。年届古稀才告老还乡。晚年徜徉家乡山水,吟诗自娱。去世后,朝廷追赠"太子少保",谥"恭靖"。有《懒云居士集》等传世。

裴应章现存的诗歌多作于致仕之后,多为吟咏家乡的山水诗。其诗歌在句法上受"后七子"王世贞诗"法"的影响较为明显,如《宿南极山》:

老兴少年同,寻芳二月中。

桃花红落雨,杨柳绿摇风。

泉连琴书润,云深榻几笼。

论心贪夜话,不觉晓鸣钟。

王世贞论诗"句法有直下者,有倒插者"。裴诗第一句"老兴少年同",应理解为"老兴同少年"。三四句中的"落雨""摇风",应理解为"在雨中飘落""在风中摇曳"。五六句"琴书润""榻几笼",应理解为"湿润了琴书""笼罩着床榻和桌几"。这些都是"倒插"句法。这种句法的运用并未使诗歌变得晦涩难懂,反而更显精巧有味,耐人咀嚼。当然,这首诗的成功之处,还在于画面的色彩明丽,视听结合,画意盎然,写出春天景物的特点。

裴应章还善于虚实结合,营造空灵朦胧之美,如《游大丰山顺真宫》:

漠漠云封洞,巍巍地接天。

芝香田有玉,火伏鼎无烟。

宝树生奇萼,琼浆漱雨泉。

山高名自胜,况复有神仙。

大丰山,在清流县赖坊乡东南,距离县城约120里。昔人以其丰大而山顶如磨,故呼为丰山,海拔最高处1 700多米,是县境内最高的山。大丰山是道家圣地,相传元代有欧阳真人在此结草为庐,潜心修炼,得道之后,信徒甚多,有"顺真道院",香客来此朝拜不断。此诗描绘丰山神奇景象,处处在在有仙气环绕,尾联晓畅如话,却是点睛之笔。

裴应章的诗还善于运用画家的"点染"之法,虚实相生,突出景物特点,如《丰山岭上即事》:

> 倚杖危峰上,烟霞障几重。
> 逶迤盘古道,绝胜引仙踪。
> 露滴晴天雨,云低半岭松。
> 蓬壶何处是,天际一声钟。

这首诗突出丰山的高峻,第一句是"点",点明人在高峰之上,第二句是"染",用层云几重来烘托山的高峻。最后两句,一虚写,一实写,从听觉上来表现丰山之高。裴应章晚年所作之山水诗,是他出仕在外近四十年艺术修为的结晶,其艺术功力之高可见一斑。

3. 郝凤升——梅花傲骨见精神

郝凤升(1468—1521),字瑞卿,号九龙,长汀人。明正德六年(1511)进士,授大理寺评事,后升大理寺副。他秉公执法,坚决与刘瑾余党斗争,昭雪不少冤案,被誉为"郝铁笔"。

正德十五年(1520),郝凤升以疾告归终养。在汀养伤期间,东山下有梅林,为汀郊胜景"东庄梅雪"。郝凤升托物寓志,作咏梅诗百首,题为"和沈日休梅花百咏",简称"梅花百咏"。完整的《梅花百咏》现在难以见到,所幸清代道光年间杨澜所编《汀南廑存集》卷二载有《梅花百咏》二十首,可让今人窥豹一斑。郝凤升的梅花诗每首都用"真、人、尘、春"四字为韵脚,描摹生动传神,借物寓志。这些诗歌咏赞梅花不畏风雪严霜的冰姿气骨,寄寓自己刚直不阿、坚贞不屈的精神,如《古梅》:

> 占得鸿蒙一段神,风寒饱历见天真。
> 疑从炎帝以前植,岂是逋仙而后人。
> 傲骨千秋曾化铁,芳心半点不随尘。
> 频看世事沧桑变,独有寒花岁岁春。

郝凤升好吟咏,常与何大复、郑少谷等名流相唱和,所作诗歌甚丰。郝凤升去世后,诗作由其子郝君溱付梓刻印,著名古文家茅坤其《九龙诗刻》作序,盛赞其诗"出风入雅,疏旷豪爽"。

4. 李涞等赣南作家

明代中叶还有一批钻研理学和"王学"的文人,如赣州于都人李涞(1538—1602),字源甫,号养愚,隆庆五年(1571)进士,为官清廉,深受百姓爱戴。致仕后,回乡讲学,传播理学,有《李中丞文集》传世。宁都人董越(1430—1502),成化五年(1469)进士,名列探花,授翰林编修。两次出任科举考官,选中王鏊、梁储等,均为一代名臣,人称他慧眼识英才。著有《使东日录》《圭峰文集》等传世。大余人刘节(1476—1555),字介夫,弘治十八年(1505)进士,授兵部主事,官至刑部侍郎,一生著书颇多,有《春秋列传》《周诗遗轨》《梅国诗集》等传世。

杨以任,字维节,号澹如,瑞金人。生卒年不详,明代中后期人。一生为人正直,喜交挚友,尊长尽孝。与同县诗人朱敬文、谢士芳、谢子起、杨希元、杨汝基结成"赤水社",讲学于县城西郊的龙珠寺侧,时称"赤水六俊"。崇祯四年(1631)中进士,授应天府教授,升南京国子监博士。杨以任论文力主人品文品的统一,认为"离人而言文,不足以为文,且不足以为人"。平生重气节而薄虚誉,"以性命为功名,以道德为事业"。其文章得古人之神骨韵味,倾倒东南文士。他执教南京国子监时,金陵士子争相趋鹜,以能入杨门弟子为荣耀。著有《读史四集》《京学志》《非非室集初刻·二刻》等。

四、明末遗民的诗文创作

明清易代之际,满清入主中原。面对如此沧桑巨变,许多明末文人出于忠君爱国思想,以"遗民"自许,选择避世隐居,坚决不与新朝合作,表现出民族正气与文人骨气。主要代表诗人有李士淳、李世熊、魏禧。

1. 李士淳——风尘停鞭为故国

李士淳(1585—1665),字仲垒,程乡县(今梅州)松口洋坑乡人。明末崇祯十一年(1638)进士,官至翰林院编修,充东宫讲读。清兵入关之际,李士淳乘乱携朱慈烺潜遁南归,将太子安置在自己早年读书的阴那山,秘密进行反清复明活动。这时期所作诗歌隐微地表达静待时机,以图东山再起的心理,如《小歇石》:

> 铁桥过去便桃源,石上桃花不记年。
> 寄语中原车马客,风尘暂此一停鞭。

2. 李世熊——风骨峭峻的遗民诗人

李世熊(1602—1686),字元仲,晚号愧庵,宁化县人。性颖悟,博览群书,多次考中秀才第一,但乡试总是蹭蹬不偶。入清之后,李世熊隐居家乡泉上,坚决拒绝清朝汀州府官员要求他出仕的敦请,四十年不入城市,以著述耕种为乐,是很有骨气的遗民诗人。所著有《钱神志》二十卷、《史感》和《物感》各一卷、《本行录》和《经正录》各三卷、《寒支初集》十卷、《寒支二集》六卷、《狗马史记》若干卷。八十三岁时还编纂完成"心裁独抒,为通儒所称"的《宁化县志》。

李世熊具有传统的忠君爱国思想。他四十三岁时(1644)拜黄道周为师,同门师兄有林君若、林守一等人。李世熊还与"宁都三魏"(魏际端、魏禧、魏礼)结为好友,尤其与魏礼交往甚密,"易堂九子"之一的彭士望也是其深交的诗友。这些都是有识有节之士,政治上坚守遗民思想,以民族气节相砥砺,文学上都提倡"有用于世",在明末清初的客家地区影响甚大。

李世熊的散文学习"二韩"(韩非、韩愈),因此有先秦诸子散文扬厉好辩、长于议论和韩愈散文艰涩古奥的特点。李世熊诗学屈骚,推崇唐音,认为诗歌的自身特点就是可歌可咏,批评明中叶"性灵派"置音调于不顾的弊端,还认为,情感抒发应出于自然。他评论自己那些批判现实的诗文"怨怒哀思备有之,或遂指为乱亡之音,此则天实为之,非仆所能为也"。李世熊的《寒支二集》卷三《答阴元征书》批判八股文的空疏迂腐,指出八股文无用于世的弊端,说:"今之衡文者,动以孔孟朱程绳天下之逸才矣。由某论之,则为挟天子以令诸侯。凡以孔孟朱程不可得,而世未尝不慑乎其名,而服其义之正也。夫谈理则无精于宋儒之语录,论事则无精于汉宋之策议,今世之文涉语录则以为腐,涉策略则以为粗然,则舍是二者而仿佛事理之间,其传之后世抑又何所用之哉"。李世熊对科举失望之后,创作了许多反映现实、揭露黑暗的诗歌,写出不少富有见解的政论文,撰写了大量忠臣义士的人物传记。李世熊对诗歌本质的认识及提倡文章"有用于世"的观点,反映了客家文人对文学反映现实和批判现实的重视,也反映了清初客家文学现实主义诗风的走向。

李世熊四十五岁时(1646)隐居于宁化泉上村。在四十年的隐居生活中,他创作出许多田园诗。他的田园诗主要分为村居生活诗与和陶诗。他的村居生活诗,有的写与农友乡亲的和谐相处,如《村居》:

千株杨柳百家村,沸沸春泉响到门。
短褐临流刚洗盏,西畴老友致朋尊。

他的村居生活诗更多地写村居的读书生活,如《山斋》(二首):

不知谁是主,信步探山扉。
迳仄花偏碍,风高鸟落迟。
眠云慵作雨,卧树倒生枝。
此地谁堪伴,柴桑一卷诗。

非俗亦非梵,书斋隐世间。
苔完知客少,树放似心闲。

> 茗熟邅泉脉，诗成得大还。
> 伊人薄秋水，随意止春山。

李世熊崇尚陶渊明，他有和陶诗十五首。如《和陶饮酒》：

> 我本磊落人，忧患缠绵之。
> 唯逢酣饮处，亦有开眉时。
> 暮年学恬淡，意复不在兹。
> 昨宵遇名酒，旷然散群疑。
> 滞雨苦寥落，一杯聊自持。
>
> 东海有贫士，本非稀世姿。
> 独立龙门桐，百尺无旁枝。
> 中含宫徵音，其外则无奇。
> 弄置沟渎中，屈辱无不为。
> 犹然自偃蹇，麒麟安可羁。

这些诗有的表达对田园生活的热爱和远离尘网的悠然，更多的则是抒发怀才不遇的人生感慨，诗人的思想性格、自我形象尽在其中。

3. 魏禧——"易堂九子"之首

魏禧（1624—1680），号勺庭先生，字冰叔，宁都人。清初著名散文家，与侯朝宗、汪琬合称"清初古文三大家"。与兄魏祥、弟魏礼并美，世称"宁都三魏"。三魏兄弟与彭士望、林时益、李腾蛟、邱维屏、彭任、曾灿等合称"易堂九子"。明亡之后，他们不事清朝，相约隐居于宁都翠微峰，一面躬耕自食，一面切磋诗文，提倡古文实学，在整个客家地区都影响巨大。魏禧著有《魏叔子文集》二十二卷，《诗集》八卷，《日录》三卷，《左传经世》十卷，《兵谋》《兵法》各一卷，《兵迹》十二卷。

"易堂九子"是清初著名的遗民文人团体，以文章、气节声著天下。他们不仅诗文写得好，更重要的是他们同声相应、同气相求，都有难能可贵的民族精神，坚决不做清朝顺民，不与清朝合作。《大铁椎传》是魏禧的古文代表作，文中决斗场面的描写很有特色：

时鸡鸣月落，星光照旷野，百步见人。客驰下，吹觱篥数声。顷之，贼二十余骑四面集，步行负弓矢从者百许人。一贼提刀突奔客，客大呼挥椎，贼应声落马，马首裂。众贼环而进，客奋椎左右击，人马仆地，杀三十许人。宋将军屏息观之，股栗欲坠。忽闻客大呼曰："吾去矣。"尘滚滚东向驰去。后遂不复至。

这段描写时间地点人物清晰,语言形象精练,运用对比手法、正面描写和侧面描写,把侠客过人的神力、高强的武艺、豪迈的性格,刻画得淋漓尽致,隐晦地表达了作者的反清意识,以及生不逢时、报国无门的遗憾。

第三节 清代客家文人创作与书画艺术

清代是客家民系的壮大时期,客家文学也进入蓬勃发展阶段,清初至清中叶的两百年间,各种史志所载的知名客家文人比前代多。以赣州为例,《赣州府志·艺文志》载,清代有专著的诗文家139人,《文苑》所列的作家达79人。清代客家文学呈现与明代不同的发展特点:

一是出现客家文人团体。这些文人团体不但有明显的团体形式,还提倡共同的文学理论,如明末清初"宁都三魏"与"易堂九子",他们避世隐居、诗文唱和,反对无病呻吟之作,提倡文章"有用于世"。在此文学思潮影响下,黎士弘、邱嘉穗、朱仕琇的古文创作达到一个新高度。如长汀黎士弘,《清史稿》收入他的《仁恕堂笔记》一卷,《四库全书》收录他的《托素斋诗文集》十卷(诗四卷、散文六卷);上杭邱嘉穗,《四库全书》收入他的《东山草堂文集》二十卷;建宁朱仕琇也是卓有影响的古文大家,著有《梅崖居士文集》三十卷、外集八卷,得山阴胡稚威、仁和杭大宗辈竞相推许他,清末"同光体"首领人物陈衍论历代闽人古文,将朱仕琇置于王慎中、高澍然、张绅之前。

二是文学体裁丰富多样。词创作最有成就的要数马廷萱,清人丁绍仪《听秋声馆词话》卷二十一云:"汀人均不讲倚声(填词),为之自司马始。"小说也出现了,如黄岩创作的早期客家小说《岭南逸史》,"在客家文学史上应占有前驱者的地位"①。赋也进入迅速发展时期,作家分布广,体裁多样,涌现不少优秀作品。如以归化(今明溪)张政、章韶、张问美等人为代表的咏物赋,以宁化伊元复、连城童日鼎作品为代表的写景抒情小赋。

三是涌现诗画交相辉映的名家巨擘。清代许多著名画家,不但绘画艺术名扬海内,诗歌书法也受人推崇。如康雍乾间著名画家上官周,《汀州府志·乡行》称其"工诗,尤精于画",有《晚笑堂诗集》传世。"扬州八怪"之一黄慎,著有诗集《蛟湖诗钞》。扬州画派的主要画家华嵒,有诗歌《离垢集》五卷行世,康熙版《钱塘县志》载其"工人物、山水,能诗,善书,人称三绝"。

---

① 刘佐泉:《〈岭南逸史〉中的客家史迹》,《湛江师范学院学报》1996年第4期。

四是开始用客家方言进行创作。客家文人从小生活在客家,喜闻山歌、童谣,从中汲取了丰富的文学养分,这促使他们用客家方言进行创作。如黎士弘的《闽酒曲》、廖鸿章的《勉学歌》、林宝树的《一年使用杂字》,大量使用方言进行创作,体现初步的自觉意识。

一、客家文人的诗歌创作

清代梅州客家地区的诗歌创作成就最大,作家众多,李象元、宋湘、李光昭是其中的佼佼者。

(一)李象元与清初粤东作家

李象元(1661—1746),字伯猷,号惕斋,程乡县金山(今梅州梅城金山)人,康熙三十年(1691)进士,官翰林院检讨、山东典试副主考。乾隆《嘉应州志》称,清朝梅州科举登第者"自象元始";其学问品行"为粤东最"。有诗文集《赐书堂集》传世。其子李端,字山立,雍正元年(1723,癸卯恩科)进士,选翰林院庶吉士,官江苏荆溪(今宜兴)县令;侄李直,雍正五年(1727,丁未科)进士,选翰林院庶吉士;孙李逢亨,字方夏,乾隆十六年(1751辛未科)进士,选翰林院庶吉士。李氏家族"三代皆进士,一门四翰林",传为佳话。李象元的诗歌主要咏物、写景、怀古,《咏梅》诗是其代表:

> 梅花雪片共含春,素质清姿各自新。
> 疏瘦寒葩堪比玉,霏微冷艳更离尘。
> 同承天泽原无竞,静玩瑶华却有真。
> 调鼎资梅耕赖雪,容颜虽异德仍均。

传说这首是应制之诗,描写梅雪争春、太平盛世景象,康熙阅后龙颜大悦,钦定为第一,亲自书写唐代诗人王昌龄的《斋心》诗一幅,赏赐给李象元。

清初粤东客家地区有诗歌成就的,还有颜鸣皋、颜鸣汉兄弟。颜鸣皋,字丹崖,嘉应州人,生卒年不详。乾隆十三年(1748)武进士,官至福建台澎总兵。颜鸣汉,乾隆二十八年(1763)武进士,生卒年不详。曾入宫廷侍卫,官至福建水陆提督。兄弟两人喜好诗文,颇得时人称赞。粤东诗人廖道传评:"吾梅三百年来,诗人踵起,而武将工文翰者,以颜氏鸣皋、鸣汉两军门为最著,流风余韵,乡人尤艳称之。"

(二)"梅诗三家"与"程乡三友"

清朝嘉庆、道光时期,梅州涌现出一批卓有成就的诗人,黄遵宪《梅水诗传序》云:

粤东客家地区"嘉道之间,文物最盛,几乎人人能诗"。代表人物是"梅诗三家"(宋湘、李黼平、黄香铁)和"程乡三友"(李光昭、颜崇衡、徐青)。

1. "客家才子"宋湘

宋湘(1757—1826),字焕襄,号芷湾,嘉应州人。乾隆五十七年(1792)乡试解元,翌年入京应进士考试,不第,滞留京华七年。嘉庆四年(1799)终于考中进士,选翰林院庶吉士。嘉庆六年(1801)主掌惠州丰湖书院,嘉庆八年(1803)任粤秀书院讲席。嘉庆九年(1804)冬,授翰林院编修,开始长达九年的京华生活。嘉庆十八年(1813),任云南曲靖知府,在云南供职十三年,其间还先后署理广南、顺宁等府知府,担任过迤西道、迤南道道员。道光五年(1825),升任湖北督粮道,翌年病卒于任上。

宋湘有《红杏山房诗钞》十三卷传世。他的诗歌创作可以分为四个时期:一是京华七年时期,因科场失意生活困顿,诗歌多写自己的"愁苦森发",有诗集《不易居斋集》;二是南归广东掌教书院时期,诗人志满意足萧散无忧,诗多有徜徉山水、反映民情风俗之作,有诗集《丰湖漫草》《丰湖续草》;三是供职翰林院九年时期,因生活闲散,诗歌多为应酬唱和之作,汇集为《燕台剩沈》;四是出守云南十三年时期,因广泛接触社会现实,诗歌题材多写社会矛盾、民生艰苦以及西南风物,创作数量十分丰富,有诗集《南行草》《滇蹄集》《楚艘吟》。

宋湘有明确的诗歌主张。杜甫论诗,有《戏为六绝句》;元好问论诗,有《论诗三十首》。宋湘也把自己的诗歌主张写成《说诗八首》,《湖居后十首》《与人论东坡诗二首》《与应试诸生论文五首》《答李尧山詹簿寄画竹》等诗歌中也表达过精辟的见解。宋湘诗论,最突出的观点,就是要诗中有"我"。如《说诗八首》(其一、其五):

三百诗人岂有师,都成绝唱沁心脾。
今人不讲源头水,只问支流派是谁。

学韩学杜学髯苏,自是排场与众殊。
若使自家无曲子,等闲铙鼓与笙竽。

又如《湖居后十首》其八:

中夜不能寐,起来读我诗。
我诗我自作,自读还赏之。
赏其写我心,非我毛与皮。
人或笑我狂,或又笑我痴。

狂痴亦何辞，意得还自为。
历历湖上山，又是夕阳时。

　　宋湘认为，《诗经》三百首的作者都没有师承而自成绝唱，诗人无论学韩愈、杜甫、苏轼，都要有"自家"的创作。《湖居后十首》其八则一连用七个"我"、三个"自"，强调个人的独创、个性和真情实感，这是宋湘诗论的核心。

　　宋湘有不少描绘客家地区山水风光和风土人情的诗歌，如《家园杂忆四十韵》：

籍隶梅州古，村名白渡前。
衡门当水曲，老屋负岩巅。
鳞次比邻接，瓜绵一脉延。
世吾过二十，族众约三千。
鸡犬家家有，桑麻处处连。
先畴耕共牧，旧泽诵兼弦。
伏腊童翁集，堂阶子姓联。
豚蹄祈岁社，柏酒介眉筵。
乐事丘园旧，良辰景物妍。
冬初梅已笑，秋尽菊犹钿。
是岸排篁竹，逢桥有木棉。
楼浓红杏雨，溪淡绿杨烟。
树树飞蝴蝶，山山答杜鹃。
鹧鸪多草际，翡翠只沙边。
候过清明节，人忙谷雨天。
茶时偏麦熟，馌日又蚕眠。
叱犊声喧野，湔裙影倒渊。
蓑衣携锸出，箬笠采山还。
有市才通里，凭栏即在川。
两三江上阁，七八渡头船。
风雨归渔筏，朝昏响涧泉。
桐蹊开酒店，榕径歇柴肩。
笋蕨纷投筥，鱼盐各守廛。
檐堆柑子大，盘货荔枝鲜。
……

诗中深情描绘自己家乡的四季田园之美、四时风俗民情,真实反映客家人生活,体现客家山地文化特点。

2. 李光昭

李光昭,生卒不详,字秋田,梅县人,廪生。嘉庆道光年间,与颜崇衡、徐青都蜚声岭南。当时的顺德学人温谦山编辑《粤东诗海》,曾将李光昭、颜崇衡的诗歌订为《程乡二妙集》,后来又因为李光昭结识了徐青,又合刻《程乡三友集》。南海翰林谢兰生将三人称作"程乡三友",于是"程乡三友"作为这三位诗人的代称不胫而走。江苏常州籍诗人、画家汤贻汾当时任兴宁的都司,对三位诗人的才华极为赏识,延为座上客,形容他们说:"程乡得一诗中龙,李秋田(光昭)龙头,徐又白(青)龙腹,颜湘帆(崇衡)龙尾。"

李光昭他擅长七古,风格豪健,多有李白的浪漫主义色彩。如《阿芙蓉歌》:

熏天毒雾白昼黑,鹄面鸠形奔络绎。
长生无术乞神仙,速死有方求鬼国。
鬼国淫凶鬼技多,海程万里难窥测。
忽闻鬼舰到羊城,道有金丹堪服食。
此丹别号阿芙蓉,能起精神委惫夕。
黑甜乡远睡魔降,昼夜狂嬉无不得。
百粤愚氓好肆淫,黄金白银争交易。
势豪横据十三行,法网森森伴不识。
荼毒先侵五岭人,遍传亦不分疆域。
楼阁沉沉日暮寒,牙床锦幔龙须席。
一灯中置透微光,二客同来称莫逆。
手执筠筒尺五长,灯前自借吹嘘力。
口中忽忽吐青烟,各有清风通两腋。
今夕分携明夕来,今年未甚明年逼。
裙屐翩翩王谢郎,轻肥转眼成寒瘠。
楼阁还如蜃气销,乌衣巷口斜阳白。
屠沽博得千金资,迩来亦有烟霞癖。
渐传秽德到书窗,更送腥风入巾帼。
名士吟余乌帽欹,美人绣倦金钗侧。
伏枕才将仙气吹,一时神爽登仙籍。
神仙杳杳隔仙山,鬼影幢幢来破宅。
故鬼常携新鬼行,后车不鉴前车失。

阿芙蓉,一名阿片,俗称"鸦片"。道光年间,英帝国主义把大量鸦片输入中国,广东受毒害尤为严重。这首诗就描述这种触目惊心的情形。

李光昭诗文著述颇丰,有《铁树堂诗钞》《铁树堂诗附钞》,还有《铁树堂文钞》《霜灯八影》《鸿雪二痕集》《聊复尔尔草》。著名学者钱钟书在《谈艺录》中曾对他的《诗禅吟示同学》颇为赞赏,认为他的诗想象丰富,笔法纵横。

二、"古文三大家"的创作成就

宋明两代的客家文学以诗词为主,古文成就不多。入清之后,众多文人反思八股文利弊得失,文章"有用于世"的观点成为共识。长汀黎士弘认为,文章的改革应从变革八股选士制度开始,其《诗经手抄序》说:"诚使一代之制,治《礼》者,试以郊祀、兵制、乐章原委;治《书》者,试以诏诰、檄册、文移、书记;《春秋》《大易》则推测天人、通达治体,必期得如京房、仲舒之士。而治诗者,则不妨单用唐制,试以五七言韵语。"这样,既能"宽其思智,得读有用之书,又能尽其才量,求为可传之业",又能达到"经学明而大复古,于以备国家缓急有余",而且"有志之士"也不需再"羞其笔墨,至谓'雕虫小技,壮夫不为'也哉",明确提倡"读有用之书",进而"有用于世"。上杭邱嘉穗对理学颇有研究,将理气之说引入文学创作,其在《东山草堂集》的自序中认为:"故文之有法,以理为经,以气为纬。气无理不立,理无气不行。盖理本太极,常不离乎境与情之间,而气之所以变化则不外乎阴阳相生相制之义也。夫文犹诗也,而赋比兴具焉,其所陈述非天地人物有声有色之境,即其所为可喜可怒可哀可乐之情也。"因此,邱嘉穗的诗文很注重环境的营造与情感的发露,在情与景关系上达到较高成就的融合。朱仕琇为文,主学韩愈,提倡"养气"。其《复黄临皋书》中认为:"大抵知言养气为立言之要。"要学古文,得立心正身,然后"积读书",就是取古今醇正淡朴之文加以修习,如《左传》《史记》以及孟子、荀子、扬雄、韩愈及欧苏等大家之文,博采秦汉以来诸家之长,自然形成自己的文气和风格。至于写作技巧,他说:"凡为文不宜太切,其陈义类迂诞,而咀之有余味,使人心宽厚愉悦,风清而神远,穆然而近古,最为文家高致。"

黎士弘、邱嘉穗、朱仕琇不但有鲜明的古文创作理论,散文创作也成就斐然,是清代福建客家著名的"古文三大家"。

1. 黎士弘的散文成就

黎士弘(1618—1697),字愧曾,长汀人,清顺治十一年(1654)举人,官至陕西布政司参政。著有《仁恕堂笔记》三卷、《托素斋诗文集》十卷、《理信存稿》三卷和《西陲闻见歌》等。其文学成就主要在散文,内容上能够文道并重,务求有用于世;行文上能够文从字顺,形成清新雄放、光明俊伟的风格。其散文体裁多样,内容广泛,议论而阐述文学观点的如《诗经手抄序》《复马次京书》,评说而论人物的如《丘二先生书院记》《书李白也诗后》,抒情而赞颂风节的如《前征君泉上李先生墓表》,叙事而为人物作传的如《黎振三先生传》。《黎振三先生传》记述了一个"性跅驰,不受绳束"的寡妇之子转变为能文能武、享誉州县的人物,文中描写黎振三在社会动乱之际,斥家产,募死士,刑牲誓师的一段文字尤为精彩:

当戊辰、己巳间,中外多故,流贼群起,数破县邑。又岁承平久,人不知兵,所遣将弁皆纨绔子,御敌辄走死。郡县长吏往往阴赂贼金帛,求免逼境上。先生感愤,上书当事,指陈得失,斥家产得五百金,募死士三百人,欲一出奇当贼。通国颇笑所为,先生曰:"是人,婢若也,安知大计?"择日誓师,时观者如堵。先生刑牲洒酒,慷慨读誓章,声色俱厉。三百人不敢仰视,观者数千人咸恐慑,面相觑无一敢哗者。人始知先生能军,非同儿戏也,郡邑藉以无恐。

黎士弘的这类散文叙事如行云流水,描写生动形象。《全闽诗话》引《本朝诗钞小传》评价黎士弘古文"清新俊逸,未尝步武前人,而动与古会"。

2. 邱嘉穗的人物传记成就

邱嘉穗,生卒年不详,字秀瑞,上杭来苏里(上杭县中都镇)人。康熙二十四年(1685)府学拔贡,二十六年(1687)为知县蒋廷铨聘修县志,二十九年(1690)中举,知归善县(今属广东惠州)六载,卒于任。有《东山草堂文集》二十卷、《诗集》八卷、续集一卷、《陶诗笺》五卷传世。

丘嘉穗身际易代,关心天下时务,悲悯忠臣义士。其人物传记中多抗清爱国和坚守志节之士,《前进士湖广巡按监察御史熊公传》是其中的名篇,赞扬熊兴麟在社稷板荡、国家危亡之秋,仍然忠于职事,安定一方,尤其记述他在辰阳羁押七年而不失忠节的可贵,结尾议论突出熊兴麟"抗怀忠孝,百折不回"的精神。黎士弘《东山草堂文集序》评丘嘉穗:"著为文章,以理为经,以气为纬,充其中二肆其外,光明条达,一以圣人之道为归。虽短章小篇,隐喻讽刺,皆有忧世觉民之心。盖其所择于道者至精也。"莫树椿评价丘嘉穗的文章:"析理既精,论事弥畅,经义史学淹贯精通,元气鼓荡如江河之趋海,日月之经天,即至单词只义、游戏诙谐罔不有意理存乎其中,足以挽风俗人心之弊,不仅文章巨观已也。吾乡作者自刘鳌石先生后,此其嗣音矣。"

3. 朱仕琇的古文成就

朱仕琇(1715—1780),字斐瞻,号梅崖,建宁人,仕玠弟。乾隆九年(1744)乡试第一,乾隆十三年(1748)进士,选为翰林院庶吉士。居三年,出为山东夏津县知县,在任七年。改福宁府教授,以疾辞。受聘福州鳌峰书院,主讲十一年,培养造就许多人才。著有《梅崖居士文集》三十卷,外集八卷。

主讲鳌峰书院期间，朱仕琇致力于古文，始学韩昌黎，其后更博采秦汉以来诸家之长，博极群书而综其要，磨砺成就而成文集，得到名士胡稚威、杭大宗以及"同光体"首领人物陈衍等人的竞相推许，成为清代闽人第一个卓有影响的古文大家。朱仕琇的古文风格平易诚见，自成一家，如《溪音》序：

杨林溪水，出百丈岭。岭界于南丰、建宁二邑。水初出，小泉也。南迤十里合众流，溪石厄之，水始怒，轰豗日夜，或作霹雳声，人立溪上，恒惴慄。稍南益夷，临溪居人亦益众。未至杨林数里许，水遂无声，然溪道益回多曲，里人名之曰"巧洋"。建宁方言呼水曲曰洋。杨林在巧洋南三里，溪水三面，抱村如环，筠园世居其地。村多杨木，故曰杨林。而溪上群山，多松、楢，杂他果卉，弥望郁然。中夜风雨四至，水潦声与群木声相乱，悲越激壮，中杂希微，如钟鼓既阕，而奏管弦丝竹之音。或时晨露渐沥，居人未起，箨陨沙颓，簌屑有无。缘溪独游，其听转静。至于春秋朝夕，虫鸟之号，平林幽涧。樵采之响，里巷讴吟和答，春扰机杼，鸡犬之鸣吠，远近断续，随风高下，一切可喜可愕之音，咸会于溪⋯⋯

这是他为胞兄朱仕玠（号筠园）诗集《溪音》作的序言开头部分，文中阐述杨林溪水源出山泉，由小到大，汇聚成河；溪音由怒而渐趋平静，却又因风雨而激壮多变，因春秋朝夕而气象万千，其音可喜可愕。筠园诗歌就是得益于溪水之助，又"得高岸深谷之理"，酿出"涵淡萧瑟"的诗歌特点。文章清新自然，语言平易质朴，观点醒豁。副都御史雷鋐《梅崖先生全集序》评其古文"淳古冲淡，近古大家"。

三、客家文人的词赋和小说

宋代客家文学中，沙县诗人陈瓘、邓肃，泰宁诗人邹应龙、邹应博等人的词著称于世。经过元明两代的沉寂之后，词在乾隆年间再度复兴，其代表人物是词人马廷萱。明清是中国白话通俗小说的兴盛时期，但整个客家地区创作小说的风气都很低迷。其中原因，一是客家人历来都比较客观实在，对虚构小说的写法一时难以适应；二是清初客家文人主张文章"有用于世"的思想根深蒂固，认为小说是"小道"，有所不为；三是客家地区的经济发展相对落后，创作小说、印刷小说、欣赏小说的土壤与气候尚未形成。黄岩作于乾隆年间的白话中篇章回体小说《岭南逸史》，是早期客家小说，在客家文学史上具有开创之功。

1. 马廷萱与词的复兴

马廷萱，生卒年不详，字友桂，号鉴泉，长汀人。年少博学，工诗词。乾隆五十一年（1786）举人，以大挑一等出宰武城（今山东武城县），后迁南河州（今江苏省响水县）同知,主讲覃怀书院(在今河南武陟)。他交游甚广,与学者孙星衍、阮元相唱和。马廷萱是清代颇有成就的词作家,有《鉴泉诗稿》传世。丁绍仪《听秋声馆词话》卷二十云:"汀人均不讲倚声,为之自司马始。"现存民国版《长汀县志·文苑传》收录马廷萱诗词十余首,《全清词钞》卷十三、《闽词征》卷四也存他的词作。

清初词坛有两大词派,一是以陈维崧为代表的阳羡词派,主张学习苏、辛,使豪放词大放异彩。二是以朱彝尊为代表的浙西词派,他推尊词体,崇尚醇雅,宗法南宋,以姜夔、张炎为圭臬,其《紫云词序》提出词要"宜于宴嬉逸乐,以歌咏太平"。浙西词派的文学主张适应了社会步入盛世的需要,故风靡天下。马廷萱学识广博,又常与江苏学者、文学家孙星衍、阮元等人交往,因此他的词不宗一派,兼融众家。他的婉约词清丽雅致,是学习浙西词风的成果,如【南楼令】:

川暝暮云平,寒潮带月生。渺江天,一色空明。山外有山千万叠,遮不断,望乡情。风正片帆轻,中流自在行。谢嫦娥,远伴孤征。还想深闺眠也未,应屈指,数归程。

本词原有小序"词题朱月帆明月归帆小影",是为友人题画之作。作者借友人图中景象,展开想像翅膀,抒写游子月夜怀乡的情绪,意境清空,词采雅致。上阕"山外有山千万叠,遮不断,望乡情"描绘游子思乡深情,形象感人,成为传唱不衰的名句。

他的【满江红】豪放悲慨,有阳羡词派的风韵:

古柏虬盘,枝南向、灵风瑟瑟。长太息,树犹如此,森人毛发。三字居然将狱定,两宫从此无人说。叹当年,南渡旧君臣,何肝膂。　时事改,空鸣咽。祠宇在,寻碑碣。想横戈跃马,冲冠洒血。万里冰天伤岁月,一家男女矜名节。尚憎他,铁像跪门前,污神阙。

此词作者自注"经朱仙镇谒岳庙",于拜谒河南朱仙镇岳王庙时所作。这首词缅怀岳飞英勇抗金的事迹,谴责奸臣陷害忠良的罪行,词风豪放悲壮,百年之后读之犹令人动容。

2. 童日鼎与"归化三张"的赋

清代,客家地区赋的创作进入黄金时期。一类是以童日鼎为代表的写景抒情小赋,一类是以"归化三张"为代表的咏物赋。

童日鼎,生卒年不详,字玉铉,号我梅,连城人。康熙年间以岁贡任寿宁县训导,还曾参与《连城县志》(康熙版)的校阅。童日鼎与林赤章、李森、董若水隐居冠豸山中,辟洞为家,人称"冠豸四愚"。与同乡童能灵、林赤章互相砥砺钻研理学,是清代蜚声八闽的理学家。他的赋也写得很好,如《莲峰山赋》:

于是二八女郎,三五类聚;怀春踏青,九回一顾;同仙子之凌波,俨潘妃之娇步。亦有绣虎才高,雕龙学博;七步诗成,八叉赋作;固谢五之初发,亦景行之入幕。彼其一钵一瓶,清规潇洒;木鱼玉麈,松林兰若。笑渊明之去来,美远公之立社。乃若境中集凤,车边画熊;登高夜宴,烛影摇红。苏学士之金炬,魏郑公之碧筒。彼夫卉杂枝格,长条交茹。叶动猿来,花惊鸟去。起公子之殊赏,发王孙之远虑。向山水兮寻幽,憩风云兮得路。又有兰窗洞辟,芝阁斜临。玉积峡而虎踞,金涌泉而龙吟。月吐山巅,烟生户棂。或据梧而策杖,或披裘而负薪。芰衣薜带,羽扇纶巾。出兰谷而访友,入桃源而问津。诚无山之可齐,为九邑之地灵。

莲峰山,今名冠豸山,元代开始就辟为风景名胜。这篇赋,描绘了一幅充满青春气息的郊游踏青图。游山女子的秀丽与才情,登高夜宴作诗的雅致,诠释了莲峰山地灵人杰的主题。

童日鼎的好友童能灵也是作赋的好手,他的《冠豸山夕照赋》,把清净仁爱的理学思想融汇于夕阳之景的描写之中。武平林宝树的赋也写得灵动活泼,他的《灵洞石赋》描绘洞天福地的瑰奇壮观,十分形象生动。长汀马繁禧的《谢公楼赋》,从酒楼的自然景观写到与之相关的名人轶事,反映汀州悠久的历史与文化。宁化伊元复不但诗文创作丰富,有《焦桐集》传世,他的《蛟湖赋》景物清新,意境开阔,写出家乡风物之美。《汀州府志·文苑》评其:"诗文极典雅,同乡李元仲、黎愧曾交推之。"

"归化三张"指张政、张问美、张韶,都是归化(今明溪县)人。他们三人都未出仕当官,在乡中设帐授徒,却"极有文名,生徒众多""乡中优秀多出其门下"。张政的《茶赋》是一篇茶香四溢的咏物美文,写出春天里寻茶、摘茶、煮茶、品茗的全过程:

子规声里,杨柳风清。怀流莺于绣谷,想玉茗于山阴。于是夕回珠露,晨披晴云。拉锄芝之逸侣,寻纫蕙之佳人;穿松云之涧宇,入竹巘之层扃。

雀芊芊而露舌,龙团团而抒英。尔乃剥篠叶,登紫筹;既撷既捋,亦剪亦唫。囊云片片,贮月行行。竹炉初沸,鼎火方匀。烟亭亭而鹤避,香习习而亲襟。如丹转而尽性,如汞化而入神。取仙人之掌露,和梅雨之泉明。审炉烟之徐疾,察水气之刚温。兰芳渐吐,柏味新闻,识其趣也。鄙者以韵,顽者以灵,得其情也。忧者以豁,醉者以醒,知其理也。病者以愈,愚者以明,王襃献之天子,君谟进之龙廷。对素娥而色白,倚松宫而涛青。又有幽斋韵士,谈笑论文,传素瓷于夜静,肃百虑之冥冥。至若林间遇叟,竹里逢僧,煮清湘之楚竹,问半日之浮生。若夫岩栖之老,逸世之民,卷尘怀于天末,发清响于潭澄。

南薰微送,蒲葵迭兴。联冰瓯之七碗,嘎玄鹤以长鸣。斯时也,两腋风生,栩栩然不知为姑射之仙子,又何别其为羲皇上人。

文章写茶叶之美、煮茶之香,阐发茶之趣、茶之情、茶之理,抒写临风品茗、栩栩如仙的飘然之感。

张问美的《海棠赋》、张韶的《梅赋》都辞采雅洁、文气生香,非高洁之士不能有其志,非博学之人难以敷其辞,是赋中的精品。

3. 黄岩的小说

黄岩,生卒年不详,乾隆时人,一名峻寿,字耐庵,号花溪逸士,程乡县人,贡生。有《花溪草堂稿》《医学精要》《岭南逸史》等传世。

小说《岭南逸史》共二十八回,写明神宗万历年间程乡县士子黄逢玉奉父母之命,只身前往增城探望姑母途中,在河源县梅花村与隐者张瀚之女张贵儿订立婚约。行至嘉桂岭,时值瑶族女王李小环正欲挑选夫婿,对黄逢玉一见钟情,黄逢玉也爱上勇武真诚的李小环。第五回"浪吟诗黄逢玉中计,甘作妾李小环招亲",描写了他们定下婚事的场面。黄逢玉继续前行探望姑母,李小环则约张贵儿父女到嘉桂岭团聚。谁知黄逢玉行至天马山时,又被另一瑶王梅英截住,威逼逢玉与其妹梅映雪成婚。见逢玉不允,梅英伪造逢玉书信,让李小环率兵前来救援。结果李小环中计,损兵折将,心腹女将易服替死,才得以脱身。黄逢玉寻机偷离天马山,前往梅花村寻找张贵儿,被恶少何足像陷害,官府拘押黄逢玉准备处斩。梅映雪"急救夫大起三军,运奇谋遂破六步"(第十二回),"怒屠三水县,力困五羊城"(第十三回)。梅映雪屡攻不下五羊城,不得已负荆请罪向嘉桂岭李小环求援,李小环得知黄逢玉未死,遂不念旧恶,协同梅映雪攻破省城,救出黄逢玉。

何足像见陷害逢玉不成,派人深夜焚烧张贵儿房屋。仓皇逃生中,张贵儿与父亲失散,只得女扮男装,前往程乡县黄逢玉家,又与逢玉的父母亲一起前往嘉桂岭投奔李小环。在龙川县途中,遭遇强盗蓝能抢劫,为保全逢玉父母,女扮男装的张贵儿答应做蓝能的军师。不料,蓝能竟要将其强招为婿,张贵儿不允。蓝能大怒,要处斩张贵儿,幸得蓝能之女主动说情,乃将张贵儿禁闭。原来蓝能之女并非亲生,真名叫谢金莲,是蓝能祸害她父母并将其收养。两个年轻人互相了解取得信任,"谢金莲哭诉衷肠,张贵儿感剖心腹"(第二十一回),张贵儿也说明自己是女儿身,两人结为莫逆,共同假意应付蓝能。此后,蓝能在张贵儿谋划下屡败官军,势力越来越大。于是朝廷招黄逢玉率天马山、嘉桂岭人马前去征剿。张贵儿闻讯,假借察看敌情,见到久别的黄逢玉,并献上破敌谋略。黄逢玉依计行事,果然克敌制胜,荡平盗寇。黄逢玉被明神宗封为东安侯,与张贵儿、李小环、梅映雪大团圆,谢金莲也成侍妾。嗣后,黄逢玉有感宦途风险,遂与四妻妾一同归隐。

《岭南逸史》的价值,一是真实反映了清中叶失意文人的思想感情,他们怀念朱明王朝,不满清朝政府统治,借小说人物之口说"今大明皇帝,四海统一,东西南朔,莫敢不服"(第四回)。二是肯定民族融合。作者对黄逢玉与瑶族女子李小环、梅映雪以及二酆女的结合与交往,都持赞赏态度,是客家人与少数民族融合的真实反映;瑶族女子李小环、梅映雪钟情于黄逢玉,"从本质上说,乃是一种文化的认同"①。三是富有民系文学特点。小说应用大量客家方言、谚语和客家山歌。在人物名字的设计上,如"何足像",在客家方言中,"足像"是形容某些人趾高气扬、盛气凌人、不可一世的神态,以此命名,符合纨绔子弟骄横跋扈、唯我独尊、稍不如意便破坏别人幸福的特征和行为。又如,写蓝能所部的"陈铁牛有将八员,皆骁勇善战,内中两个,一名廖得,一名来得,尤其骁捷"(第二十二回)。两个人名"廖得""来得"在客家方言中都是很厉害的意思。还引用了客家山歌,如第七回、第九回引用的两首:

> 妹相思,不作风流到几时?
> 只见风吹花落地,不见风吹花上枝。

> 黄蜂细小螫人痛,油麻细小炒仁香。
> 咁好娘儿郎不爱,郎心敢是铁心肠?

由此说明,客家山歌已经引起专业作家的喜爱和高度重视,将其应用到小说创作中,反映了客家文学创作雅俗互动的特点。

四、客家文人的书画艺术

清代客家人中,书画艺术,成就高、影响大的主要是上官周、黄慎、华嵒。

1. 上官周——擅绘人物享誉海内

上官周(1665—1753?),原名世显,后改周,字文佐,号竹庄山人,长汀人,清代康雍乾年间著名画家。查慎行《题竹庄罗浮山图》称其"上官山人今虎头"。康熙五十三年(1714),上官周进京参与《康熙南巡图》的绘制,主画人物。他画了数以万计的人物,形象生动多姿,不但得到康熙帝的赞誉,而且在中国绘画史上也属罕见②。上官周还参与绘制《万寿盛典》《南巡盛典》中的版画插图,享誉海内。上官周晚年返汀筑画室"竹庄"教授弟子,精心绘成《晚笑堂画传》。《晚笑堂画传》创作了汉高祖刘邦、西楚霸王项

---

① 罗可群:《广东客家文学史》(增订本),广东人民出版社2015年版,第97页。
② 李浴:《中国美术史纲》,人民美术出版社1957年版,第277~289页。

羽、张良、韩信、司马迁、苏武等汉代以来一百二十位历史人物绣像。鲁迅十分推崇上官周,曾购买《晚笑堂画传》寄赠俄国木刻家亚力舍夫。

上官周也擅诗,题材以赠答、纪行、咏怀为主。其《作画》一诗:

老来疏世事,泼墨寄闲情。
山自云中出,烟从涧底生。
暗泉虚月色,古树涌秋声。
此意归神化,微茫空太清。

直抒自己晚年作画"寄闲情"的非功利心态,中间两联揭示自己作画与"太清"(自然)融为一体的特点。

2. 黄慎——勇于自我革新的"扬州八怪"之一

黄慎(1687—1770),原名盛,号瘿瓢山人、东海布衣,宁化人。清代乾隆时期著名画家,"扬州八怪"之一。《汀州府志·乡行》载其"能诗,工画,善草书",时称"诗书画三绝"。

黄慎十四岁始学肖像画,开启"揭帛传真"、一生鬻画之路。十六岁前往建宁、汀州拜师学艺,得到上官周的指导。他曾寄居寺庙读书,白天作画练字,晚上佛龛前苦读诗文。黄慎的勤奋感动寺中高僧,允许他借阅寺中藏书,得以遍览《毛诗》《汉书》《史记》,工笔画也大有长进。雍正二年(1724)夏,三十八岁的黄慎首次来扬州,得到汪士慎的赏识。为了适应都市文化的审美需要,黄慎书法变为大草,变人物为泼墨大写,黄慎以高超的画技,真实而不媚俗的艺术主张征服扬州民众,张廷玉等修《清朝文献通考》说"持缣素造门者无虚日,扬之人遂咸知有山人之画",遂有"瘿瓢之名遍天下"的美称。

黄慎的画作之所以受民众欢迎,与其艺术上的勇于自我革新分不开。黄慎作画类型宽广,题材丰富,笔法多变,甚至"以草书入画",不可谓不独特。因此时人多视之为"怪",但又对其十分推崇。这也是黄慎与汪士慎、郑燮、李鱓、金农、李方膺、罗聘、高翔并称"扬州八怪"的原因。

黄慎的诗作也不少,有《蛟湖诗钞》传世。他的诗有的直抒胸臆,如《忆蛟湖草堂》:

夜雨寒潮忆敝庐,人生只合老樵渔。
五湖收拾看花眼,归去青山好著书。

诗人在寒夜思念故乡,抒写向往渔樵读书的生活。有的是极富诗情画意,如《杂咏》:

江村地僻少人家,青草池边响绿蛙。

昨夜庭前风雨过,晓持竹帚扫桐花。

诗歌以动衬静,写出村居生活的宁静,最后一句写晨起扫桐花,诗人的形象跃然纸上。郑板桥评其诗:"直抒胸臆,清新高雅,亦如巉岩绝巘,烟凝霭积。"雷鋐《蛟湖诗钞》序称:"山人字与画可数百年物,诗且传之不朽。"

3. 华嵒——扬州画派离垢出尘

华嵒(1682—1756),字德嵩,后改字秋岳,号新罗山人、离垢居士,上杭县人,青年以后侨寓杭州,是康乾年间扬州画派的重要画家。《清史稿·华嵒传》载其"画山水、人物、花鸟、草虫无不工,脱去时习,力追古法"。

华嵒的山水画突出山水人物合璧的特点,以崇山茂林为主,表现离垢出尘的意境,透出清新之气,却又不显空寂,以隐逸之士居游其间,体现人与自然的和谐相处。如北京故宫博物院馆藏的一幅《山水图》,描绘的是青烟淡岚、秋高气爽的山野之中,几间茅舍滨水而立,一位文士静坐案几,似乎是在读书间隙,眺望窗外明净清旷的秋日美景。

华嵒的花鸟画是扬州画派中最富优雅气质与生机天趣的代表。如旅顺博物馆所收藏的《黄鹂垂柳图》,画家着力描绘两只对歌的黄鹂。黄鹂在垂柳枝条间上下翻飞,啁啾鸣唱,生动传神。画面底部两瓣相互倚靠的大石头,相应着两只欢快跳跃的黄鹂。这幅画既展现了黄鹂自然翻飞跳动的生趣,又表现了相依相偎的亲昵,让观画者感受到自然与人间相通的那种情感,从而获得完美的精神愉悦。现代画家潘天寿所著《中国绘画史》评:"长汀上官文佐周之功夫老到,临汀华秋岳嵒之脱去时习,均为清代史实风俗画之较有名者。"

华嵒亦能诗,有《离垢集》五卷,收入五百八十五首诗,其中题画诗近三百首。由于诗人常年侨居杭州,思乡之作写得情深意切,如《丁酉九月客都门思亲兼怀昆弟作》:

何处抛愁好,穿庭复绕梁。

东西经夜月,南北梦高堂。

有眼含清泪,无山望故乡。

纷纷头上雁,联络自成行。

诗人用"穿庭绕梁"形象写出乡愁之多,中间两联对仗高妙,尾联以写景作结,言有尽而意无穷。《上杭县志·艺文志》评其诗"诗笔俊逸,云烟缥缈,饶有画意"。康熙版《钱塘县志》载其"工人物、山水,能诗、善书,人称三绝"。

第四节 近现代客家文人创作与书画艺术

近现代以来,中国社会和政治发生巨大变化,反映社会生活的文学艺术,形式和内容上也发生巨大变革,客家文人的精神面貌及其创作内容、形式出现了富有时代气息的新特点。

一是客家文学融入反帝反封建的题材。自鸦片战争以来,反对外敌入侵,关注国家命运、人民疾苦的题材成为客家文学的主旋律。爱国志士丘逢甲、张际亮的诗歌创作是其中的代表。

二是客家文人主动参与文学革命。近代以黄遵宪、郭沫若为代表的客家文人,走出"山门"看世界,在"欧风美雨"东渐中,主动吸纳外国有益的政治思想、科学技术和文学艺术,积极进行变法维新、"诗界革命"和兴办教育,这体现客家文化面向世界的包容性,体现客家文人自我革新、与时俱进的精神与气魄。

三是客家文化研究蓬勃兴起,且客家文人"有意识"进行客家文学创作。从二十世纪三十年代开始,以罗香林为代表的客家人研究客家文化的意识逐渐觉醒。客家文化研究取得重大成果的同时,客家文学创作也成果斐然。程贤章、谭元亨的小说是其中的扛鼎之作。

一、近现代广东客家的文学创作

近现代两百年来,广东客家的文学创作进入黄金时期。广东是客家文化研究的发祥地和研究中心,客家文学创作意识也最为强烈,诗歌、小说成就尤其引人瞩目。黄遵宪、丘逢甲、张资平、李金发、程贤章、谭元亨是其中的杰出代表。

1. 黄遵宪——走向世界的诗人

黄遵宪(1848—1905),字公度,别号"人境庐主人"。广东嘉应州人,著名爱国诗人,杰出的外交家、教育家。同治十二年(1873),黄遵宪考上拔贡生,光绪二年(1876)中举,次年担任清政府驻日使馆参赞,从此开始了在日本、美国、英国、新加坡等长达十四年的外交官生涯。回国后,在上海协助张之洞幕下主持江宁洋务局,又发起创办《时务报》,聘请梁启超担任主笔,使《时务报》成为宣传维新思想的主要阵地。光绪二十三年(1897),在翁同龢的举荐下,出任湖南长保盐法道,署理湖南按察使,他全力协助巡抚陈宝箴在湖南推行新政。从光绪二十五年(1899)开始,黄遵宪在家乡致力发展教育事业。他邀集地方人士设立嘉应兴学会议所,出任所长,他把自己的书斋"人境庐"辟为学堂,亲自执教。光绪三十年(1904)创办"东山初级师范学堂",揭开了梅州地区新学教育的新篇章。在参与外交、参与维新变法和办教育的同时，黄遵宪也创作出许多诗歌，有诗集《人境庐诗草》传世。

《人境庐诗草》的思想内容十分丰富，洋溢着强烈的爱国主义精神。如《赠梁任父同年》：

寸寸河山寸寸金，侉离分裂力谁任。
杜鹃再拜忧天泪，精卫无穷填海心。

这首诗表现了诗人关注祖国命运、坚决反对外国侵略、抨击投降政治，为救亡图存而奔走呼号的炽热情怀。

黄遵宪的诗论"我手写我口"，是诗界革命的旗帜，成为人们耳熟能详的创作原则。如《杂感》组诗(其二)："我手写我口，古岂能拘牵？即今流俗语，我若登简编，五千年后人，惊为古烂斑。"其要义在于，诗歌要表现诗人自"我"的思想感情，而不是"沿习""剽盗"；提倡生活化、口语化的"流俗语"，经过锤炼的口头语同样是诗歌语言的精品；从美学目标来说，就是提倡要敢于"创新"，不怕被人指责为"妄造"。正因如此，郭延礼称赞黄遵宪是"走向世界的诗人"。①

这种诗歌理论，首先源于客家民间文学的孕育。黄遵宪的家乡嘉应州，是广东客家人的聚居地，文学氛围浓郁，客家童谣和客家山歌流传十分普遍。"口语化"的童谣对幼小时的黄遵宪影响很深。成年后，黄遵宪十分推崇客家山歌，他在《山歌题记》中说："十五国风妙绝古今，正以妇人女子矢口而成，使学士大夫操笔为之，反不能尔。以人籁易为，天籁难学也。余离家日久，乡音渐忘。辑录此歌谣，往往搜索枯肠，半日不成一字。因念彼冈头溪尾，肩挑一担，竟日往复，歌声不歇者，何其才之大也！"他高度赞美客家山歌的文学性，也赞扬客家妇女的才干。其次，黄遵宪"我手写我口"的诗论，明显受客家先贤宋湘的影响。宋湘是以强调创作"我之诗"而闻名的诗人。宋湘《湖居后十首》写道"我诗我自作，自读还赏之。赏其写我心，非我毛与皮"，强调诗歌要写出自己的思想感情，力求创新。黄遵宪的诗歌理论，在总结客家民间文学和前贤观点的基础上前进了一小步，但对于中国新诗的发展却是前进了一大步，为郭沫若的中国新诗建设开了先声。

2. 丘逢甲——倡导新学的爱国诗人

丘逢甲(1864—1912)，字仙根，号蛰庵，别署海东遗民、南武山人、仓海君。晚清抗日保台志士、爱国诗人、教育家。

---

① 郭延礼：《中国近代文学发展史》，人民文学出版社2017年版，第733页。

丘逢甲祖籍嘉应州镇平(今广东梅州蕉岭县),同治三年(1864)生于台湾苗栗县铜锣湾。光绪十四年(1888)在福州中举人,次年己丑科同进士出身,授任工部主事。但丘逢甲无意在京做官便返回台湾,在台湾台中衡文书院担任主讲,后又前往台南和嘉义教育新学。光绪二十一年(1895)四月,清政府与日本签订丧权辱国的《马关条约》后,丘逢甲坚决反对割让台湾,呼吁抗倭保台;五月二十三,丘逢甲任义勇军统领,奔赴前线抗击日军;义军失败后,同年秋内渡广东。丘逢甲先回嘉应州、潮州、汕头等地兴办教育,倡导新学,支持康梁维新变法。光绪三十二年(1906),担任广东教育总会会长。宣统三年(1911)九月,广东光复,丘逢甲任广东军政府教育部长,投身于孙中山的民主革命。1912年元月中华民国成立后,丘逢甲被选为广东省代表参加孙中山组织的临时政府。1912年2月丘逢甲因肺病不治,病逝于镇平县。他临终弥留之际,嘱咐家人:"葬须南向,吾不忘台湾也!"为纪念抗日志士丘逢甲,1961年,台湾成立"逢甲工商学院",1980年正式改为"逢甲大学"。

图 8-1　丘逢甲像

丘逢甲的贡献主要两个方面:

一是抗日保台的爱国思想及其诗歌创作。当孱弱的清政府被迫签订丧权辱国的《马关条约》后,丘逢甲致电清政府坚决反对;无奈之下只能自保,便组织义军保卫台湾。这是客家人典型的"硬颈"精神的表现,也是客家人"最富爱国保族思想""最富气骨观念"的体现。内渡大陆之后,他的诗歌创作达到新的高峰。《岭云海日楼诗钞》存诗一千七百多首,皆为内渡之后的作品。诗集中怀台诗最多,也是最有价值的部分。如《离台诗》六首,其一:

宰相有权能割地,孤臣无力可回天。
扁舟去作鸱夷子,回首河山意黯然。

再如《天涯》:

天涯雁断少书还,梦入虚无缥渺间。
兵火余生心易碎,愁人未老鬓先斑。
没蕃亲故沦沧海,归汉郎官遁故山。
已分生离同死别,不堪挥涕说台湾。

又如《春愁》：

> 春愁难遣强看山，往事惊心泪欲潸。
> 四百万人同一哭，去年今日割台湾。

二是创办新学培养人才。丘逢甲认为"欲强中国，必以兴起人才为先；欲兴起人才，必以广开学堂为本"，于是决定走教育救国的道路。他先在家乡丘氏族中办起两间新式小学，又到福建武平、上杭等县办七间新式小学，与丘复一起在上杭丘氏总祠兴办师范传习所。继而又创办镇平中学（即今之蕉岭中学），曾到兴宁、长乐（今兴宁）、五华三县去劝学。丘逢甲与温仲和在潮汕讲学，在汕头创办同文学堂。其讲学内容，除传统的四书五经之外，还有算学、代数、几何等许多现代科学新知识，开创了近代新学的先声。

3. 叶璧华——第一所女子学校的创办者

叶璧华（1844—1915），字润生，别字婉仙，嘉应州白渡堡（今梅县丙村镇）卢陵乡人。父亲是嘉庆时的举人，在广州府学任职，叶璧华和兄长从小受到良好的家庭教育。后与翰林李载熙的四子蓉舫成婚。中年不幸丧夫，叶璧华领着四子一女在广州设馆授徒。中日甲午战争（1894）爆发后，叶璧华回到嘉应州。光绪二十四年（1898），在黄遵宪等社会贤达支持下，叶璧华在梅州创办了第一所女子学校——懿德女校。叶璧华不仅为广东客家教育事业做出积极贡献，而且为女子参与教育工作和文学创作树立了榜样，有《古香阁集》传世，存诗两百余首。与大埔范荑香、嘉应黎玉珍并称"晚清粤东三大女诗人"。

叶璧华的诗歌，体现男女平等的思想和心系国家大事的巾帼英雄情怀，如《有感》：

> 文章自古能华国，巾帼谁怜倚马才。
> 济世胸怀罗宿纬，剪夷勋业慨边台。
> 诸天佛梦清凉在，四野风声跋扈来。
> 自愧娥眉生小画，壮怀何处荡尘埃。

《古香阁集》也有许多关于爱情、婚姻题材的诗歌，如《闺怨》：

> 一叶梧桐忽报秋，闲庭风雨小窗幽。
> 闭门怕见高楼月，空惹人间午夜愁。

诗人连用"梧桐、闲庭、幽窗、高楼、明月"等意象，写出女子思念亲人的细腻感情，读来真切动人。黄遵宪《古香阁集序》评其诗："清丽婉约，有雅人深致，固女流中所仅见也。"

叶璧华的作品除了《古香阁集》，还有《词集》七十三首，多是缠绵清丽的婉约词。如【双调·望江南】(题桃花扇面)：

春几许，试问碧桃花。竹外一枝斜更好，和烟和雨护窗纱。　何处不流霞。情何限，小阁月迷离。纸帐蕈惊清梦醒，啾啾翠羽落庭花。微雪掩琼葩。

4. 张资平——新文学第一部长篇小说的作者

张资平(1893—1959)，原名秉声，梅县人。1910年秋考入广东高等巡警学校，1912年考上留日官费生，先后就读于明治大学、东京帝国大学预科，帝国大学理学部地质科。1921年7月，与郭沫若等组织创造社。1922年5月，张资平回国到中美合办的蕉岭羊子山铅矿厂任经理。1924年，与李度旷、钟贯鲁等创立民办学校"学艺中学"，同年秋到武昌任师范大学矿物学教授。1928年，到上海任暨南大学文学教授，兼任大夏大学的"小说学"教师。1936—1938年，先后在唐山交通大学、梧州广西大学任教。1949年，到上海振民补习学校教书。1955年6月，受"潘汉年反革命事件"牵连被捕，1959年12月病逝。

张资平是"五四"一代文人中最多产的小说家，有二十四部中长篇小说，五本短篇小说集。他的创作高峰期是1928年到上海之前，主要作品有小说《冲积期化石》《梅岭之春》《她怅望着祖国的田野》《爱之焦点》《性的屈服者》《苔莉》。

长篇小说《冲积期化石》作于1921年9月，作者自注"此书为纪念(父亲)而作"。小说以青年知识分子"我"(韦鹤鸣)为主人公，通过"我"求学生涯的坎坷历程，展示了二十世纪初梅县客家地区、汕头、广州和日本东京等地的生活环境，真实展现了"我"的爱与憎、同情与痛苦、希望与失望，展示青年人由自由恋爱感受到的性冲动与性克制。小说反映作者对幸福人生的追求，也是对当时社会不公平和压抑人性的控诉。《冲积期化石》是张资平长篇小说处女作，也是"中国现代文学史上的第一部长篇小说"[①]，在中国文学史上有着重要地位。

5. 李金发——中国现代象征派诗人

李金发(1900—1976)，梅县人。中国现代象征派诗人，著名雕塑艺术家。1919年秋，李金发与梅县同乡林风眠、郎静山、张道藩等六十七人前往法国勤工俭学。在巴黎国立艺术学校，李金发接触到法国象征诗派，尤其喜欢波德莱尔、马拉美和魏尔伦等人

---

① 黄修己：《中国现代文学简史》，中国青年出版社1984年版，第102页。

的象征派诗歌。自己也学着创作象征派诗歌,编成《微雨》《食客与凶年》两部诗集。在周作人的帮助下,两部诗集先后于 1925 年、1927 年由北新书局出版。在郑振铎的帮助下,勤于创作的李金发于 1926 年出版第三部诗集《为幸福而歌》。《微雨》等诗集的面世,震动中国诗坛,李金发成为中国现代象征诗派的"第一人"。

《弃妇》是李金发象征主义诗歌的代表作 1925 年 2 月 16 日发表于《语丝》杂志。《弃妇》刻画了饱受苦难、命运悲惨的客家妇女形象,表达了诗人深切的同情:

> 长发披遍我两眼之前,
> 遂隔断了一切羞恶之疾视,
> 与鲜血之急流,枯骨之沉睡。
> 黑夜与蚊虫联步徐来,
> 越此短墙之角,
> 狂呼在我清白之耳后,
> 如荒野狂风怒号:
> 战栗了无数游牧。
>
> 靠一根草儿,与上帝之灵往返在空谷里。
> 我的哀戚唯游蜂之脑能深印着;
> 或与山泉长泻在悬崖,
> 然后随红叶而俱去。
> 弃妇之隐忧堆积在动作上,
> 夕阳之火不能把时间之烦闷
> 化成灰烬,从烟突里飞去,
> 长染在游鸦之羽,
> 将同栖止于海啸之石上,
> 静听舟子之歌。
>
> 衰老的裙裾发出哀吟,
> 徜徉在丘墓之侧,
> 永无热泪,
> 点滴在草地
> 为世界之装饰。

这首诗形式上采取"自由""不押韵""文白夹杂"的写法,有别于其他新诗的写作习惯。尤其诗歌意蕴上,由于意象奇特怪异,感觉交错,给读者隐晦神秘之感,确实与法国象征主义诗派一脉相承。

6. 程贤章——当代客家文学的拓荒者和奠基者

程贤章(1932—2013),梅县人,出生于印尼雅加达市,六岁回国。1953年毕业于桂林广西大学中文专修科,毕业后在梅江中学教书。1958年调到《汕头日报》当记者编辑,从此开始了文学创作之路。1960年,程贤章在《中国青年报》上发表小说《俏妹子联姻》,一时轰动全国。此后的创作屡获大奖,其中,长篇小说《青春无悔》获华东六省一市优秀图书二等奖,与王杏元合作的长篇小说《胭脂河》被改编为六集电视剧并获全国松蕾杯奖,《神仙·老虎·狗》《围龙》荣获广东省鲁迅文学奖,与廖红球合作的报告文学《大亚湾的诱惑》《梅江舞彩虹》分别获《人民日报》报告文学一等奖、二等奖,与林雨纯合作的《坂田巨变》获《人民日报》报告文学三等奖,形成轰动中国文坛的"程贤章现象",使广大读者和学者从程贤章笔下了解到客家深厚的人文底蕴,通过客家特殊的地域文化了解中国当代社会发展的轨迹。

《围龙》这部四十万字的长篇小说,于1998年由花城出版社出版,是充满浩然正气的"客家人的历史"巨著,写出客家这支特殊的汉族民系坚韧不屈、敢于斗争的生活历史和社会变迁史。作者用记史的笔法去写中国二十世纪风云变幻的历史事件:陈长修在南方策应康有为戊戌变法;陈长胜、陈长捷在广州起义中英勇就义;程武投奔程潜,参加东征、北伐,最后在淞沪抗战中牺牲;谢晋元、姚子青、黄梅兴等客家子弟也在淞沪抗战中惨烈牺牲;"文革"中陈氏家族及烈士家眷袁来福等受到冲击,避居海外的陈氏家族回家乡办厂、投资等,写得栩栩如生,令人荡气回肠。

2002年,程贤章与胡小钉联合创作出长篇小说《大迁徙》。作品描述了公元三世纪西晋晋惠帝在位时发生的"永嘉之乱",为避战乱,洛阳士族程氏和杨、古、卜、钱等五大家族不畏艰难,带着祖先遗骨和文字典籍,举族南迁,千里迢迢,来到岭南安家落户的故事。2005年,小说《围龙》改编为长篇客家史诗系列电视剧,共分三部,每部三十集。第一部《大迁徙》讲述西晋末年客家先民从中原南迁的悲壮历史,第二部《围龙屋》讲述清朝末年客家先民从中原南迁的悲壮历史,第三部《走出围龙》描写近代客家人赴海外开拓创业的豪迈风采。该剧作为第一部描述客家人历史渊源和文化特征的大型电视连续剧,吸引了海内外近一亿客家人的关注,掀起新的寻根热。

7. 谭元亨——教育救国不忘《客家魂》

广东著名学者、作家谭元亨的作品《客家魂》也是一部有重大影响的巨著。谭元亨(1948—   ),广东顺德人,华南理工大学客家研究中心教授,1993年起享受国务院政府特殊津贴。他的《客家魂》三部曲(《世纪之旅》《客家女》《千年圣火》),共一百四十五万字,分别于1977年、1997年在北京十月文艺出版社出版。小说以三代教育家郭玉祠、郭启慧、郭元戎历尽磨难的办学经历,生动阐释了二十世纪中国客家进步文人"教育救国"的理念,讴歌了客家人沉实坚韧的性格特点,生动描绘了当时客家地区的生活面貌与民情风俗。

二、近现代四川客家的文学创作

清初的"湖广填四川"时期,许多赣闽粤客家人随着移民大潮来到四川开基创业。经过一百多年的发展,四川客家人达到三百多万,涌现许多著名人物。文学界的代表,就是中国新诗的奠基者郭沫若。

郭沫若(1892—1978),原名郭开贞,字鼎堂,号尚武,笔名沫若,四川乐山沙湾镇人。我国现代著名诗人、原中国科学院院长、中国科技大学首任校长、原全国人民代表大会常务委员会副委员长。

郭沫若是客家后裔,祖籍汀州宁化龙上里七都。郭氏家族于宋代迁入宁化,到乾隆四十六年(1781),已有五百多年之久。当时清朝正在招垦四川,即民间所谓"湖广填四川",郭氏志字辈郭志思一家也很向往。于是,郭志思夫妻让大儿子郭有元跟随同村的邱、张、曾、陈、黎、巫、池等九姓邻里一同前往四川发展,次子郭有春与父母留在原乡。于是,郭有元"背着两个麻袋"走上西进的旅途,成为郭氏入蜀始祖、创业祖。郭沫若于1939年其父亲逝世时撰写的《先考膏如府君行述》中言:"吾家原籍福建,百五十八年前由闽迁蜀,世居乐山铜河沙湾镇……"说的就是这段历史。郭有元定居铜河(即大渡河)沙湾后,经过二十余年的艰苦奋斗,从办马帮搞运输、凿井熬盐,到置田买地、开店经商,逐渐兴旺发达起来。后来,他们又办起酿酒坊,用玉蜀黍(包谷)酿酒,酒糟养肥猪,利润更加可观。到郭开贞(郭沫若)这一代已经是第六代。郭沫若父亲郭朝沛虽然没读什么书,十三四岁便当家管事,但他重视子女教育,聘请名师在家塾中授课,又支持长子郭开文到日本深造,后来,又送二十三岁(1914)的郭沫若去日本留学,成就一代名人。1949年10月31日,毛主席在中央人民政府政务委员会第三次会议闭幕后签署政府令,直接委任郭沫若为中国科学院院长。

郭沫若有着强烈的爱国爱乡思想。他在《我的童年》一书写道,"我们的祖先是从福建移来的,原籍是福建汀州府宁化县","听说我们那位祖先是背着两个麻布上川的""在封建时代弄到不能不离开故乡,当然是赤贫的人。这样赤贫的人流落到他乡,逐渐在那儿发迹起来"。郭沫若深植救国救民思想,希望贫困的祖国振奋起来,富强起来。当他在日本听到国内发生"五四"爱国青年学生运动的时候,虽然是迟到的信息,但他依然兴奋、激动得冲出房门,奔向海滩,又跑回房间写出激情四射"火一样心肠"的诗歌《炉中煤》:

> 啊,我年青的女郎!
> 我不辜负你的殷勤,
> 你也不要辜负了我的思量。
> 我为我心爱的人儿
> 燃到了这般模样!

回国之后,他毅然弃医从文,在上海与成仿吾、郁达夫等人办起"创造社",投入新文化运动,创作出许多现代新诗,成为中国新诗的重要奠基人,他的诗集《女神》成为中国新诗的代表作。

郭沫若具有客家人的"硬颈"精神。他当过蒋介石为总司令的北伐军总政治部副主任,参加过北伐。可是当蒋介石背叛革命,清党反共的时候,郭沫若怒不可遏,毅然写下声讨蒋介石的檄文《请看今日之蒋介石》并参加南昌起义,加入中国共产党。因此,郭沫若的政治信仰十分坚定。

郭沫若尊重科学,重视教育,遭蒋介石通缉之后,他前往日本避难。流亡日本十年期间,他埋头研究中国古代社会,研究甲骨文、金文,取得丰硕成果。新中国成立后,他联合一些科学家向党中央建议,设立中国科技大学,担任首任中国科技大学校长,一干就是二十年。打倒"四人帮"后,在中国科学大会上,他大声疾呼:"科学的春天到来了!"这声音像滚滚春雷响彻全国,喊出了对中国自然科学和社会科学迅猛发展的热烈呼唤。

三、近现代赣南客家的文学创作

赣南客家地区有着深厚的历史文化积淀,滔滔赣江水,把千里鄱阳与赣南山区连成一片,文风浓厚,作家甚众。在众多作家中,李一痕、周书文、李伯勇是其中的代表。

1. 李一痕的诗歌创作

李一痕(1921—2019),本名李时杰,江西吉安人,中国现代著名诗人。早年在国立杭州艺专学习美术,画名"艺痕",由导师丰子恺建议改成"一痕"。

李一痕为我国新诗园地建设和文学人才的培养做出巨大贡献。1942年,他在郭沫若、柳倩、冯乃超的支持下在重庆创办"春草诗社"。1944年,在重庆国立艺专读书期间,主编诗刊《诗地》;与同学邹狱、诗友周牧人等创立"火之源"诗社,得到著名诗人臧克家、何其芳、王亚平的鼓励支持;创办《火之源》诗刊,发表臧克家、闻一多等许多著名作家的诗歌。1945年从重庆国立艺专西画系毕业后,主要从事诗歌创作和报刊编辑。1946—1949年,先后主编郑州《群力报》、汉口《武汉时报》、吉安《民治日报》《前方日报》、桂林《广西日报》的文艺副刊版,建国初,曾主编吉安市《前进日报》副刊。1951年调到赣南矿区从事宣传和文教工作。"文革"期间下放劳动。80年代以来从事教育工作,坚持诗歌创作,主编诗刊《爱诗者》。

李一痕于20世纪40年代在重庆时创作的诗歌最富有激情活力。诗人十分活跃,写诗,编诗刊,与何其芳、闻一多、臧克家等中国现代诗歌先驱一起,用诗歌歌颂光明,歌颂自由,富有强烈的战斗精神。如《醒来吧,重庆》:

> 醒来吧,重庆
> 醒来吧,重庆
> 抗战前线的炮声隆隆
> 你不能再沉醉灯红酒绿
> 太阳旗的铁蹄
> 已向我们这里逼近
> 一个城市一个乡村
> 在血中火中沦陷
> 一个国家一个民族
> 将遭受同样悲惨的命运
> 醒来吧,重庆
> 谁愿意忍辱做牛马
> 谁甘心低头做奴隶
> 国家兴亡
> 我们人人有责
> 不能迷恋弹筒插玫瑰的生活
> 我要把你唤醒
> 我要把你唤醒
> 醒来吧,重庆

20世纪80年代以来,李一痕诗心不老,笔耕不辍,在国内诗界享有盛誉,被誉为"太阳的儿子"。其文学创作十分丰富,出版诗集《谎言》《过不了冬天的人》《疯子与圣人》《遗忘的脚印》《没有遗忘的诗》,诗文自选集《诗旅一痕》。另编有诗论集《读诗札记》、散文集《淡淡的月光》。

与李一痕并称"二李"的李音湘的创作也很有特色。李音湘的诗以矿山工人为主体,反映了新中国矿山工人的生活风貌。他的《矿工的话》《矿山人家》《大庾岭抒怀》

《陈毅的故居》等诗作颇有客家风味,他的自选诗集《春天的歌怎么唱》于八十年代中期出版,同题作品曾获江西省人民政府文艺创作奖。此外,四十年代就成名的诗人奔江也出版《过滩》《通天岩》《残冬》《云飞雨走》等多部诗集,还出版长篇小说《客从天降》。

2. 周书文与罗荣的散文创作

周书文(1930—),河南内乡县人,笔名树文,是著名文艺评论家、作家,曾任中国红楼梦学会理事、赣州地区文联副主席、作协主席兼《赣江文学》主编,出版过红楼梦研究方面的系列著作以及古典小说美学专著《中国古典小说审美思考》《小说的美学构建》等。

周书文在河南内乡高中毕业后,1949年3月参加工作即南下江西,一直在赣州从事经济和文化工作,因此,对赣南客家地区的历史、文化和风土人情有着深入了解,创作了许多客家题材的散文与杂文,收集在散文集《多面人生》中。周书文散文中最有价值之处,是作者对社会、历史和文化的思考,如《重返长冈》《会昌城外高峰》《寻牡丹亭记》《榕树吟》等。除此之外,也不乏富有浓郁情感的散文,代表作是《酒娘蛋》,写的是岳母无论家庭经济状况如何,都尽力每天煮一碗客家风味的酒酿蛋给女婿滋补身体,哪怕她自己省吃俭用吃番薯叶,也要极力做到,目的只是让女婿能更好地"给公家做事"。此文赞美了客家妇女至真至纯的感情,文中诚挚的剖白,令人噙泪感怀。

罗荣(1954—),本名罗棣宁,江西宁都人,中国作家协会会员。1968年下放农村,1972年参军,1983年任《赣南交通安全报》编辑,1988年考入江西师范大学中文系作家班,1991年入鲁迅文学院第七期进修班。他的散文创作多关注社会底层,擅长乡土题材,如《过节》《庙戏》中的人、事、物都充满乡土气息,运用许多方言谚语,富有浓厚的客家文化成分,让人沉怡于客家风情之中。罗荣的散文、小说创作很有成就,其作品在《江西日报》《解放军文艺》等报刊上发表。出版散文集《草园集》《神像的启示》,小说集《人世》《罗棣宁中篇小说选》,长篇小说《南天恨》《日照翠微》《合欢》《孽缘》《山塘》。他的报告文学《脊梁》获《人民日报》1989年国庆征文二等奖,小说《合坟》获《小小说选刊》二等奖。

3. 李伯勇的小说创作

李伯勇(1948—),赣州上犹县人。中国作协会员、江西省文联特聘作家,曾任上犹县文联主席。

李伯勇文学创作的深厚底蕴源于他丰富的生活阅历和勤奋的学习。1967年高中毕业,他作为知青下乡劳动,当过生产队长,回城后,当过建筑工人,还当过水泥厂的井下掘石工。正因为如此,他的小说素材更多的是底层人民的生活。底层坎坷的生活经历,给了他丰富多彩、细致入微的人生感受,为他的创作提供了源泉和强劲的动力,也锻炼了他乐观豁达的胸怀与顽强的毅力。他的创作成果十分丰硕,出版中短篇小说选《南方的温柔》,中篇小说集《恶之花》,长篇小说《轮回》《寂寞欢爱》《旷野黄花》《恍惚远行》;文学评论著作《灰与绿的交响乐》;随笔《瞬间茫茫》等。

1998年出版的长篇小说《轮回》,以"文革"期间赣南乡村冷水坑为背景,围绕地主之子张义林、雇农之子马家荣、知青刘新池、贫农之女徐三兰之间的恩怨情仇展开,又在政治运动与个人"力比多"之间完成交响。小说用大量笔墨聚焦于生产队队长马家荣,塑造了一个被朴素的家族仇恨与个人"力比多"所吞噬的形象。而以周颖珍为代表的南方母亲,以慈爱容忍了马家荣的报复以及徐三兰的背叛,周颖珍身上体现了耕读传家、慈爱宽容的精神。小说深刻揭示了赣南家族文化由衰竭走向复生的悲凉与悲壮的历程。作者在揭示政治运动造成伤痕的同时进行深度反思,所以超越了伤痕和反思文学,赋予文本的现代性。

四、近现代福建客家的文学创作与书画艺术

近现代以来,福建客家人走出"山门",接受先进思想,立志救国救民,积极兴办教育,整理文化典籍,以爱国爱乡为文学创作的主旋律。张际亮、丘复、林默涵是其中的代表人物。罗丹、宋省予的书画艺术也取得很高的成就。

1. 张际亮——作有堪称诗史的爱国诗篇

张际亮(1799—1843),字亨甫,号松寥山人,建宁县客家人。道光四年(1824)拔贡。道光十五年(1835)乡试中举。道光二十三年(1843)夏,病卒于北京。鸦片战争前后,张际亮与龚自珍、魏源、汤鹏、林则徐结为好友,关注国家政治与民族安危,奔波于大江南北,以时事入诗,谴责帝国主义侵略,反映人民苦难,创作出大量堪称诗史的爱国诗篇,张际亮也从文人转变为爱国志士。张际亮主要作品汇集为《张亨甫全集》(收录文六卷、诗二千六百多首)、《思伯子堂集》(由姚莹整理,收录诗三千多首),另外还有《金台残泪记》三卷、《南浦秋波录》三卷。

张际亮的文学创作分为三个时期:

一是家乡和福州求学时期。张际亮出生年余,母亲去世。十二岁从师读,"志慕古人之学"(《自题读书斋壁》)。十六岁入学为生员。嘉庆二十三年(1818)、道光三年(1823)两度求学于福州鳌峰书院。张绅在《松山人诗集序》评张际亮早年的作品"其文章长于议论,能举前世政治得失治乱之故,其辞气俊伟动人,而于诗尤多激壮椒诡,豪宕感切,间喜为瑰丽与夫艳逸之思,然皆以娱其意耳"。如《山居》:

残阳不到处,家在数峰阴。

瀑影过崖断,花香当户深。

> 倦随飞鸟入，行与好云吟。
>
> 问道采芝客，春来何处寻。

这首歌咏家乡春天景物的诗,撷取残阳、山峰、瀑布、悬崖、春花、飞鸟、行云等各种景物,有声有色、有静有动,抒写了对家乡的热爱。

二是北京读书时期。道光十一年(1831),张际亮得徐宝善帮助,在北京翠微山大悲寺读书,次年迁莲花寺。在京期间,与龚自珍、魏源、汤鹏交往,商讨国计民生,评论当世利弊得失,时人称为"道光四子"。张际亮又与姚莹、黄爵滋、林则徐等爱国志士交往,积极参与变法禁烟活动,力主抵抗外强侵略。道光十一年(1831)所作《送云麓观察督粮粤东》指出帝国主义殖民统治、输入鸦片的后果,也揭露批判沉溺游幸,不思抗敌的"贵官""游人":

> 市易多年连岛洋,夷酋列肆来朝暮。
> 土来金去芙蓉膏,丝轻帛贱羽毛布。
> 澳门近据数千家,屋似重城炮环护。
> 却笑前明中叶时,倭奴百人能突驰。
> 越吴闽广到处敞,俞戚谭胡诸将疲。
> 圣朝威德如天大,绝域怀柔似水归。
> 内府诸郎领关榷,明珠节履翠为衣。
> 唐宋中朝厌过岭,今代招车喜驰骋。
> 梅花频折贵官多,荔枝得饱游人幸。

三是南北漫游时期。从道光十六年(1836)至道光二十三年(1843)夏,每年入京会试皆不第。在十八年的入京应试与南北漫游中创作出大量反映时事的爱国诗文。如道光二十一年(1841),英军攻陷定海、镇海、宁波各地,张际亮由浙江避兵江西,以亲眼所见作《定海哀》,抒写对英军入侵的愤慨以及对清兵死难的悲痛:

> 我兵半年守舟山,帐房盖地艰休息。
> 寇来飘忽若鬼神,五昼夜斗不得食。
>
> 海涛扑人风雨急,炮火无声天日黑。
> 呜呼,三帅自归元,残尸满地无人识。

这时期他还作有《诸将》《传闻》《故人》《须怀》等数十首,以诗史的笔触真实反映东南各省战况,歌颂爱国志士的英雄事迹。

张际亮后期的创作,是在经历科举失意,漫游南北,开阔视野,尤其是亲身经历了鸦片战争前后社会的动荡,目睹人民的苦难和战争的残酷之后,风格学习李杜和古乐府诗风。姚莹《张亨甫传》评其:"穷悉慷慨、牢落古今之意,发为诗歌,益沉雄悲壮。至天才艳逸,情致绵邈,则其本色。"林昌彝《射鹰楼诗话》卷二评:"际亮天才俊逸,腾骧变化,雄视一代。其于诗刻意为之,而性情气格,两两俱胜。"卷二十一又云:"张亨甫孝廉目击时事,感念古人,其《故人》七言律,字字沉着,可称诗史。"

2. 丘复——热心地方文史教育的南社诗人

丘复(1874—1950),字果园,别号荷生,又自号念庐居士、念庐老人,上杭县人。光绪二十三年(1897)举人,次年结识爱国诗人丘逢甲,两人诗歌唱和,志趣相投。光绪三十二年(1906)正月,与丘逢甲一起在上杭城厢丘氏总祠设立师范传习所,自任监督。同年秋,又在蓝溪曹田故乡"东溪别业"创办立本学堂,兼任堂长。宣统三年(1911),经丘逢甲介绍参加柳亚子等创办的"南社",政治上倾向孙中山的民主革命。辛亥革命后,当选为福建省临时议会会员。1916年,当选为全国参议院候补议员,1924年补为正式议员。1925年受聘为广东嘉应大学教授。晚年回乡,继续为家乡的教育事业竭尽心力。1941年,他联合蓝溪、稔田、太拔、大溪四乡在蓝溪下坝安仁寺故址创办明强中学,被公推为董事长兼校长。

丘复文学创作丰富,有《念庐诗稿》《念庐文存》《念庐诗话》传世。丘复晚年为地方文教事业做出巨大贡献。一是编纂《上杭县志》三十六卷、《长汀县志》三十五卷、《武平县志》三十一卷、《南明汀州史》一卷、《杭川别乘》上下卷、《南武赘谈》、《蓝溪故实》等。二是整理校勘了李鲁的《烬余集》、刘坊的《天潮阁集》、华嵒的《离垢集》等个人诗文集。三是收辑上杭县籍的明、清至民国的诗人四百五十九家,诗歌六千一百三十五首,编为《杭川新风雅集》三十卷,这对保存上杭县古代文学遗产有重要贡献。

丘复的诗歌主要分为两类,一类是关心国事的诗。如《哭宋钝初》二首:

可怜中国人心死,如此人才忍杀之。
今日哭公无限恨,令人倍忆晋鉏麑。

誓将政党造共和,谠论偏教积怨多。
甘堕奴圜吾已矣,沈沈其奈国民何。

宋钝初,即宋教仁(1882—1913),字得尊,号遁初,一作钝初,湖南人。民国二年

(1913)三月二十,身为国民党代理理事长的宋教仁在上海沪宁火车站遇刺身亡,举国震惊。在此诗中,丘复痛斥凶手的残忍,抒写对宋教仁之死的悲愤之情。

另一类是批判现实、反映民生疾苦的诗,如《车夫叹》:

> 纵横驰骤车辚辚,驾车用马今用人。
> 挽车人年十四五,气喘不休一何苦。
> 中途停车止不前,手不能拉如火燃。
> 车走以足不以手,胡为手热不能走。
> 车夫向客前致辞,小人苦痛君不知。
> 昨日行车四五次,得钱不够租车资。
> 家有病母待儿归,得钱买米充娘饥。
> 儿不得钱娘欲死,今晨拼命拖不止。
> 长日拖车手发热,手握车杠如握铁。
> 铁方跃冶炉火红,手炙欲死天乎穷。
> 我闻车夫言,使我增感触:
> 穷人力苦食不饱,富家安坐收租足。
> 世界日日言大同,何时饱享大同福?

诗人以乐府诗歌形式,抒写了对人民苦难的同情以及对世界大同的呼唤。

3. 林默涵——山区走出的文化战将

林默涵(1913—2008),福建武平人,著名文艺理论家、艺术教育家。

1928年,林默涵在上杭县城读完初中,考取福州高中师范科,读书期间加入共青团,毕业后前往上海艺术大学学习,1932年转为正式共产党员,1934年在上海一家报馆工作。1935年东渡日本在东京新闻学院学习,"一二·九"运动爆发,林默涵旋即回国,在香港邹韬奋主办的《生活日报》任副刊编辑。抗日战争爆发后,林默涵奔赴延安,进入马列学院学习。1940年,参与编辑综合性理论刊物《中国文化》。1942年,担任延安华北书店总编辑,兼任《解放日报》副刊编辑,参加了延安文艺座谈会。新中国成立后,出任中宣部文艺处长,《文学评论》编委。1959年,担任中宣部副部长兼文化部副部长。"文革"期间受迫害下放江西丰城劳动。粉碎"四人帮"后,林默涵恢复文化部副部长职务,担任中国文联党组书记、副主席,主持《鲁迅全集》的编辑和注释工作。1982年,退居二线,改任文化部顾问、艺术委员会主任。

林默涵长期从事宣传文化领导工作,撰写了大量文艺理论文章,著有杂文集《狮与龙》,评论集《在激变中》《更高地举起毛泽东文艺思想的旗帜》《林默涵劫后文集》《心言散集》《林默涵文论集》等。

4. 罗丹——自成一家的"罗丹体"

罗丹(1904—1983),原名桂秋,字稚华,号慧印居士,福建省连城县文亨乡人,著名书法家,也是诗人和画家。

他从小酷爱书法和绘画,九岁能为人写对联,十六岁开始为人写招牌,初步显示出书法才华,二十岁已名噪闽西。罗丹的书法初学赵孟頫,后学柳公权,再学黄庭坚,经过长期反复揣摩,奠定了楷书基础。他又醉心翁同龢的行草和伊秉绶的隶书,又由翁、伊上探颜真卿的大楷、小楷。他提倡要学古人之神而不学其形,经过多年的刻苦习攻,他博采众长,融会贯通,终于自成一家,人称"罗丹体"。

新中国成立后,罗丹历任中国书法家协会理事、厦门市文联顾问、厦门市书法工作者协会名誉主席等职。诗有《稚华诗稿》四集,出版书法作品《大书家罗丹先生选临碑帖》《罗丹书法》《罗丹楷书千字文》《罗丹书法艺术》等。

5. 宋省予——中国花鸟画大家

宋省予(1909—1966),原名连庆,字廉卿,号红杏主人,福建上杭县城关人。

其父宋赞周是闽粤赣著名的山水人物画家。1925—1937年,宋省予先后在广东梅县美专、蕉岭创兆、潮州镇海等六所学校任美术教员,长时间在汕头居住,自创"省予画社""美术人才养成所",为粤东地区培养了一大批美术人才。抗日战争爆发后,回到上杭潜心作画,曾举办个人画展,捐资抗日救亡运动。1957年,赴梅县创办美术学习班。1958年,与罗晓帆共创上杭艺术专科学校,亲自在该校任教。次年,受聘为福建师范学院艺术系图画教师。曾为中国美术家协会会员、首届福建省政协委员、中国美术家协会福建分会会员。

他的代表作有《百寿图》《岩谷春光》《四季花鸟》《水仙花》和《百花齐放》,先后参加全国、华东、省、地美术展览。还多次参加日本等地的画展,在东南亚一带享有很高声誉,被誉为"中国花鸟画大家""福建写意花鸟画一带宗师"。出版有《宋省予花鸟技法讲座》《宋省予画集》。

四、近现代台湾客家的文学创作

祖国宝岛台湾有四百多万客家人,他们热爱、保护、弘扬客家文化,让客家文坛生机勃勃。赖和、吴浊流、龙宗英、钟理和、林海音、钟肇政是台湾客家文学的代表作家。

1. 赖和——台湾新文学之父

赖和(1894—1943),本名赖河,字懒云,台湾彰化人,是台湾新文学的奠基人,被誉为"台湾的鲁迅""台湾新文学之父"。有《赖和先生全集》传世。

赖和二十一岁自医学校毕业,在彰化开设"赖和医院",救死扶伤、医德高尚,家乡人民敬称他为"彰化妈祖"。1921年加入"台湾文化协会",被推选为理事长,带领协会人员开展台湾的新文化运动,第一个在台湾发表白话文作品。在参加反对日本殖民统治与民族解放运动中,赖和也不遗余力,两次因此被捕入狱。

赖和诗歌代表作《流离曲》作于1930年,全诗分为《生的逃离》《死的奋斗》《生乎?死乎?》三部分,共一百多行,讲述了日据时代背景下一个饱受压榨的农民生活的困境与痛苦挣扎,表达了对日寇掠夺家园的控诉,以及对幸福生活的向往。小说代表作《一杆秤仔》讲述日据时期一个下级巡警逼迫贫苦农民秦得参走向绝路的故事。

取材于周围的现实生活是赖和小说创作的重要特色。无论是诗歌还是小说,主要以台湾农民生活为素材,通过最底层农民与社会统治阶级的矛盾与斗争,揭示民族受压迫的现实,表达对殖民统治者的憎恶及对台湾人民坚忍不拔斗争精神的赞颂。此类小说作品还有《不如意的过年》《惹事》《善讼人的故事》。赖和的作品富有浓厚的乡土气息,叶石涛在《台湾的乡土文学》中说:"本省乡土文学的诞生应从赖和开始。因为赖和的出现才奠定了现代乡土文学的基础。"因此,赖和被称为"台湾乡土文学的创始人"。

2. 吴浊流——铁与血铸成的男儿

吴浊流(1900—1976),原名吴建田,笔名吴饶畊,祖籍广东蕉岭,新竹县新埔镇人。当过十多年的小学教员,后来成为记者,1936年开始写作,是具有强烈民族意识的爱国主义作家,被台湾文学界誉为"铁与血铸成的男儿"[①],可见其文学精神与地位。

吴浊流早年加入"苗栗诗社",一生诗作千余首,内容都以颂扬中华优秀传统和反对侵略者的抗争为主,有诗集《浊流诗草》传世。吴浊流主要的文学成就在小说。他是台湾早期的乡土文学作家,前期的小说以日据时代的生活为背景,代表作《亚细亚的孤儿》;后期的作品以反映战后台湾社会为主,代表作《波茨坦科长》《狡猿》。除文学创作外,吴浊流还创办《台湾文艺》杂志(1964年),设立吴浊流文学奖(1969年),为奖励后进不遗余力。

《亚细亚的孤儿》是吴浊流第一部长篇小说,作于1943—1945年,正值太平洋战争后期。通过讲述主人公胡太明一生从探索到觉醒再到反抗的生活经历,描绘了日据时期台湾社会各阶层人物的真实状况,刻画出社会底层人民不屈不挠的形象。小说取名"亚细亚的孤儿"就是影射日据时期台湾的"孤儿"命运,在小说最后,主人公胡太明在墙壁上题诗:

志为天下士,岂甘作贱民?
击暴椎何在?英雄入梦频。
汉魂终不灭,断然舍此身!

---

① 白少帆等:《现代台湾文学史》,辽宁大学出版社1987年版,第25页。

> 狸兮狸兮！意如何？奴隶生涯抱恨多。
> 横暴蛮威奈若何？同心来复旧山河。
> 六百万民齐蹶起，誓将热血为义死。

这首诗铿锵有力、掷地有声，是台湾民众觉醒的呼声，不啻全篇的点睛之笔。此部小说被公认为是现代台湾文学中"一部雄壮的叙事诗"[①]。

3. 龙瑛宗——多产的小说家

龙瑛宗（1911—1999），原名刘荣宗，笔名有彭智远、刘春桃等，台湾新竹北埔人。龙瑛宗是台湾日据时期重要作家，发表小说160多篇，还有许多杂文、评论，是台湾作家群中作品产量最多的。他与吕赫若和张文环一起被认为是日据末期台湾文学的三座高峰。他在1945年前发表的中短篇小说有《植有木瓜树的小镇》《夕影》《黑少女》《白鬼》《赵夫人的戏台》《村姑》《邂逅》等二十四篇，此外还有文学批评集《孤独的蠹鱼》。1945年后，他仍致力于创作，代表作品有《杜甫在长安》《劲风与野草》等。他的文学风格突破外向写实窠臼，注重心灵写真，融汇现代主义个人式的内省与质疑以及感觉派纤细唯美的色彩，充分显露殖民地知识分子"美丽与哀愁"的思考角度。从他将近六十年的创作经历看出一个台湾作家在时代洪流中迂回曲折的心路历程。

《植有木瓜树的小镇》是龙瑛宗的处女作，发表于1976年。主人公陈有三高中毕业后考进街役场当助理会计，他怀着美好理想，满腔热情地努力工作、学习。可是，在遇到残酷的现实之后他的思想苦闷、彷徨，生命中乍然一现的爱情也逐渐远去，最后只有在绝望中放弃追求，在酒的麻醉中沉迷颓废。小说着重描写了殖民地知识分子的忧伤、苦闷而又无可奈何的心态，读者可以从中看出造成知识分子病态心理和行为的时代和社会根源，意识到殖民统治的罪恶。

4. 钟理和——台湾乡土文学奠基人之一

钟理和（1915—1969），笔名江流、里禾，号钟铮、钟坚，祖籍广东梅县，出生于台湾屏东高树乡。台湾著名小说家、台湾乡土文学奠基人之一。

1928年，钟理和从盐埔公学校毕业，进入长治公学高等科学习。毕业后入村私塾学习汉文。1932年，十八岁的钟理和结束私塾课业，协助父兄处理美浓笠山农场和屏东布庄、杉木行的事业。1940年秋天，钟理和通过考试，取得汽车驾驶执照，为"奉天交通株式会社"驾驶大客车。随即返回台湾，不顾家庭反对，与相爱的同姓女工钟台妹（又名平妹）私奔，先后到沈阳、北平，以开车、翻译小说谋生。虽然生活非常拮据，但他坚决不以日本侨民身份领取救济物资。1946年，他回到台湾内埔乡，担任代用教师，

[①] 白少帆等：《现代台湾文学史》，辽宁大学出版社1987年版，第220页。

开始教书和写作生活。1947年,因病返回美浓笠山定居,边治病边写出许多作品,在乡土叙事中寻找心灵的宁静和栖居之所。1969年,终因肺病发作不治去世。

钟理和一生勤于创作,他以台湾乡土农民的生活为素材,多角度描写农民的生活方式及其爱情与生活中的矛盾。因为这些都是他熟悉的农村生活景象,所以写起来格外动心、动情。代表作有《笠山农场》《夹竹桃》《故乡》《贫贱夫妻》《雨》《原乡人》。他的作品对人们了解台湾农民生活,特别是了解台湾客家人的物质生活和精神面貌提供了重要信息。

1955年完成的长篇小说《笠山农场》,讲述了日据时期和1945年后台南一个咖啡农场的兴衰史,其中交织着男女主人公刘致平、刘淑华的爱情故事,他们反抗封建旧俗,为争取婚姻自由而斗争,寄托了作者对纯真爱情的美好愿望。因为取材于作者自身的爱情经历,以及平时对乡土生活的细致观察,因此小说对人物心理、性格特征的塑造都结实丰满、生动感人。小说描写笠山农场景象,语言优美如诗如画:"在山水之傍,在曲水之滨,在树荫深处,就有这种田家:有的竹篱茅舍,有的白墙红瓦,野趣盎然,由山巅高处看下来,这些田家在田垄中错落掩映,俨然一幅图画。"小说描写的山乡风情也十分淳朴自然:"在这里,如果时间不是没有前进,便像蜗牛一般进得非常慢,一切都还保留得古色古香。一切都呈现着表现在中国画上的静止。仿佛他们还生活在几百年前的时代里,并且今后还预备照样往下再过几百年。"小说中融入客家山歌,例如劳作中乡民对热恋中的刘致平、刘淑华的逗趣与起哄声:"笠儿山下草色黄,阿哥耕田妹伐菅……"悠扬的山歌体现了客家乡民融情山水、开心劳作的生活方式。钟理和被誉为台湾乡土文学的重要奠基人,的确恰如其分。

5. 林海音——台湾女性文学的开山人

林海音(1918—2001),原名林含英、小英子,祖籍广东蕉岭,台湾苗栗人,生于日本,长在北京,而立之年返回故乡台湾。她的文学作品大都以女性的视角透视作为弱势群体的女性在不同社会时期的命运,被誉为"台湾女性文学的开山人"。

1918年3月,林海音出生于日本大阪绢笠町回生医院,1921年随父母返回台湾,1923年又随父母迁居北京。林海音的童年在古城北京度过,其著名自传体长篇小说《城南旧事》正是她对自己童年往事的回忆。《城南旧事》出版于1960年,收录了《惠安馆传奇》《我们看海去》《兰姨娘》《驴打滚》《爸爸的花儿落了,我也不再是孩子》五个独立而又连贯的短篇故事。故事中的"我",是一个活泼可爱的小女孩"英子",也是贯穿五个故事的线索。通过小英子纯真的眼睛讲述故事,折射出二十世纪二三十年代生活在社会底层人民的艰苦生活和悲苦遭遇,也歌颂了女性的反抗精神,及她们对民主、自由的渴望与向往。

1948年11月,林海音在三十岁时回到台湾,主要从事文学刊物编辑和创作。她的文学成果十分丰富,散文集有《冬青树》《两地》《芸窗夜读》《作客美国》《一家之主》《家住书坊边》等,长篇小说还有《晓云》《春风》《孟珠的旅程》,短篇小说集有《绿藻与咸蛋》《婚姻的故事》《烛芯》。

6. 钟肇政——台湾文学之母

钟肇政(1925—2020),祖籍嘉应州长乐县(今五华县),台湾新竹龙潭乡人。笔名九龙、钟正、路家等。毕业于淡江中学、彰化青年师范学校,曾就读于台湾大学中文系,后中途辍学,任龙潭小学教师。1951年4月,他发表第一篇小说《婚后》,从此勤奋笔耕。1961年完成第一部长篇小说《鲁冰花》,同年发表《浊流三部曲》的第一部《浊流》。钟肇政的文学成就主要在小说,有《浊流三部曲》《大坎》《大圳》《台湾人三部曲》等二十多部,另有中篇小说及文学评论、翻译作品多部。

《鲁冰花》是台湾青少年小说的开山之作,也是台湾乡土文学的奠基之作。小说讲述了一个有着绘画天赋的乡村儿童却夭折的故事。鲁冰花在台湾方言中是"路边花"的谐音,暗示古阿明和姐姐古茶妹两个孩子,就像无人怜爱的"路边花",在小小年龄就遭遇复杂冷酷的社会人情。因为贫穷,小小的肩膀担起了茶园里繁重的劳作,而因为大人社会的利欲熏心,古阿明的绘画天赋不被认可甚至被大力压制。在外来的美术代课老师郭云天的赏识与帮助下,古阿明度过快乐而又短暂的画画时光,天才少年用纯粹的童真画出他眼中的美。然而面对有权有势的县议员、校长以及老师们共同打压,郭云天无奈离开乡村,陷入疾病的古阿明和他的天赋、梦想也一起夭折。郭云天再次归来看古阿明,见到的却是他的墓碑。《鲁冰花》于1989年改编成电影上映后,成为影响一代人的经典记忆,它的片尾曲《鲁冰花》,"夜夜想起妈妈的话,闪闪的泪光鲁冰花",登上央视春晚舞台后,更是传唱至今,感人肺腑。

《浊流三部曲》和《台湾人三部曲》是"台湾大河小说"的代表性作品,在海峡两岸影响甚大。《浊流三部曲》包括《浊流》《江山万里》《流云》三部,是以作者自身的生活经历为蓝本,描写1945年前后小说主人公陆志龙作为知识分子所经历的生活及心路历程。《台湾人三部曲》包括《沉沦》《沧溟行》《插天山之歌》三部,是抗日题材的长篇小说。贯穿三部曲的主线是台湾沦陷的五十年间,台湾北部九座寨中陆家几代人进行的抗日斗争,中间穿插各类生活场景,分别从宏观与微观的角度再现了抗日战争时期台湾人民血与泪的历史,是"一部可歌可泣的伟大民族史诗"(《台湾人三部曲》楔子)。

参考文献

1. 钟俊坤:《客家文学史纲》,黑龙江人民出版社2006年版。
2. 罗可群:《广东客家文学史》,广东人民出版社2015年版。

3. 曾令存等:《客家文化概论》,北京大学出版社 2017 年版。
4. 兰寿春:《福建客家文学发展史》,厦门大学出版社 2019 年版。

思考与练习

1. 为什么说郑文宝是宋初一位负有盛名的诗人?
2. 简述宋湘诗歌创作的四个时期及其特点。
3. 简述程贤章的小说创作概况及其代表作《围龙》《大迁徙》的主要内容。
4. 阅读李伯勇长篇小说《轮回》,分析马家荣、周颖珍的人物形象。
5. 阅读钟肇政小说《鲁冰花》,分析造成古阿明悲剧的社会原因,并学唱歌曲《鲁冰花》。

第九章　客家历史文化名人与客家精神

战乱移民经历锻造出开拓进取、艰苦奋斗的客家人，崇文重教的客家传统延续了中原的书香文脉，雄奇的山水养育了一代又一代爱国爱乡的优秀儿女，涌现灿若星辰的各界英杰。他们当中，有的德高望重造福人民，有的传道授业成为科教名人，有的在商海打拼成为实业名家，更有甚者救国救民光耀中华。这些历史文化名人是客家人的杰出代表，更是客家精神的生动阐释。

第一节　德高望重造福人民

在客家先民中，程旼和张九龄以德高望重名垂青史，为客家民系的形成和发展播下文明的种子，树立文化的楷模，在客家历史上有着重要影响。

一、程旼——客家"人文始祖"

程旼，生卒年不详，南齐时人，广东"古八贤"之首，与张九龄、韩愈、刘元城、狄青、文天祥、蔡蒙吉、陈子壮齐名。1994 年，第十二届世界客属恳亲大会在梅州召开，大会把程旼定为"世界客属名人"。2007 年程旼入选"广东历史文化名人"，被誉为客家"人文始祖"。

程旼家族是东晋时期从中原（河南弘农）南迁至南海义安郡属"官窝里"（今广东平远县坝头乡）的"第一支南迁士族"[①]。据温仲和《嘉应州志》载，梅州在南朝齐时称程乡县，处士程旼居义化乡，后人思其德，名其乡曰程乡，名其县为程乡县。总之，程桥、程江、程源、程乡、程乡县，皆因程旼而得名，可见程旼之德高望重、享誉一方。程旼事迹较早见于北宋《元丰九域志》："昔有程旼，家于程江口。乡里推伏，州为上言，遂为程乡。"南宋王象之《舆地纪胜》卷一〇二《广南东路》引《图经》也有程旼的简略介绍。明代嘉靖《广东通志》则载述较为详细：

[①] 程贤章：《围龙》，花城出版社 1996 年版，第 6 页。

程旼者,潮州程乡人。为人倜幅无华,性嗜书,不慕荣达,素以忠信结人,人服其行谊。有不平者不往诉之官,辄质成于旼。为之辨是非曲直,咸心服而退,当时化之。心有愧怍者,望其庐辄思改过,有陈太丘之风焉。旼生于南齐时,历梁、陈,而行谊大著于隋。至义宁初,乃卒,年九十余。人思其德,名其里曰程乡,因以名县云。

由此可见,程旼是以"忠信"服人,以"辨是非曲直"助人,以"行谊"(品行道义)闻名于世。程旼在当地推行儒家传统的忠、信思想,树立公平正义的社会风气,妥善处理中原移民与当地土著关系,赢得大家推重。曾令存将程旼的贡献概括为三个方面:一是传播先进生产技术,促进当地经济发展;二是崇文重教,"教化乡仪";三是公平正义,以德化人。①

二、张九龄——开元贤相

张九龄(673—740),字子寿,一名博物,唐代著名诗人,开元贤相。祖籍河北范阳,曾祖父张君政任韶州别驾,遂移家南来,成为定居韶州曲江的客家先民。张九龄于武后长安二年(702)举进士,中宗景龙元年(707)中才堪经邦科,从此进入仕途。开元二十二年(734)任中书令,担负起宰相的重任。后遭李林甫等人谗毁,开元二十四年(736)冬改尚书右丞相,罢知政事,再贬为荆州长史,成为"开元盛世"的最后一位宰相。开元二十八年(740),病逝于韶州曲江故居。张九龄的主要事迹有:

一是主持开路,发展经济。开元四年(716),张九龄主持开凿大庾岭新路工程,为开发岭南、繁荣长江中下游经济起了重要作用。

二是明辨是非,忠正敢谏。张九龄任左拾遗期间,上书宰相姚崇,直言规劝用人必须慎重。对安禄山的"狼子野心"能及早察觉,上书《请诛安禄山疏》,认为"安禄山不宜免死"。玄宗怠于政治,他常评论得失。开元十七年(729)唐玄宗八月初五生日,百官多献奇珍异宝,唯九龄进《千秋金鉴录》五卷,评论前人兴废之道。如今,客家地区张氏宗祠的通用联"金鉴流芳远 清河庆泽长""图传百忍 鉴著千秋",其中"金鉴""鉴著"就颂扬张九龄的忠正敢谏精神。

三是诗文丰硕,经典传世。张九龄有诗文集《曲江集》二十卷,代表作《望月怀远》诗:

海上生明月,天涯共此时。

---

① 曾令存等:《客家文化概论》,北京大学出版社2017年版,第336页。

情人怨遥夜,竟夕起相思。
　　灭烛怜光满,披衣觉露滋。
　　不堪盈手赠,还寝梦佳期。

　　首联写望月,意境开阔,高华混融;颔联写怀远;颈联进一步写月光写相思;尾联写梦中相聚的深情,余韵袅袅,令人回味不已。诗眼"情"字,抒写被贬荆州后对故乡亲人的深情思念。《感遇十二首》是张九龄遭贬荆州长史后所作,其中《感遇》诗(其七):

　　江南有丹橘,经冬犹绿林。
　　岂伊地气暖,自有岁寒心。
　　可以荐嘉客,奈何阻重深。
　　运命唯所遇,循环不可寻。
　　徒言树桃李,此木岂无阴。

　　这首诗托物喻志,表达了自己坚贞清高的品德,抒发遭受排挤、不被重用的忧思。刘禹锡说九龄"自内职牧始安,有瘴疠之叹;自退相守荆户,有拘囚之思。托讽禽鸟,寄词草树,郁然与骚人同风"。
　　南宋王象之《舆地纪胜》"福建路·汀州"条载张九龄题《谢公楼》诗,南宋临汀郡守胡太初所修《临汀志·亭馆》也载入此诗:

　　谢公楼上好醇酒,三百青蚨买一斗。
　　红泥乍擘绿蚁浮,玉碗才倾黄蜜剖。

　　民国版《长汀县志·流寓》载:张九龄"未达时,曾寻其弟九皋寓汀,有题谢公楼诗"。谢公楼,汀州境内一座酒楼,传说为纪念南朝大诗人谢朓而建,始建时间地点已不可考。这首七言绝句赞赏谢公楼上的好酒,抒写畅饮佳酿的豪情。"三百青蚨买一斗",贵么?联想李白《行路难》诗"金樽清酒斗十千",当然不贵;不过,"三百"与"十千"都是虚写的夸张手法,目的还是在说醇酒的"好"。关键是三四句,从外观的颜色和味觉的甜蜜写出客家地区米酒的特点,对仗也十分工整。这是汀州有史记载最早的一首诗,成为闽西客家文学的发端,这首诗连同浓浓的酒香流传了一千多年。

第二节 传道授业科教名人

乾隆《汀州府志·艺文》指出:"汀自唐宋以来,人文日盛,以阐道,以明学,以考政治,以纪山川名物,莫不彬彬乎质文并茂,为大雅扶轮。"[①] 杨时、陈寅恪、卢嘉锡等就是"阐道""明学"的客家名人。

一、杨时——倡道东南"闽学鼻祖"

杨时(1053—1135),字中立,学者称龟山先生,将乐县客家人。北宋神宗熙宁九年(1076)进士。元丰四年(1081),杨时拜洛阳著名学者程颢为师,研习"道学"(又称洛学),与游酢、伊熔、谢良佐并称"程门四大弟子"。程颢卒,杨时又拜其弟程颐为师,"程门立雪"的故事就发生在这个时期。学成后,他"倡道东南",对闽中理学的兴起有筚路蓝缕之功。杨时曾任徐州司法、虔州司法、浏阳县令,官至国子监祭酒、龙图阁直学士。晚年回家乡含云寺学堂讲学弘道。杨时"道学"一传给罗从彦,罗从彦二传给李侗,李侗三传给朱熹,再由朱熹集大成,发展为理学。由于宋代道学都是在闽中和闽西北发展,因此又称为"闽学",杨时、罗从彦、李侗、朱熹并称"闽学四贤",杨时被尊为"闽学鼻祖"。客家地区杨氏祠堂的七字通用联"程门立雪尊师道 孔圣传家立美名"。上联就是典出北宋杨时,下联指东汉的杨震。

二、陈寅恪——独立精神自由思想

陈寅恪(1890—1969),字鹤寿,江西义宁(今修水县)人,中国现代最负盛名的历史学家、古典文学研究家、语言学家、诗人,与叶企孙、潘光旦、梅贻琦一起被列为"清华百年四大哲人",与吕思勉、陈垣、钱穆并称为"前辈史学四大家"。先后任职任教于清华大学、西南联大、广西大学、燕京大学、中山大学等。

陈寅恪是中国学术史、教育史上的高人、奇人。之所以"高",在于他作为学者,学术研究成就的伟大;之所以"奇",在于他作为哲人、教育者,学术思想的开拓创新意识。1929年,他在王国维纪念碑铭中首次提出"独立之精神,自由之思想"的明确主张,这一主张,打破知识界保守僵化的传统观念,引入革故鼎新、与时俱进的新思想新观念,也成为他一生研究学问、教授学生、融汇中西文化所奉行的学术原则,成为中国学术界、教育界的一座丰碑。

---

① (清)曾曰瑛:《汀州府志》,方志出版社2004年版,第751页。

陈寅恪祖上原居闽西上杭,康熙年间闽粤客家倒迁入赣时期,迁徙南昌府义宁州修水县义宁镇竹塅村,成为修水客家望族。① 陈寅恪祖父陈宝箴,咸丰元年(1851,辛亥)举人,清末著名的维新派人士。在湖南巡抚任内,陈宝箴倾向维新变法,让湖南成为全国最有生气,推行新政最有实绩的省份。陈寅恪父亲陈三立,与谭嗣同等人并称"维新四公子"。戊戌变法失败后,陈三立一心研究诗歌,成为清末民初"同光体"诗派的代表人物,享有"吏部诗名满海内"之誉,也是很有民族气节的文人。陈寅恪长兄陈衡恪,是近代著名画家,他诗、书、画、印兼善多能,才华横溢,与鲁迅、杨怀中、齐白石、李叔同、徐悲鸿交谊深厚,是吴昌硕之后齐白石之前的书画大家。

三、卢嘉锡——培育英才科教兴国

卢嘉锡(1915—2001),台湾省台南市人,生于厦门,祖籍永定区陈东乡蕉坑村,是我国著名科学家、教育家和社会活动家。1981年,卢嘉锡当选中国科学院院长,先后担任第八届全国人大常委会副委员长,第七、九届全国政协副主席,中国农工民主党中央主席、名誉主席,中国和平统一促进会会长。

培育英才,科教兴国,是卢嘉锡一生追求的理想和实践。1945年,中国抗战胜利,留学英美长达八年的卢嘉锡回到厦门报效祖国。他同时任教于厦门大学和浙江大学,南来北往却颇受学生欢迎,显示了其非凡的教学才能。不久,卢嘉锡被提拔为厦门大学副教务长,兼理学院院长。1960年,卢嘉锡担起创办福州大学的重任,他不怕艰苦,积极网罗师资力量,为本校培养出许多年轻教师,教学科研也很快见成效。他在担任福州大学副校长的同时,积极筹建中国科学院福建分院,创办中国科学院福建分院物质结构研究所。在多年奋斗中,福州大学物构所取得一百四十项科研成果,其中重大成果四十项,成为我国原子簇化学研究的中心以及国内外新技术晶体材料的研究中心之一。在1991年政协七届四次会议上,卢嘉锡代表农工民主党作题为"大力发展科技和教育,为实现第二步战略目标而奋斗"的发言,认为全国上下要"树立科技兴国的意识",强调"兴国先育才的战略""兴国大计教育为本",必须把教育放在优先发展的战略地位。

四、林风眠——中国现代美术大师

林风眠(1900—1991),原名林凤鸣,广东梅县人,是享誉世界的绘画大师。

林凤鸣自幼喜欢绘画。1919年秋,他与梅县同乡李金发、张道藩等人前往法国勤工俭学,先后在法国第戎美术学校进修西洋画,在巴黎国立高等美术学校深造;1925

---

① 林开钦:《客家通史》,福建人民出版社2018年版,第90页。

年回国后,应蔡元培邀请出任北平艺术专科学校校长兼教授;1926年出任中华民国大学院艺术教育委员会主任;1927年受蔡元培之邀赴杭州西子湖畔创办中国第一个艺术高等学府暨中国美术最高学府——国立艺术院(中国美术学院前身)并任校长。新中国成立后,他先后担任上海中国画院画师、中国美术家协会常务理事等。二十世纪七十年代定居香港,1979年在法国巴黎举办的个人画展取得巨大成功。

其代表画作有《春晴》《江畔》《仕女》《山水》《静物》等。培养出李可染、吴冠中、王朝闻、艾青以及法兰西艺术院院士赵无极、朱德群等一大批世界著名艺术家。出版《中国绘画新论》《林风眠画集》等。

五、胡一川——我国新兴木刻的开拓者

胡一川(1910—2000),原名胡以撰,永定下洋镇中川村人。著名版画家、油画家、美术教育家。

1925年从印尼回国入厦门集美学校,从张书旗学画。1929年入杭州国立艺专,师从潘天寿学国画,从法国教授克罗多学素描、油画,从吴大羽学水彩。1930年夏,响应鲁迅先生倡导的新兴木刻运动,开始木刻创作。参加左翼"美联",同年加入共青团后转为共产党员。1937年赴延安,任延安鲁艺教员,组织"鲁艺木刻工作团"任团长,参加"延安文艺座谈会"。新中国成立后开始油画创作,与徐悲鸿组建中央美术学院,任党组书记、教授。1953年,受中央文化部委派,南下组建中南美专,任党委书记、校长。1958年中南美术专科学校改名为广州美术学院,任院长兼党委第一书记。

胡一川是我国新兴木刻运动史上重要的开拓者,他以饱满的激情和鲜明的爱憎,创作大量富有时代特色和个人风格的版画以及油画作品,艺术风格单纯、浑厚、粗犷而富于力度,在现代中国美术史上独树一帜。作品曾获"版画贡献金奖",获广东省鲁迅文艺奖。出版《胡一川油画风景选》《胡一川画集》。1984年文化部等在北京举行"胡一川从事革命美术活动五十五周年纪念会",对胡一川的美术贡献做了充分肯定。

六、罗香林——客家学的奠基人

罗香林(1906—1978),字元一,号乙堂,广东兴宁县人,著名历史学家,客家学研究的开创者和奠基人、中国族谱学肇基人。1926年,罗香林刚入清华大学不久,就对客家歌谣产生极大兴趣,他编辑的歌谣集《粤东之风》于1928年由东方文化供应社出版。从此,他对客家历史与文化更加关注。1930年春天,他在大学毕业前夕将撰写的客家源流研究论文送给陈寅恪审阅,陈寅恪批示:"家谱内,多有材料,须再考查。"于是,罗香林用一年多时间广泛征集族谱,并进行资料汇编工作,成果名为"客家史料汇编"。1933年1月,罗香林获得燕京哈佛学社资助,接受燕京大学国学研究所之托,与协和

大学解剖学副教授史蒂芬生博士一起,专程到南方做民族调查。经过四个月的调查,罗香林写成《华南民族调查报告》,为他《客家研究导论》的撰写打下坚实的田野调查基础。1933年,罗香林的《客家研究导论》由希山书藏出版。1942年,罗香林发表《国父家世源流考》,用各种族谱资料论证孙中山家世的客家渊源。1965年,罗香林在香港出版《客家史料汇编》。1973年,又出版《客家源流考》,进一步补充和完善了他的客家学说。

　　罗香林对客家研究的贡献甚大,一是首次提出"民系"概念并运用于客家研究。《客家研究导论》第一章"客家研究的发端"开篇写道:"南部中国,有一种富有新兴气象、特殊精神、极为活跃有为的民系,一般人称他为'客家'(Hakkas),他们自己也称为客家。"在本句注释中,罗香林直接说:"'民系'一词,是我个人新造出来用以揭示民族里头种种支派的。"①所谓民系,就是民族下面的支系,客家就是汉族下面的一支民系。这个观点,解决了客家的民族属性问题,也就是客家人的身份定位问题。二是首次提出"客家迁徙运动五个时期"的观点。罗香林论述"客家的源流",从中国历史广阔大背景、战争动乱、人口迁徙、族谱记载等多方面结合起来,提出客家形成与发展的"五次大迁徙"说,具体详细阐述西晋永嘉之后、唐末五代、宋末元初、明末清初、清中叶等五个时期的迁徙情况,理清客家民系形成与发展的脉络。三是提出客家民系形成于"五代宋初"的观点。罗香林认为,客家民系这一系统构成"大体已晚在五代至宋初"②,同时指出,客家民系形成的主要标志是独特的语言、共同居住的地域以及相联系的文化民俗。四是高度评价客家的优良传统。罗香林《客家源流导论》第五、第六专章论述"客家的文教",第七章论述"客家的特性",第八章论述"客家与近代中国",对客家的优良传统给予高度评价,他说,"客家民系最富爱国保族的思想""客家人尚自重,喜自尊,无论走到哪里,都不肯舍弃固有的语言和习惯""客家男女,最富气骨观念"③,列举了丰富的论据加以论证。曾令存说:"这对回击多年来少数别有用心的人对客家人的侮辱,树立客家人的历史形象,重振客家人的自尊心和自信心,具有重大的感召作用。"④

第三节　爱国爱乡实业名家

　　开拓进取、艰苦奋斗、崇文重教、爱国爱乡是客家精神的重要内涵。开发台湾的胡焯猷、万金油大王胡文虎、张裕葡萄酒创始人张弼士、教育慈善家田家炳等实业名家,也是具有客家精神的优秀代表。

---

① 罗香林:《客家研究导论》,南天书局1992年版,第24页。
② 罗香林:《客家源流考》,中国华侨出版公司1989年版,第41页。
③ 罗香林:《客家研究导论》,南天书局1992年版,第157~178页。
④ 曾令存等:《客家文化概论》,北京大学出版社2017年版,第364页。

一、胡焯猷——"文开淡北"第一人

胡焯猷(1693？—1771？)，字瑞铨，号仰堂，永定金丰忠坑(今永定区下洋中川村)人。例贡生，后弃儒从医。康熙二十三年(1684)，清廷统一台湾后，制定了薄赋招垦台湾的政策，"令各府商民有能力者任地开垦"，每甲(合11.31市亩)上等水田只收田粮二石七斗四升。闽粤一时众多百姓赴台。雍正十一年(1733)，胡焯猷到台湾淡水新庄定居。他的主要事迹有：

其一，悬壶济世，治病救人。乾隆十年(1745)，当地发生瘟疫。他热情施医给药，活人甚众，深受人们感戴，为以后的开垦事业提供很大方便。

其二，艰苦创业，开垦农田。淡水县兴直堡原是一片荒滩，在获得淡水厅的开垦批准后，即"出资募佃，建村落、筑陂圳，尽力农功"。他又多次回大陆故乡，动员亲戚叔侄前往共同开垦，并随他定居台湾。经过十多年辛苦经营，共垦良田数千甲，年收租谷数万石，成一方首富。

其三，重视教育，兴办书院。胡焯猷不仅积极开垦，为台湾农业发展做贡献，而且热心教育事业。乾隆二十八年(1763)，他捐八十余甲良田，以其收入作为办学经费，创办"明志"义塾，重金聘请名师执教。学生常年数十，培养了不少优秀人才，民众莫不称颂他的功德。福建总督杨廷璋赐明志义塾名为"明志书院"，清廷和台湾知府分别授以"文开淡北""功资丽泽"的匾额。

《台湾通史》为胡焯猷立传，传中评价："以豪农而勤稼穑，凿渠引水，利泽孔长，于今犹受其赐，是……有功于垦者也。"

二、胡文虎——万金油大王、报业巨子

胡文虎(1882—1954)，著名爱国侨领，南洋著名华侨工商企业家、报业家和慈善家。原籍福建永定下洋镇中川村，出生于缅甸仰光。其父胡子钦是早年从故乡出洋谋生的中医，在仰光开设一间中药铺，取名永安堂。胡文虎兄弟三人，长兄文龙，早年夭折，幼弟名文豹。1892年胡文虎被送回永定接受客家文化的传统教育，故乡的文化乳汁滋养了他爱国爱乡、求真求善的情怀。四年后，胡文虎重返仰光，随父学中医，协助料理药铺店务。1908年，父亲病故，胡氏兄弟继承父业，继续从事医药经营，发扬光大，把事业做得蒸蒸日上，如日中天。胡文虎的事业成就主要有：

图9-1 胡文虎像

一是研制"虎标良药"。胡文虎的父亲胡子钦早年行医时,曾用一种国内带去的中成药"玉树神散"(清神解暑功能)给人治病,颇受欢迎。胡文虎根据中西药理,采择中、缅古方,并重金聘请医师、药剂师多人,用科学方法,将"玉树神散"改良成为既能外抹、又能内服、携带方便、价钱便宜的万金油;同时,又吸收中国传统膏丹丸散的优点,研制八卦丹、头痛粉、止痛散、清快水等成药。永安堂"虎标良药"畅销于整个西太平洋和印度洋的广大地域,包括中国、印度和东南亚这三个人口众多的市场,销售对象达到全球总人口的半数以上。从此,虎标万金油系列产品,成为中国和东南亚各地居家必备、老少皆知的良药,胡氏兄弟也一跃成为东南亚华侨中著名的"百万富翁"和独一无二的"药业大王"。

二是兴办星系报业。胡文虎从"药业大王"到"报业巨子",这是一个极富传奇色彩的飞跃。1913—1952年,他先后办了十多家报纸,各报均以"星"字冠头,组建成星系报业王国,如《星洲日报》《星华日报》《星光日报》《星中晚报》《星岛日报》《星岛晚报》《星岛周报》。

三是热心资助教育。他在海外兴学主要集中在新加坡,最著名的是1935年独资创办新加坡民众义务学校。1938年春,他大力支持创办新加坡中正中学。他在国内先后捐助过上海大厦大学、广东中山大学、岭南大学、福州福建学院、厦门大学、广州仲恺农工学校、上海两江女子体育专门学校、汕头市立第一中学、海口琼崖中学、厦门大同中学、厦门中学、厦门双十中学等院校。在上述院校中,常建有诸如"虎豹堂""虎豹楼""虎豹图书馆""虎豹体育馆""文虎科学馆"以及"虎豹亭"之类纪念性建筑物。龙岩学院有一座"文虎楼",就是由胡文虎女儿胡仙捐助兴建的教学大楼。

三、张弼士——民族工业张裕名酒

张弼士(1840—1916),张裕葡萄酒创始人。1840年生于广东潮州府大埔县(现梅州市大埔县)。张弼士十六岁渡海"闯南洋",到印尼雅加达,曾当过帮工,开过商行,采过锡矿,后来成为当时海外华侨中首屈一指的巨富。他后将经商与从政相结合,先后任清廷驻槟榔屿领事、新加坡总领事等职。为了振兴祖国工业,他先后投资兴办粤汉铁路、广三铁路。1892年,他创办山东烟台张裕酿酒公司。经过二十余载努力,1915年张裕酒在巴拿马万国博览会上一举获得四项金奖,这是中国葡萄酒第一次饮誉海外,海外华人骄傲地称张裕酒为"国魂酒",它也成为当时中国民族工业的一面旗帜。时至今日,张裕葡萄酒也是国内市场上占有率最高的葡萄酒。

四、田家炳——热心公益慈善大家

田家炳(1919—2018),广东大埔县古野乡银滩村人,香港企业家、慈善家,田家炳基金会创办人,被誉为"中国百校之父"。

田家炳早年在家乡接受中小学教育，十六岁时因父亲遽然去世而辍学从商。1937年远赴越南建立茶阳瓷土公司，推销家乡的瓷土，而成为越南最大的瓷土供应商。1939年因日本占领汕头，瓷土中断出口，便转往印尼从事树胶工业，先后创立"超伦""南洋"两家树胶厂，业务鼎盛。由于印尼排华风潮，且为了子女能够接受中国传统文化教育，1958年举家迁居香港，在新界屯门填海造地，创办田氏塑胶厂、田氏化工有限公司，扶植塑胶薄膜和人造革加工业，为香港打开国际市场做出大量努力。1992年以后，又在广东东莞和广州建厂，拓展业务。

田家炳崇文重教，爱国爱乡。他事业有成之后，乐善好施，大力襄助祖国的教育、卫生、交通事业发展，把巨大精力和财富倾注于社会公益事业。1982年，本着"留财予子孙不如积德予后代"的中华传统美德，捐资创办"田家炳基金会"，专事慈善公益事业。截至2018年7月，田家炳在中国范围内已累计捐助了九十三所大学、一百六十六所中学、四十一所小学、约二十所专业学校及幼儿园，捐建乡村学校图书室一千八百余间、医院二十九所、桥梁及道路近一百三十座，以及其他文娱民生项目两百多宗。1994年，南京紫金山天文台将2886号小行星命名为"田家炳星"。2004年，北京中华慈善总会举办首届全国慈善人物评选，田家炳获选中国最具影响的一百位慈善人物之一。2010年，田家炳荣获香港特区政府授予的大紫荆勋章，获选为亚洲电视主办的第一届"感动香港十大人物"。

第四节　救国救民光耀中华

在中华民族危难之时，在探索中国革命道路上，在建立新中国的血火征程中，处处都有丹心救国、舍生忘死、驰骋沙场的客家英雄人物。文天祥、孙中山、叶挺、朱德、叶剑英、杨成武、刘亚楼就是其中救国救民、光耀中华的客家之子。

一、文天祥——丹心救国大义凛然

文天祥（1236—1283），江西吉州庐陵（今吉安）人。南宋宝祐四年（1256）中进士第一，咸淳十年（1274）为赣州知州，官至右丞相，封信国公。宋末抗元斗争中，文天祥被任命为右丞相兼枢密使，都督诸路军马。景炎三年（1278）于潮阳五坡岭兵败被俘，宁死不降，最后在元大都菜市口从容就义。有《文山诗集》《指南录》《指南后录》《正气歌》等诗文传世。文天祥是著名的民族英雄，他的爱国精神主要表现在：

一是力主改革，自强不息。他在科举殿试中，一气呵成洋洋万言的《御试对策》，以《周易》"天行健君子以自强不息"为理论武器，针对时弊提出全面改革的政治方略。在担任赣州知州等地方官时积极实践自己改革主张。

二是临危受命,倾家纾难。德祐元年(1275),元兵进逼京城临安(今浙江杭州)。在赣州任上的文天祥应朝廷勤王诏书,散尽家产组建义军,赶赴临安。他的《赴阙》诗:"壮心欲填海,苦胆为忧天。"以精卫填海、卧薪尝胆的典故,表达大丈夫志在安定天下社稷的雄心壮志。元兵向南进逼,赣闽粤交界处成为宋元双方攻守的战场。文天祥率义军转战于赣闽粤客家地区,客家儿女纷纷从军,"男执干戈女甲裳,八千子弟走勤王"(黄遵宪《己亥杂诗》),仅松口卓姓,就有八百多人参加义军。文天祥曾三次转战汀州,德祐二年(1276)十月,率师驻扎汀州时留诗《汀州府志·杂记·兵戎》一首"雷霆走精锐,斧钺下青冥。江城今夜客,惨淡飞云汀",描写了宋军雄壮的气势,表达坚决抗元的斗志。

三是大义凛然,视死如归。文天祥在海丰五坡岭被元军俘虏之后过零丁洋,元军要他招降崖山的宋军,他写下"人生自古谁无死,留取丹心照汗青"(《过零丁洋》)一诗,表达视死如归的英雄气概。连他的敌人张弘范看了此诗,知道不能使文天祥屈服,也禁不住称赞"好人,好诗!"

长汀县东山书院有文丞相祠,明万历间增祀李纲,春秋致祭。清初长汀诗人黎士弘拜谒文丞相祠后作诗:"莫论肝肠是雪霜,宋家丞相见寻常。冬青几树伤心插,社饭明年堕泪尝。一恸自关朝野意,千春不忍蕙兰香。可怜凤辇归无地,臣骨犹多说首阳。"歌颂了文天祥霜雪肝肠、宁死不降的爱国精神,"伤心""堕泪"则表达了对文天祥的敬佩之深。

宋元明清时代,著名的客家英雄人物还有很多。

李纲(1083—1140),字伯纪,祖籍福建邵武,生于江苏无锡梁溪。他是两宋之际抗金名臣,民族英雄。靖康元年(1126)一月,宋钦宗(赵桓)即位,升李纲为尚书右丞,就任亲征行营使,负责开封防御。面对金兵围攻,李纲率领开封军民严密部署防御,亲自登城督战击退金兵。金帅完颜宗望见开封难以强攻,转而施行"和议"诱降,李纲坚决反对向金割地求和,被宋钦宗罢官。由于开封军民愤怒示威,迫使宋钦宗收回成命,李纲才又被起用。由于李纲和开封军民的同仇敌忾,都城守卫更加严密。完颜宗望在宋廷答应割让河北三镇之后,只好于靖康元年二月撤兵,开封终于转危为安,这场严峻的"开封保卫战"在李纲指挥下获得胜利。宋高宗即位初,一度起用李纲为相,力图革新内政,但仅七十七天即遭罢免。建炎二年(1128)十一月初四,李纲又被贬谪万安军(今海南万宁)。李纲途径宁化城西草仓"显应庙",有感于五代闽时锐将长孙山将军事迹,题诗于壁"不愁芒履长南谪,满愿灵旗助北征。酹彻一杯揩泪眼,烟云何处是三京",表达了其不计个人荣辱、抗金卫国的志愿。明嘉靖年间,宁化知县潘时宜将"草仓神"移于后堂,专祀一代名相李纲于中堂,改祠额为"大忠祠",表达人民对民族英雄的纪念和敬仰。

洪秀全(1814—1864),广东花县(今广州市花都区)人,太平天国运动领袖。咸丰元年(1851)十二月初十,洪秀全在广西金田发动农民起义,国号"太平天国",自称天王。起义声势浩大,发展迅猛,咸丰三年(1853)三月定都南京,称天京。在清朝反动势力联合打击下,同治三年(1864)七月,随着太平天国首都天京(今南京)的陷落,标志着运动失败。太平天国运动是十九世纪中叶中国最大的一场大规模反清运动,体现了新时代农民战争的特点。太平天国的一些领导人,开始向西方寻求真理,探索中国独立、富强的途径,勇敢地担负起反封建、反侵略的任务,这是这场农民运动的最大意义。

二、孙中山——辛亥革命推翻帝制

孙中山(1866—1925),名孙文,字载之,号逸仙,广东香山(今中山市)人。中国近代民主主义革命的先行者,中华民国创立者和中国国民党创始人,"三民主义"的倡导者。孙中山的主要业绩有:

一是领导伟大的辛亥革命。这场资产阶级民主革命,终结了中国封建专制统治,打倒了充当帝国主义走狗的清朝政府,推动了经济与社会的变革,为后来的革命斗争开拓道路。

二是提出明确、系统的民主革命纲领。孙中山所倡导的"三民主义"无疑是当时最先进、最科学的社会政治改革和经济变革方案,它在解决近代中国民主革命所面临的中心课题——独立、民主和富强方面,较之农民阶级和资产阶级维新派的纲领优越得多。后来,孙中山将"三民主义"与"联俄、联共、扶助农工"三大政策结合起来,以革命精神重新解释为"新三民主义",从而使它适应新的历史特点,获得新的生命力。

三是坚决捍卫辛亥革命成果。武昌起义胜利后,全国半数以上省份宣布独立,孙中山被推选为中华民国临时大总统,组建和主持了设在南京的临时政府。当辛亥革命成果被袁世凯攫夺,他又举起反袁旗帜,发动捍卫民主共和国的二次革命,是中华民国的真正缔造者和捍卫者。

总之,孙中山是中国民主革命与近代化的光辉先驱与革命元勋,他振兴中华的伟大理想,开创的革命事业,追求民族独立、民主自由和民生幸福的主张,都是留给我们的一份宝贵遗产,是我们现代化建设的重要参考和借鉴经验[①]。孙中山领导的辛亥革命,是改变中华民族历史命运的、重大的、划时代的事件,以孙中山为代表的客家人,还包括廖仲恺、胡汉民、邹鲁、谢良牧,名将邓仲元、张民达以及众多牺牲的客籍烈士都为辛亥革命做出了巨大贡献。

---

① 钟文典总主编:《广东客家》,广西师范大学出版社2011年版,第383~389页。

三、叶挺——勠力革命碧血长空

叶挺(1896—1946),原名叶洵,字希夷,广东惠阳人。北伐名将,"八一南昌起义"总指挥,新四军军长,中国人民解放军创始人及新四军重要领导人之一。

叶挺出生在农民家庭,有志救国救民的他十六岁考入广东陆军小学学习军事,后又进入湖北陆军第二学校、保定陆军军官学校学习,毕业后任孙中山大本营警卫团营长。1924年,在孙中山先生推荐下,叶挺到莫斯科东方大学进修,第二年春天,又转入苏联红军学校中国班深造。在那里,叶挺接受了共产主义思想,1925年10月加入了共产主义青年团,同年12月成为中国共产党党员。1925年11月,叶挺担任国民革命军第四军独立团团长。1926年4月底,独立团奉命作为北伐先遣部队,开赴前线。在武昌城下,独立团受命担任主攻。面对敌人的严防死守,叶挺身先士卒,经过五天的浴血奋战,独立团以牺牲一百九十一人的代价,歼灭三万敌军,攻克武昌,叶挺被誉为"北伐名将",他所领导的独立团也被称为"铁军"。1927年8月1日,叶挺作为总指挥,与周恩来、贺龙、朱德、刘伯承等一起率领北伐军三万多人,打响了具有伟大历史意义的武装起义。同年12月11日,叶挺作为军事总指挥参与领导广州起义。抗战爆发后,叶挺毫不犹豫地赶到延安,拥护国共合作团结抗日。叶挺积极参与由南方八省红军游击队改编的国民革命军新编第四军,并出任军长,奋战在抗日最前线。1941年1月8日,震惊中外的皖南事变爆发,叶挺被捕,遭国民党当局囚禁长达五年零两个月时间。抗战胜利后,经中国共产党多次争取,蒋介石被迫同意释放叶挺。出狱后的叶挺,第一件事就是写入党申请书。电文发出后的第二天,他就收到由毛泽东同志亲自修改的批准电文。1946年4月8日,叶挺乘飞机从重庆回延安,飞机在山西兴县黑茶山失事,不幸遇难。新中国成立后,叶挺被中央军委确定为三十六位开国军事家之一。

四、共和国将帅朱德、叶剑英、杨成武、刘亚楼

在中国共产党领导的艰苦卓绝、百折不挠建立中华人民共和国的历史上,客家人踊跃投身革命事业,为中国人民的解放事业和民族独立、抵御外侮做出巨大贡献,有众多共和国将帅群星璀璨,光耀中华。

1. 朱德——开国元帅

朱德(1886—1976),原名朱代珍,后曾改名朱建德,字玉阶。四川仪陇马鞍场李家湾人。1909年考入云南陆军讲武堂,同年加入中国同盟会。参加辛亥革命。1913年后在滇军任营长、副团长、团长、旅长。曾参加护国、护法战争。1922年赴德国留学,同年加入中国共产党。1925年到苏联学习军事,次年回国。

1927年在南昌创办国民革命军第三军军官教育团,参加领导八一南昌起义,任起

义军第九军副军长。1928年3月参与领导湘南起义,任起义部队第一师师长,4月任工农革命军第四军军长,5月任红军第四军军长。1930年起任红军第一军团总指挥,红一方面军总司令,中央革命军事委员会主席,红军总司令。参加了长征。抗日战争时期,任中央军委副主席,八路军总指挥(后改称第十八集团军,任总司令)。解放战争时期,任中央军委副主席,中国人民解放军总司令。协助毛泽东指挥全国解放战争。中华人民共和国成立后,任中央人民政府副主席,人民革命军事委员会副主席,中国人民解放军总司令,中华人民共和国副主席。1955年被授予元帅军衔。是第一届国防委员会副主席,第二、三、四届全国人大常务委员会委员长,中国共产党第六、七届中央政治局委员、中央书记处书记,第八届中央副主席,第九届中央政治局委员,第十届中央政治局常务委员。①

朱德在《回忆我的母亲》一书中,开宗明义告知世人"我家是佃农。祖籍广东韶关,客籍人",他的祖籍是广东韶关乳源县东坪镇梯下朱家陇村。清初"湖广填四川"时期,朱仕耀于清康熙五十三年(1714)"携带家眷移居四川",初定居于四川顺庆府广安县龙台寺李家岩,再迁至仪陇县马鞍场琳琅寨。朱仕耀与林氏夫人有四个儿子,即开先、满先、兰先、文先,今在仪陇县的朱氏族人,是朱仕耀第四子朱文先的后裔,即朱德元帅的祖先。入川第七代"世"字辈,世连、世林、世和、世禄,其中第二子世林是朱德的生父,长子世连是朱德的养父。朱德的生母钟氏家族也是仪陇县的客家大姓,钟氏的一位"玉"字辈祖先,于清康熙中叶从祖籍地韶州到川北落籍于仪陇县周河乡钟家湾,至第七代"德"字辈是朱德的生母——钟太夫人。如今四川仪陇县的客家人多半是来自粤北韶关地区,也有来自江西和福建的客家人。历经二三百年至今,仪陇县客家人口繁衍达三十万,是四川第二大客家聚居区。

客家人重视教育,朱德一生拥有良好的文化和军事素质,与其青少年时期得到良好培养是分不开的。朱德一家世代务农,家庭贫困,但朱德母亲与丈夫和大伯一家节衣缩食、借债送朱德读私塾,当时只是为求培养一个读书人来"支撑门面"。1906年秋,朱德考入顺庆府中学堂,受到张澜、刘寿川等传播的民主革命思想影响,他的思想和社会视野逐渐扩大。他又赴省城成都,考入四川高等学堂附属体育学堂,毕业后受聘于仪陇县立高等小学任体育教习兼庶务。朱德的志向不满足于做一个体育老师,1909年春,他决定去云南投考陆军讲武堂,临行写下投笔从戎的诗句"志士恨无穷,只身走西东。投笔从戎去,刷新旧国风"。母亲与三叔朱世和为他筹资,得以远赴昆明。在讲武堂中,朱德加入反清革命的同盟会,参加了辛亥革命。尤其是1922年秋,朱德乘船赴欧,到德国学习战术,研究社会主义理论。在那里,他见到周恩来。翌年,经周

---

① 星火燎原编辑部:《中国人民解放军将帅名录》,解放军出版社2006年版,第3页。

恩来介绍加入中国共产党。1925年,朱德进入莫斯科共产主义劳动大学,在军训班学习军事。因此,是朱德不断学习,追求救国救民真理,才有机会被周恩来发现;加入中国共产党后的朱德,从此改变自己的命运,他和毛泽东、周恩来等革命战友一道改变中国的命运,建立中华人民共和国。

2. 叶剑英——开国元帅

叶剑英(1897—1986),原名叶宜伟,字沧白。广东梅县雁洋堡人。1917年入云南讲武堂。参与筹建黄埔军校,任教授部副主任。1926年任国民革命军新编第二师师长,后任四军参谋长。1927年加入中国共产党。参加领导广州起义。1928年赴莫斯科学习。1930年回国,先后任中央革命军事委员会委员兼总参谋部部长,红一方面军参谋长和红军学校校长,瑞金卫戍司令员,福建军区司令员,军委四局局长。1934年任军委第一纵队司令员。1935年起任中央纵队副司令员,第三军团参谋长,陕甘支队参谋长。参加了长征。抗日战争时期,任八路军参谋长,后在南京、汉口、长沙、桂林、重庆等地做统一战线工作。1941年任中央军委参谋长。解放战争时期,任北平"军事调处执行部"中共代表。1947年起任副总参谋长,总参谋长,北平(今北京)市市长。中华人民共和国成立后,先后任中南军政委员会副主席,华南分局第一书记,广东省人民政府主席兼广州市市长,广东军区司令员,中南行政委员会副主席,中南军区代司令员,人民革命军事委员会副主席,武装力量监察部部长,训练总监部代部长。1958年任军事科学院院长。1966年任中央军委副主席兼秘书长。1975年任国防部部长。1955年被授予元帅军衔。是第一、二、三届国防委员会副主席,第五届全国人大常委会委员长;是第八、九届中央政治局委员,第十、十一届中共中央副主席,第十二届中央政治局常务委员。①

3. 杨成武——开国上将

杨成武(1914—2004),福建长汀县人。1928年加入中国共产主义青年团。1929年参加中国工农红军。1930年转入中国共产党。土地革命战争时期,任红四军第十二师教导大队政治委员,第十一师三十二团政治委员,红一军团第二师四团政治委员。1936年任红一军团第一师政治委员,后任师长兼政治委员。参加了长征。抗日战争时期,任八路军第一一五师独立团团长。1937年冬起任八路军独立第一师师长,晋察冀军区第一军分区司令员兼政治委员。1944年任冀中军区司令员。解放战争时期,历

图9-2 杨成武将军像

---

① 星火燎原编辑部:《中国人民解放军将帅名录》,解放军出版社2006年版,第21页。

任晋察冀野战军第三纵队司令员兼政治委员,晋察冀野战军第二政治委员。1948年任华北野战军第三兵团司令员。1949年任第二十兵团司令员。参加了张家口保卫战及青沧、清风店、石家庄、绥远、平津、太原等战役。中华人民共和国成立后,任华北军区参谋长,京津卫戍区副司令员。1951年任志愿军第二十兵团司令员。1952年任华北军区参谋长,华北军区副司令员兼参谋长,北京军区司令员,防空军司令员,副总参谋长。1956年任第一副总参谋长,代总参谋长,中共中央军委副秘书长。1978年任副总参谋长兼福州军区司令员。1955年被授予上将军衔。是第一、二、三届国防委员会委员,中国人民政治协商会议第六届全国委员会副主席,中国共产党第八届候补中央委员,第十一、十二届中央委员。①

4. 刘亚楼——开国上将

刘亚楼(1910—1965),原名刘振东,福建武平县人。1929年加入中国共产党,同年参加中国工农红军。土地革命战争时期,历任闽西游击队排长,红四军随营学校学员班长,红十二军连长、营长兼营政治委员,红四军第三纵队八支队政治委员,第十二师三十五团政治委员,第十一师政治委员。1933年任红一军团第二师政治委员。1935年起任红一师师长,陕甘支队第二纵队副司令员,红一军团第二师师长。参加了长征。抗日战争时期,任中国人民抗日军政大学训练部部长。1938年任抗大教育长。1939年赴苏联入伏龙芝军事学院学习。1945年回国。解放战争时期,任东北民主联军参谋长。1946年任东北野战军

图 9-3 刘亚楼将军像

兼东北军区参谋长兼东北航空学校校长。1949年任第四野战军十四兵团司令员,中国人民解放军空军司令员。参加了解放东北攻势作战及辽沈、平津等战役。中华人民共和国成立后,任中国人民解放军空军司令员。1959年起任国防部副部长兼国防部第五研究院院长,国防科委副主任。1955年被授予上将军衔。是第一、二、三届国防委员会委员,第一届全国人民代表大会代表,中国共产党第八届中央委员。②

在中华人民共和国建国史册上,为中国革命胜利做出巨大贡献的客籍将军还有很多,赣南兴国县有开国将军肖华、陈奇涵等五十四位,被誉为"将军县";闽西有开国将军六十八位;广东梅州籍共和国将帅有叶剑英、萧向荣、曾国华、邓逸凡等三十四人。这些为中国革命建功立业、功勋卓著的共和国将帅,都是所有客家青年一代学习的榜样、在新时代不断进取的精神力量。

---

① 星火燎原编辑部:《中国人民解放军将帅名录》,解放军出版社2006年版,第91页。
② 星火燎原编辑部:《中国人民解放军将帅名录》,解放军出版社2006年版,第69页。

第五节　客家精神

　　客家文化是中华文化的一部分,它是客家人在社会历史实践中创造的物质文化和精神文化的总和。客家文化根植于河洛文化,肇因于移民生活,它既继承中原汉文化的精髓,又在新的环境里得到创新丰富,从而嬗变为具有自身鲜明特色的客家文化。作为客家文化的精华,客家精神是指客家文化中那些长期受到客家人尊崇并成为生活行动最高指导原则的思想观念和固有传统。①

　　没有精神的民系是不存在的,民系精神是民系得以站立、崛起的根基。客家精神,根在中原。客家精神首先来源于源远流长的中原历史文化。清末著名诗人黄遵宪的诗:"筚路蓝缕辗转迁,南来远过一千年。方言足证中原韵,礼俗犹留三代前。"道出客家先民来自中原的史实和他们对中原传统文化的自觉传承。客家人从来不忘中原汉族文化,第一,他们坚持讲客家话。客家话是以唐宋中古音韵为主体的中原官话,又吸收融汇当地土语而形成相对独立、自成体系的地方方言。第二,他们继承发扬儒家以仁义治天下的仁爱精神,与当地少数民族融合发展。第三,他们自觉传承并积极传播中原文化,崇文重教,哺育一代又一代优秀的客家儿女,为祖国的独立、繁荣和富强做出巨大贡献。

　　客家精神是中华民族精神的组成部分。客家精神是客家人民在迁徙、拼搏和创业中锤炼出来的,来自祖辈一代一代的言传身教,也来自后辈不断的身体力行。客家人爱国爱乡,反侵略反压迫;勤劳刻苦,努力开拓;勇敢无畏,勇于革命;诚挚团结,敬祖睦族;不卑不亢,平等待人,都涵盖在中华民族的精神之中。

　　关于客家精神的内涵,学者有过许多探讨。罗勇认为,客家精神是"崇先报本,爱国爱乡精神;崇文重教,耕读传家精神;艰苦奋斗,锐意进取精神;穷则思变,勇于革新精神;团结协作,海纳百川精神"②。丘桓兴认为,客家精神是"开拓进取、艰苦奋斗、崇文重教、包容宽恕、爱国爱乡"③。黄杰明认为,客家精神"一是艰苦创业精神,二是积

---

① 林开钦:《客家通史》,福建人民出版社2018年版,第294页。
② 罗勇:《客家人文特质与客家精神研究》,黑龙江人民出版社2006年版,第1页。
③ 丘桓兴:《客家人与客家文化》,中国国际广播出版社2011年版。

极入世的主体参与精神"①。英国传教士肯贝尔认为,客家人具备了世界上一切山居民系的自由和冒险精神。日本人山口县造认为,客家的精神,是中国的革命精神②。

综合众多学者观点,客家精神可以概括为十六个字:开拓进取、艰苦奋斗、崇文重教、爱国爱乡③。

一、开拓进取

开拓进取充分概括了客家先民敢于南迁和千百年来子孙后代勇于创业的精神,是客家人立足、发展和成功的重要保证。在祖居地赣闽粤边创基立业,是最初的开拓;敢于走向世界,是更大的进取。

一是不安于现状,辗转迁徙。客家的历史首先是开拓进取的历史。无论是迫于战乱,还是苦于天灾,或贫于生计,客家先辈能打破"安土重迁"的传统观念,只为寻找理想的栖息之地,开辟新的家园。客家先民从中原迁往陌生的南方山区,再播迁海外,迥异的自然条件,原住民的排外情绪,严酷的生存环境造就了他们大胆开拓、奋斗不息的性格。

二是漂洋过海,勇闯天下。明清时期,许多客家人或是渡台垦殖,或是过番谋生,做工经商,走出了一条新路。如乾隆时期渡台垦植的永定人胡焯猷,开垦良田几万亩;胡泰兴赴马来西亚种植胡椒,拥有大量胡椒种植园,后来又开设大商行,成为槟榔屿第一位著名的华侨实业家。后人为纪念胡泰兴开发槟城的功绩,把槟城闹市区中一条繁华的马路命名为"泰兴路"。早期东南亚客商中,最为杰出的是"天下奇才"张弼士。咸丰八年(1858),大埔人张弼士只身奔赴印尼雅加达做苦工起家,在随后的三十多年间,他经营的行业涉及矿产、银行、房地产、航运、药业、酒业,建立起庞大的商业帝国。"万金油大王"胡文虎、"领带大王"曾宪梓都是客家人勇闯天下的杰出代表。

三是改革开放,再写辉煌。改革开放之初,上杭才溪乡建筑工人到大城市开拓建筑行业,明溪人到欧洲开拓商业,就当时的环境而言都是开拓性的,事实证明,他们是成功了。

二、艰苦奋斗

一部客家历史,也是客家人艰苦奋斗史。当年客家人为躲避战乱等原因,从中原出发,一路南下,历经千辛万苦来到赣闽粤边这块人生地不熟的"蛮荒之地",生存环境

---

① 黄杰明:《论客家精神与客家传统文化的现代转型》,福建省社会主义学院学报2011年第3期,第45~48页。
② 肖平:《客家人》,成都地图出版社2002年版,第16~19页。
③ 林开钦:《客家通史》,福建人民出版社2018年版,第280页。

极为恶劣。山多田少,就开垦梯田,引水灌溉;匪盗出没,就修筑围楼,聚族而居。因此,艰苦奋斗是客家人生存发展、事业兴旺的重要原因。即使我们今天富裕了,也不能忘记。具体体现在:

一是坚韧不拔,扎根山区。客家人进入的山区,往往是穷乡僻壤、人烟稀少,需要很大的决心和毅力,艰苦奋斗白手起家。有人将"不怕困难、倔强敢闯"称之为客家人的"硬颈精神"。

二是勤俭持家,家业兴旺。客家人衣着朴素,不事奢华,习惯吃粗粮杂粮。客家妇女尤其可贵,她们没有缠足怯懦之习,勤于操持耕作,照管全家生活,"田头地尾、家头教尾、锅头灶尾、针头线尾",样样能做。朱德《我的母亲》文中的母亲形象是千千万万客家母亲的缩影。

三、崇文重教

客家人坚持耕读传家,鼓励读书识字,兴私塾、办学堂、尊师道,因此世世代代出乡贤、出能人。郭沫若、朱德从小受教育、爱学习、求进步,为他们后来成就大业打下基础。

一是秉承中原汉文化精髓。耕读传家是客家人的信条,客家人的家训、房屋的楹联都能体现出他们很重视教育子弟。

二是形成良好的教育传统。客家地区书院众多,赣南有濂溪书院、道源书院、琴江书院;汀州城内有鄞江书院、新罗书院、森玉书院、紫荆书院、正谊书院、道南书院、龙山书院、卧龙书院、正音书院;嘉应州有周溪书院、培风书院、锦江书院、先贤书院、东山书院。客家有这样一条族规,凡是中了举,便能在自己家族祠堂前竖起一对高高的功名柱(石旗杆)。为了让家贫的子弟也能上学接受教育,客家各个姓氏都设有"蒸尝"(相当于现在的教育基金、奖学金),用于资助本姓宗亲的子弟读书。四堡印书业的发展,为客家子弟读书科举创造了便利条件。连城四堡雕版印书始于明代中叶,鼎盛于乾隆、嘉庆、道光三代,是清代中国四大刻书基地之一。繁盛之时,四堡有大小书坊三百余间,实现刻板、印刷、包装、销售一条龙的规范化发展,所印图书除了满足客家子弟"应用典籍以及课艺应试之文"外,还销往全国乃至海外。杨澜《临汀汇考》云:"长汀四堡乡,皆以书籍为业。家有藏版,岁一刷印,贩行远近。虽未必及建安(今建阳)之盛行,而经生应用典籍以及课艺应试之文,一一皆备。城市有店,乡以肩担,不但便于艺林,抑且家为恒产。富埒多藏,食旧德、服先畴,莫大乎是,胜牵牛服贾多矣。"我们今天看到的客家民俗读本《一年使用杂字》(亦称"年初一"),就是清代康熙年间武平县人林宝树撰写,雍正年间四堡马屋林兰堂刻本。另一部流传最广、影响最大的幼学启蒙读物《幼学故事琼林》,也是乾隆年间的四堡雾阁书坊主邹圣脉增补、印刷的。

四、爱国爱乡

客家人深知国家富强人民才有幸福,国受侵略将民不聊生。因此,每当国家民族陷于危难之际,客家人总是挺身而出,英勇保家卫国。客家人热爱家乡,一旦事业有成,也总是自觉出资办学,修桥铺路,造福乡梓。爱国爱乡是客家精神的一大亮点。

一是饱受战乱痛苦,渴望家国安宁。客家民系是在多次大迁徙中形成,客家先民饱受战祸和异族压迫带来的痛苦,西晋覆亡的"五胡乱华",唐末的"黄巢之乱",北宋末年的"靖康之难",每一次燃烧的战火都是生灵涂炭的开始。中原汉人不堪忍受战争、饥荒、瘟疫的苦难,拖家带口,扶老携幼,一次又一次向南迁徙。"溥天之下",哪里才是安宁的乐土?因此,客家人对家国安宁、民族兴旺、国家强大有着强烈的愿望,也造就了爱国爱乡、乐善好施的精神。

二是站在斗争前列,英才层出不穷。客家文化的本质是"崇正",集中表现为"民为贵"的民本思想和崇尚正义的家国情怀。面对社会动荡、民生凋敝,一种与生俱来的忠勇报国之志便在客家人身上迸发,化为站立潮头,为国效力的实际行动。文天祥、丘逢甲、孙中山、朱德、叶剑英等人都是生动的事例。

三是守望客家祖地,主动报效家国。"树高千丈总有根,水流万里也有源"。客家儿女坚守"莫忘包衣窟""不忘祖宗言"的文化价值观,不论走到何处,他们都心系祖国、情牵故园。胡文虎致富之后,1931—1934年,在国内建成一百所平民医院,又向当时的国民政府提出,要捐资兴办一千所小学,每个县一所。后由于抗日战争爆发,只建成了三百多所。1993年,胡文虎之女胡仙继承父志,创办胡文虎基金会,捐资一亿多元,用于福建、广东、江苏、云南、四川、山东等省兴办教育事业。

四是寻根谒祖成风气,万里迢迢回故园。一个民族的觉醒,首先体现为对祖国的守护之心。守住心中的精神家园,就是守住历史记忆,呵护民族未来。祖籍广东大埔,出生于马来西亚的姚美良在他的《梦里寻他千百度》一文中深情写道:"多年来,有一条汀江,有一座古城频频闯入我的梦里,奔流不息的江水,古老而喧闹的街道,起伏而厚实的城墙,宏伟而庄严的宗祠,淳朴而好客的乡亲……这就是我多年来寻访的梦中地方,这里是我祖先的故土,这就是客家人的祖地。"表达出无数海外客家人的心声。从1995年开始,在宁化县、长汀县人民政府的大力支持下,姚美良、姚森良兄弟倡导发起了世界客属石壁祖地祭祖大典、世界客属公祭客家母亲河大典,至今举办了二十七次,吸引无数海内外客家儿女回到客家祖地寻根谒祖、旅游观光、投资兴业。

深入研究客家文化,赓续弘扬客家精神,具有重要的现实意义:

其一,加强文化认同,凝聚中华民族。现今,约有一亿客家人遍布世界各地。以客家文化为纽带,以客家学术研究为媒介,可以充分发挥客家人在海内外交流中"文化使者"的作用,为传播中华文化做贡献。

其二,弘扬客家优秀传统文化,建设和谐社会。社会主义核心价值观与传统文化有着深厚渊源,所以高度契合。通过喜闻乐见的方式弘扬客家文化,既有利于传统文化的传播与发展,又有利于社会的和谐进步。

其三,挖掘客家人文资源,推动经济社会发展。客家地区有着丰富的自然、人文和旅游资源,客家土楼、围屋、山歌、采茶戏、服饰、民俗活动等都是宝贵的文化遗产,保护并开发利用客家文化资源,将特色文化转化为特色资源,有利于文旅产业发展,带动乡村振兴,加速客家地区的现代化进程。

其四,继承客家精神,促进祖国统一。爱乡恋土、情系桑梓是客家人强烈的民族情结。通过研究客家历史文化,充分展现海峡两岸客家人同根同源、同文同种,台湾与大陆不可分割的血脉亲情,有利于加强台湾民众对中华民族的认同和归属,进而促进祖国统一大业。

人类的不断迁移,造就人类的更多文明。客家文化根在中原,却在温润的南国大地开枝散叶,独放异彩。传承中华优秀传统文化,保护好,传承好,运用好客家文化,对我们新时代举旗帜、聚人心、育新人、兴文化、展形象、促发展,建设社会主义文化强国,推进文化自信,铸就社会主义文化新辉煌具有重要意义。

参考文献

1. 程贤章:《围龙》,花城出版社1996年版。
2. 曾令存等:《客家文化概论》,北京大学出版社2017年版。
3. 李浴:《中国美术史纲》,人民美术出版社1957年版。
4. 罗香林:《客家研究导论》,南天书局1992年版。
5. 罗香林:《客家源流考》,中国华侨出版公司1989年版。
6. (清)曾日瑛:《汀州府志》,方志出版社2004年版。
7. 林开钦:《客家通史》,福建人民出版社2018年版。
8. 钟文典总主编:《广东客家》,广西师范大学出版社2011年版。
9. 曾耀东、傅德露、高晓斌:《客家大典》,海风出版社2011年版。

思考与练习

1. 简述罗香林对客家研究的贡献。

2. 简述"客家文化""客家精神"的内涵。
3. 简述研究客家文化,弘扬客家精神的现实意义。
4. 请介绍你家乡的一位历史文化名人,谈谈这个名人所体现的民系精神。

后记

本书的编写,源于两事,一是 2021 年龙岩学院校级应用型教材建设立项,二是李晓霞副教授成功申报 2021 年度福建省社会科学基金项目"客家文化在日本的传播样态与话语建构研究(FJ2021X011)",借此得以补充许多新的田野调查材料。2022 年 8 月,本课题又得到龙岩市文化和旅游局横向课题的大力支持。

二十多年前,我在恩师张佑周教授的带领下投入客家文化研究,参与"客家文化概论""客家文学研究"的教学。2017 年,我和徐维群教授、王聪生教授共同讲授的课程"客家历史与文化"获批成为省级精品在线开放课程,在中国大学 MOOC 上线。2020 年,我主讲的"客家文化概论"获批成为省级线上线下混合式一流课程。2022 年,我和团队成员黄俊博士、陈弦章教授、吴善和教授、邱立汉教授、张雪英教授、李茂芳副教授、郭济汀教授、巫洪亮教授共同申报的项目"'红·土'融合:基于闽西特色文化资源的地方高校校本课程建设与育人实践"获得校级教育教学成果特等奖,同年获得福建省第十一届高等教育教学成果奖二等奖。从 2022 年秋季开始,龙岩学院在全校开设"红·土"文化公共必修课"红色闽西与中国革命""客家文化与客家精神",因此,迫切需要编辑一部适用的客家文化教材。

编辑本书是在多年的讲义基础上进行加工整理,参考并引用许多专家学者的教材、专著和论文观点,如张佑周教授等主编的《客家文化概论》、曾令存等主编的《客家文化概论》、罗香林的《客家研究导论》、林开钦的《客家通史》、谢重光的《客家文化述论》、钟文典主编的《广东客家》、罗美珍邓晓华的《客家方言》、罗可群的《广东客家文学史》、钟俊坤的《客家文学史纲》、陈弦章的《民间信仰与客家社会》等。为便于学生扩大阅读,教材每一章后面都列有参考文献。可以说,这是一部博采众长,包容性强,适应性广的客家文化教材。

章节结构上，全书由九个章节组成，任课教师可以有所取舍地讲授。如果一学期32课时的话，建议每章用3～4课时；如果一学期只有16课时，那么，第八章（客家文人的文学创作与书画艺术）可以作为学生自学，其他八章平均每章两课时精讲也能完成。由于本书不能使用彩色插图，所以许多照片只能忍痛割爱，敬请任课教师自行补充，或联系本人，可以提供上课的PPT以及插图。每章后面的思考练习，可以在课堂上联系实际讨论问题，也可以留作学生作业。

　　张永辉是本书主编之一，自始至终参与本教材的设计与编写，提供许多相关资料和照片。编写过程中，龙岩学院张佑周教授、邱立汉教授和福建师范大学文学院博士生导师郭丹教授给予悉心指导和审稿，张佑周教授还为本书作序，张永辉、刘艳晖、卢鸣浪、周云水、李国潮等摄影大师为本书提供插图，在此一并致谢！

　　由于编辑时间短，本人水平有限，教材有许多不尽人意之处，敬请专家学者批评指正。

兰寿春

2022年11月于龙岩